持株会社・
グループ組織再編・
M&Aを活用した

事業承継スキーム

後継者・税務・株式評価から考える

［編著］三菱UFJリサーチ&コンサルティング㈱ 木俣貴光

［税務監修］税理士 松島一秋

中央経済社

はじめに

近年，団塊世代の高齢化などを背景に，非上場企業を中心に事業承継対策に対するニーズが高まっている。特に，リーマンショック後の業績回復や円安，アベノミクスによる株価回復，平成27年からの相続税増税などを背景に，自社株の評価額上昇に悩む経営者は多い。

「がんばって経営を良くして，業績を上げれば上げるほど，払えないほどの相続税に悩まないといけない。まったく不条理だ」──こうしたオーナー経営者の嘆きは方々で聞かれる。

かかる事態を踏まえ，国も平成21年4月から円滑な事業承継を支援するための事業承継税制（非上場株式等に係る相続税・贈与税の納税猶予制度）をスタートさせたが，雇用の8割確保など同制度の適用要件が厳しいことから，期待されたほどには活用が進んでいないのが実情である。その後も平成25年度，27年度税制改正により適用要件の緩和がなされているが，広く普及していくにはさらなる要件緩和も含め，まだまだ時間がかかりそうな状況である。

刻一刻と変わる経営環境の中で奮闘している企業経営者としては，国の制度改正による救済を待つほどの余裕などなく，現行の制度を前提にプロアクティブに業容拡大と事業承継対策を両立させるための手立てを講ずるしかあるまい。

筆者らは，大手金融グループのコンサルティング会社の一員として，日々，中小企業から大企業に至るまで幅広いオーナー経営者の事業承継に関する悩みに接し，その企業に合わせたオーダーメイドの事業承継対策の立案・実行をサポートしている。

本書は，幅広い企業に対して事業承継対策を講ずるうえで必要とされる知識やノウハウを体系的に整理したものである。単なる株価対策にとどまらず，経営力強化にも資する方策を練りやすいことから，グループ組織再編や（広義の）M&Aを活用した事業承継対策を中心的なテーマとし，特に大胆な対策が

必要となる超高株価企業の対策についても焦点を当てているところに本書の特徴がある。

　本書の具体的な構成は，以下のとおりである。
　第1部では，事業承継対策を考えるにあたって押えておくべき基本的な事項について整理している。具体的には，事業承継対策の要諦や選択肢，プロジェクトの進め方について概観したのち，自社株対策の検討に必要な税務に関する基礎知識および税務上の株価の考え方や算定方法などについて解説する。
　第2部では，基本的な事業承継対策として，一般に事業承継スキームを設計するうえでのポイントを概説したうえで，持株会社制移行，分社化，持株会の活用，自社株買いといった一般に広く用いられる事業承継対策について実務上の要点を解説する。
　第3部では，超高株価企業の事業承継対策として，株価が極めて高額となっている優良中堅企業や大企業向けの事業承継対策について解説する。具体的には，配当還元価額の活用，MBO/MEBO，M&A，IPO（株式公開），財団法人の活用，海外を活用した事業承継対策（グローバル事業承継対策）について実務上の要点を解説する。

　本書の主な読者層は，オーナー経営者というよりも，オーナー経営者のもとで事業承継対策を立案する立場にある企業の実務担当者を念頭においている。また，金融機関や会計事務所などで事業承継対策を助言する部門に新たに配属された方々にも，顧客への助言のヒントを提供できるものと自負している。本書の第2部および第3部で紹介しているそれぞれの方策は，いわば事業承継対策のパーツであり，実際の事業承継スキームの構築にあたっては，企業の個別事情に合わせ，これらを組み合わせた創造的なプランニングを行うことがプロフェッショナルとしての腕の見せ所であろう。

　本書は平成27年7月1日現在施行の法令等に基づいて執筆されているが，実

務においては個別の事実関係を踏まえて，専門家または関係当局の見解を確認し慎重に対応していただきたい。平成27年5月1日施行の会社法の一部を改正する法律（改正会社法）については，「改正会社法ワンポイント」として事業承継対策にも関わると思われる部分をピックアップして解説している。なお，本書の意見にかかる部分はすべて筆者らの個人的見解であり，必ずしも所属する企業を代表する見解ではないことを予めお断りしておく。

　本書の出版にあたっては，中央経済社の宮坂さや香氏に多大なるご尽力をいただいたことに深く感謝したい。本書が，事業承継問題に悩む多くの経営者にとって課題解決の一助となれば，筆者ら望外の喜びである。

　平成28年新春

　　　　　　　　　　　　　　　執筆者を代表して
　　　　　　　　　　　　　　　三菱UFJリサーチ＆コンサルティング株式会社
　　　　　　　　　　　　　　　コーポレートアドバイザリー室長　木俣　貴光

目　次

第1部

事業承継対策を考えるにあたって

第1章　真の事業承継対策とは ─────────── 2
- ① 事業承継問題の重み／2
- ② 事業承継対策の要諦／3
  - (1) 株価対策の必要性／3
  - (2) 好業績は事業承継の大前提／4
  - (3) 経営承継と株式承継のバランス／4
- ③ 事業承継の選択肢／5
  - (1) 親族へ株式を承継させる場合／7
  - (2) 親族以外へ株式を承継させる場合／8
- ④ 株式承継における課題／11
  - (1) 株式承継における経営権と財産権の承継という観点／11
  - (2) 兄弟がいる場合の承継問題／13
  - (3) 自社株対策の高度化・複雑化／14
- ⑤ 経営承継における課題／16
  - (1) 経営を禅譲するタイミング／16
  - (2) 次世代ガバナンス体制の構築／18

第2章　事業承継対策への決断 ─────────── 24
- ① なぜ事業承継対策は進まないのか？／24
  - (1) なかなか進まない事業承継対策／24

(2)　事業承継対策に積極的なオーナーの特徴／25
　②　事業承継対策を本格的に考え始めるきっかけは何か？／25
　③　手始めは株価算定から／26
　　株価分析の流れ／27
　　　STEP 1　現状の株価算定／27
　　　STEP 2　将来の株価試算／27
　　　STEP 3　相続税額の試算／28
　　　STEP 4　納税資金対策の検討／28

第3章　事業承継対策プロジェクトの組成────29
　①　プロジェクトチーム組成上の留意点／29
　　(1)　後継者／29
　　(2)　社内メンバー／30
　　(3)　外部専門家／31
　②　プロジェクト関係者の役割分担／32
　　(1)　プロジェクトオーナー／33
　　(2)　プロジェクトリーダー／35
　　(3)　プロジェクトメンバー／35
　　(4)　事務局／36
　　(5)　外部リーダー（専門家統括）／36
　　(6)　会計士・税理士／37
　　(7)　弁護士／38
　　(8)　司法書士／38
　③　スケジューリング上の留意点／38

第4章　自社株対策に必要な税務の基礎知識────40
　①　相続税・贈与税の基礎知識／40
　　(1)　相続税・贈与税の意義／40

- (2) 親族の範囲／42
- (3) 相続人／43
- (4) 代襲相続人／44
- (5) 法定相続分／44
- (6) 指定相続分と遺留分／47
- (7) 納税義務者の区分と課税財産の範囲／48
- (8) 財産の所在／50

② 相続税額の計算方法／51

- STEP 1 各人の相続税の課税価格の計算／52
  - (1)みなし相続財産・52　(2)相続時精算課税適用財産・53　(3)生前贈与財産・53　(4)非課税財産・54　(5)債務・葬式費用・54
- STEP 2 相続税の総額の計算／55
- STEP 3 各人の算出相続税額の計算／56
- STEP 4 各人の納付すべき相続税額の計算／57
  - (1)相続税額の加算（いわゆる「2割加算」）・57　(2)贈与税額控除（暦年課税分）・58　(3)配偶者の税額軽減・58　(4)未成年者控除・59　(5)障害者控除・59　(6)相次相続控除・60　(7)外国税額控除・61　(8)贈与税額控除（精算課税分）・61

③ 贈与税額の計算方法／68

- STEP 1 各人の贈与の課税価格の計算／68
  - (1)みなし贈与財産・68　(2)非課税財産・68
- STEP 2 各人の算出贈与税額の計算／69
  - (1)暦年課税贈与の場合・69　(2)相続時精算課税贈与の場合・71
- STEP 3 納付すべき贈与税額の計算／72
  - 外国税額控除・72

④ 組織再編税制の要点／74

- (1) 税制適格組織再編・非適格組織再編／74

　　　　(2)　税制適格組織再編における適格要件／75
　　　　(3)　繰越欠損金の引継ぎ・利用制限／77
　　　　(4)　不動産移転に係る不動産取得税，登録免許税／79
　　5　グループ法人税制の要点／81
　　　　(1)　グループ法人税制とは／81
　　　　(2)　グループ法人税制が適用される完全支配関係の範囲／81
　　　　(3)　グループ法人税制が適用される取引等／84

第5章　税務上の規定における取引相場のない株式（非上場株式）の評価原則―――91

　　1　原則的な考え方／91
　　2　非上場株式評価に関する相続税，法人税，所得税の関連規定／92
　　　　(1)　相続税法上の規定／92
　　　　(2)　所得税法上の規定／92
　　　　(3)　法人税法上の規定／95
　　3　非上場株式の取引価格の適正性／96
　　　　(1)　個人から個人への譲渡／96
　　　　(2)　個人から法人への譲渡／97
　　　　(3)　法人から個人への譲渡／99
　　　　(4)　法人から法人への譲渡／100
　　　　(5)　第三者割当増資／101
　　　　(6)　自社株買い／102

第6章　税務実務における取引相場のない株式（非上場株式）の評価方法―――106

　　1　取引相場のない株式の評価の流れ／106
　　2　株主区分の判定方法／108
　　　　STEP 1　筆頭株主グループの判定／110

　　　　STEP2　株式取得者が属する株主グループの判定／112
　　　　STEP3　取得者の判定／112
　　(1)　同族株主のいる会社の場合／112
　　(2)　同族株主のいない会社の場合／113
　③　会社区分の判定方法／114
　　(1)　会社規模の判定／114
　　(2)　会社規模ごとの評価方法／114
　　(3)　特定の評価会社の判定と評価方法／116
　④　原則的評価方法／122
　　(1)　類似業種比準方式（財基通180～184）／123
　　(2)　純資産価額方式（財基通185～186-3）／129
　⑤　特例的評価方法／138
　　配当還元方式（財基通185～186-3）／138

第2部

基本的な事業承継対策

第7章　事業承継スキーム設計上の留意点 ──── 144

　①　株主構成／144
　　(1)　あるべき株主構成の検討／144
　　(2)　組織再編に伴う株主構成の変化／147
　②　株　価／149
　　(1)　株価への影響／149
　　(2)　株価が変化するタイミング／149

3　税負担／150
　　　　(1)　法人税関連（グループ法人税制・企業組織再編税制）／150
　　　　(2)　不動産関連（不動産取得税，登録免許税）／151
　　　　(3)　個人関連（株式譲渡益課税，贈与税・相続税）／151
　　4　資金調達／152
　　5　許認可の取扱い／153
　　6　事業上の意義／153

第8章　持株会社制移行 ──────── 154

　　1　事業承継対策としての持株会社制活用の意義／154
　　　　(1)　事業上の意義／154
　　　　(2)　自社株対策としての効果／155
　　2　持株会社制移行の背景となるグループ経営における問題点／155
　　　　(1)　グループ指針の欠如／155
　　　　(2)　ガバナンス不全／156
　　　　(3)　全体最適が不十分／156
　　3　持株会社制のメリット・デメリット／157
　　　　(1)　メリット／157
　　　　(2)　デメリット・留意点／161
　　4　持株会社制の検討ステップと着眼点／163
　　　　STEP 1　持株会社制移行の狙いを明確にする／164
　　　　STEP 2　持株会社に持たせるグループ戦略機能の設計／169
　　　　STEP 3　持株会社制におけるガバナンス構造の設計／169
　　　　STEP 4　持株会社の組織構造の設計／175
　　　　STEP 5　持株会社の財務構造の設計／176
　　5　持株会社制移行スキーム／178
　　　　(1)　株式移転・株式交換スキーム／178
　　　　(2)　会社分割（抜け殻）スキーム／180

6　株式交換・株式移転の実務上の留意点／181
　　　(1)　会社法上の留意点／181
　　　(2)　税務上の留意点／184
　　7　自社株対策上の留意点／186
　　　(1)　株式保有特定会社への該当性／186
　　　(2)　株価効果発現までの期間／186

第9章　分社化 ———————————————— 188
　　1　分社化の背景と分社単位／188
　　2　分社化のメリット・デメリット／190
　　　(1)　メリット／190
　　　(2)　デメリット・留意点／191
　　3　分社化のパターン／192
　　4　会社分割における実務上の留意点／193
　　　(1)　会社法上の留意点／195
　　　(2)　税務上の留意点／198
　　　(3)　事業上の留意点／199
　　5　労働契約承継手続きに関する留意点／201
　　　(1)　労働契約承継法の趣旨／201
　　　(2)　労働者のタイプと転籍の関係／202
　　　(3)　労働条件の承継／203
　　　(4)　労働契約承継法における手続き／203
　　6　自社株対策上の留意点／206
　　　(1)　分社型分割により子会社化する場合／206
　　　(2)　分割型分割により兄弟会社化する場合／208

第10章　持株会の活用 ———————————————— 210
　　1　持株会のメリット・デメリット／210

(1) 会社にとってのメリット／210

　　　(2) 会社にとってのデメリット・留意点／211

　　　(3) 会員にとってのメリット／212

　　　(4) 会員にとってのデメリット・留意点／212

　　2 持株会の設計上の留意点／214

　　　(1) 持株会の種類／214

　　　(2) 持株会の法的性格／215

　　　(3) 持株会の目的／216

　　　(4) 会員の範囲／216

　　　(5) 入退会の手続き／218

　　　(6) 退会時の価格・会員間の流通価格／218

　　　(7) 株式取得の方法・取得価格／219

　　　(8) 取得対象株式／220

　　　(9) 拠出金／221

　　　(10) 奨励金／222

　　　(11) 配当金／223

　　　(12) 株式の名義・議決権行使／223

　　　(13) 理事会の構成・役員の選任／225

　　　(14) 事務処理／225

　　　(15) 税務処理／226

　　3 持株会の運営上の留意点／227

　　　(1) 金商法上の開示規制の適用要否／227

　　　(2) 適正な議決権行使が行われていない場合の法的リスク／232

　　　(3) 持株会の解散手続き／232

第11章　自社株買い ―――――――――――― 234

　　1 実務上の留意点／235

　　　(1) 会社法上の留意点／235

(2)　税務上の留意点／238
　　(3)　財務上の留意点／240
　② 経営効果と自社株対策／240

第3部

超高株価企業の事業承継対策

第12章　配当還元価額の活用 ——————————— 242
　① 配当還元価額活用上のメリット・デメリット／242
　　(1)　メリット～低い税コストで株式を承継できる／242
　　(2)　デメリット・留意点／243
　② 配当還元価額を適用できる取得者／243
　③ 配当還元価額活用スキーム（例）／247
　　(1)　孫への承継／247
　　(2)　資産管理会社を活用した中心的な同族株主の
　　　　コントロール／248
　④ 配当還元価額活用スキームの留意点／249
　　(1)　株式の分散コントロール／249
　　(2)　原則的評価額への対策／249

第13章　MBO／MEBO ——————————————— 250
　① MBO／MEBOのメリット・デメリット／251
　　(1)　メリット／251
　　(2)　デメリット・留意点／251
　② MBO／MEBOスキーム／252

　　　　STEP 1　後継者等が中心となり，受け皿会社を
　　　　　　　　設立する／252
　　　　STEP 2　受け皿会社が資金調達し，対象会社の株式を
　　　　　　　　買い取る／253
　　　　STEP 3　持株会が会員を募集し，会員が株式購入資金を
　　　　　　　　拠出／253
　　　　STEP 4　持株会が受け皿会社株主から株式を購入／254
　　③ 実務上の留意点／254
　　　　(1)　受け皿会社の株主構成／254
　　　　(2)　全株主からの同意の取付け／255
　　　　(3)　株式取得価格の設定／256
　　　　(4)　利益相反構造の軽減策／257
　　　　(5)　スクイーズアウト・スキームの選定／260
　　　　(6)　スクイーズアウト実行時の価格決定申立リスクへの配慮／271
　　④ 自社株対策上の留意点／272
　　　　(1)　MBO/MEBO実施前の自社株対策／272
　　　　(2)　MBO/MEBO実施後の自社株対策／272

第14章　M&A ―――――――――――――――― 273

　　① 事業承継対策としてのM&Aのメリット・デメリット／273
　　　　(1)　メリット／273
　　　　(2)　デメリット・留意点／274
　　② 売却先の選択肢／276
　　　　(1)　事業会社への売却における留意点／276
　　　　(2)　投資ファンドへの売却における留意点／277
　　③ M&Aの進め方／281
　　　　(1)　フィナンシャル・アドバイザー（FA）の選定／281
　　　　(2)　企業価値評価／282

(3)　インフォメーション・メモランダム（IM: Information Memorandum）の作成／282

　　(4)　売却先候補企業へのアプローチ／282

　　(5)　交渉／282

　　(6)　基本合意（LOI: Letter Of Intent）／283

　　(7)　デューデリジェンス（DD: Due Diligence）／284

　　(8)　最終契約（DA: Definitive Agreement）／284

　　(9)　クロージング／285

　　(10)　統合準備／285

　　(11)　経営統合／285

4　M&Aにおける株式価値の考え方／286

　　(1)　M&Aにおいて採用される手法／286

　　(2)　手法によって算定結果が異なることの理由と注意点／286

　　(3)　DCF法の実務上の留意点／288

5　M&A（売却）をうまく行うためのポイント／291

　　(1)　売り時を逃さない／291

　　(2)　厳格な情報管理が必要／291

　　(3)　信頼できる買い手企業の見極めと選択／291

　　(4)　適正な売却額を把握する／291

　　(5)　主要な関係者への根回しのタイミングに留意する／292

第15章　IPO（株式公開） ——— 293

1　IPOのメリット・デメリット／294

　　(1)　メリット／294

　　(2)　デメリット・留意点／295

2　IPOに向けた資本政策上の留意点／295

　　(1)　資本政策の基本的な考え方／295

　　(2)　事業承継対策／296

(3)　安定株主対策／297
　3　上場審査基準と準備事項／297
　　　(1)　上場審査における審査基準／297
　　　(2)　IPOに向けた準備事項／300
　4　関連当事者等の整備／301
　　　(1)　関係会社の整理／301
　　　(2)　特別利害関係者等との取引関係の整理／302
　5　IPOに向けたグループ組織再編の流れ／304
　　　　STEP 1　スキームの検討および資本政策の立案／304
　　　　STEP 2　組織再編スキームの実行／304
　　　　STEP 3　関係会社の資本関係の整理および後継者への
　　　　　　　　株式移動／304
　　　　STEP 4　持株会設立，安定株主対策等の実施／304

第16章　財団法人の活用 ─────────────── 306

　1　財団法人活用のメリット・デメリット／307
　　　(1)　メリット／307
　　　(2)　デメリット・留意点／307
　2　個人株主が財団法人に株式を寄附したときの課税関係／308
　　　(1)　個人みなし譲渡所得および法人受贈益の非課税／308
　　　(2)　相続税の非課税財産／309
　3　財団法人への株式寄附が非課税となる要件／309
　　　(1)　みなし譲渡所得の非課税承認要件（措法40）／309
　　　(2)　相続税の非課税財産要件（措法70）／315
　4　財団法人設立～寄附までの流れ／318
　　　　フェーズ1　一般財団法人の設立／318
　　　　フェーズ2　公益財団法人への移行／320
　　　　フェーズ3　寄附の実行／320

フェーズ4　租税特別措置法40条申請／321
　⑤　実務上の留意点／321
　　(1)　寄附した株式の譲渡禁止（原則）／321
　　(2)　同族株主の判定における財団法人の取扱い／322
　　(3)　財団法人が保有できる株式数の制限／322
　　(4)　非課税承認の取消しリスク／323
　⑥　財団法人の事例／324

第17章　海外を活用した事業承継対策（グローバル事業承継対策)ーーーーー 330

　①　海外を活用した事業承継対策のニーズが高まる背景／331
　②　国際相続，国際税務に関する基礎知識／335
　　(1)　納税義務者の区分と課税財産の範囲／335
　　(2)　財産の所在の判定／335
　　(3)　「住所」の判定／336
　　(4)　タックスヘイブン対策税制（外国子会社合算税制）／337
　　(5)　コーポレート・インバージョン対策税制／352
　　(6)　特定グループ内組織再編／355
　　(7)　過少資本税制／358
　　(8)　過大支払利子税制／363
　　(9)　恒久的施設（PE）認定課税／367
　　(10)　出国税（Exit Tax）／370
　　(11)　非居住者による株式譲渡にかかる課税関係（事業譲渡類似株式の譲渡）／373
　③　自社株の国外財産化の手法（インバージョン・スキーム）／374
　　(1)　クロスボーダーMBO／374
　　(2)　三角組織再編（三角合併・三角株式交換）／377
　④　グローバル事業承継スキーム構築における留意点／382

　　　　(1)　日本法務／382

　　　　(2)　日本税務／383

　　　　(3)　日本会計／385

　　　　(4)　外国法務／385

　　　　(5)　外国税務／386

　　　　(6)　ビジネス／387

参考文献 ———————————————————— 389

索　引 ————————————————————— 392

コラム

顧問税理士の理解と協力を得ることの重要性／34
グループビジョンのフレームワーク／172

改正会社法ワンポイント

① 監査等委員会設置会社制度の新設／20
② 責任追及等の訴えの原告適格の拡大／145
③ 組織再編等の差止請求の新設／182
④ 略式組織再編・簡易組織再編等における株式買取請求権の排除／183
⑤ 株式買取請求の効力発生日の統一／183
⑥ 分割型分割における準備金計上の不要化／195
⑦ 分割会社に知れていない債権者の保護／197
⑧ 詐害的な会社分割における債権者保護／197
⑨ 株式等売渡請求制度の創設／261
⑩ 全部取得条項付種類株式の取得における株主保護の充実／264
⑪ 株式併合における株主保護の充実／266
⑫ 親会社による子会社株式等の譲渡／275

主な略語等

法法	法人税法
法令	法人税法施行令
法基通	法人税基本通達
所法	所得税法
所令	所得税法施行令
所基通	所得税基本通達
相法	相続税法
相基通	相続税法基本通達
措法	租税特別措置法(措置法)
措令	租税特別措置法施行令
措規	租税特別措置法施行規則
措通	租税特別措置法関係通達
財基通	財産評価基本通達
金商法	金融商品取引法
企業開示府令	企業内容等の開示に関する内閣府令
定義府令	金融商品取引法第2条に規定する定義に関する内閣府令
会	会社法
会規	会社法施行規則

〔参照法条の表示例〕
法法13②一　⇒　法人税法第13条第2項第1号

第1部

事業承継対策を考えるにあたって

　一口に事業承継対策といっても，その対策の対象となる解決すべき課題はさまざまである。そのため，事業承継対策として検討すべき論点は多岐にわたる。大きく言えば，事業承継には，株式承継と経営承継の2つのテーマがある。
　前者に関しては，税務を中心に高い専門知識が要求される。
　後者に関しては，後継者や後継者を支える幹部人材の育成，株主の整理やグループ内再編などガバナンス体制の整備，財務体質の健全化など，経営全般にわたる課題解決力が要求される。

　第1部では，事業承継対策を考えるにあたり理解しておくべき基本的な事項について解説する。具体的には，事業承継対策の要諦や選択肢，プロジェクトの進め方について概観したのち，自社株対策を検討するにあたり知っておくべき税務に関する基礎知識および税務上の株価の考え方などについて解説する。

第 1 章
真の事業承継対策とは

1　事業承継問題の重み

「日本企業の停滞は創業経営者の引退とともに始まった」

経営戦略論で著名な神戸大学ビジネス・スクールの三品教授は，著書『戦略不全の因果』の中でこう喝破している[1]。

企業の主力事業は環境の変化によりやがて頭打ちとなり衰退する。そうした中では，大胆な戦略の転換を図り，主力事業を転換する強靭な意思と行動力が求められる。それができるのは創業経営者の強さであるが，その創業経営者の引退を契機に事業環境の変化に対応できない企業の多くが停滞してしまうことは，直観的に理解できる。

たしかに，二代目，三代目で業容を立派に拡大させた経営者が多いのも事実であるが，経営者の代替わりが企業の存続を左右するという分析は大変興味深い。

日本企業は，バブル崩壊後の「失われた20年」，リーマンショックとその後

---

[1] 三品和広『戦略不全の因果』(東洋経済新報社，2007年) 272頁。

の超円高,そして東日本大震災と,この20年あまり強い逆風に晒され続け,今後も人口減少という構造的な市場縮小の危機に直面している。安穏としていては事業の存続さえ危ぶまれる厳しい経営環境がこれからも続く。事業をいかに次世代に引き継いでいくかは,日本企業ひいては日本経済の最重要課題の1つといっても過言ではない。

2 事業承継対策の要諦

(1) 株価対策の必要性

事業承継対策＝相続税対策（株価対策）という印象が強いが,これは株式承継の面のみをとらえたものといえる。

もっとも,この相続税対策はオーナー経営者にとっては重大な課題であり,特に業績が良い優良企業であればあるほど,この問題に対する経営者の悩みは深刻である。筆者の経験では,非上場の優良中堅企業ではオーナー個人の持分だけでも株価総額が10億円を超えることは珍しくなく,50億〜100億円を超えるようなケースもある。そうなると,後継者が負担しなければならない相続税額は,数億円から数十億円などということになる。被相続人であるオーナーが,換金性の高い金融資産を保有していればよいのだが,仕事一筋でやってきたオーナー経営者の場合,財産の大半は自社株ということも多く,納税資金をどのように用意するかが問題となる。

相続税の納税資金を賄うのに,まず思いつくのは会社に自社株を買い取ってもらうこと（いわゆる金庫株の活用）であろうが,会社から多額の資金が流出するとともに,内部留保が減少するため財務体質を弱めることとなり,経営の安全性を考えると限界がある。

安定した同族経営を続けていくことを目指すのであれば,個人あるいは会社で負担可能な水準まで株式の価値を引き下げて相続税負担軽減を目指すという株価対策は,重要な経営課題であるといえる。

(2) 好業績は事業承継の大前提

　一方，業績の悪い会社は，株価も低くなるため，相続税対策を心配する必要はない。むしろ，そうした会社の場合，誰が経営を継ぐのかという経営承継のほうが問題となる。というのも，業績の悪い会社，将来性が見込めないような会社では，仮にオーナーの子息であっても経営を継ぐ意思がないことも珍しくないのだ。

　後継者がいなければ，M&Aという選択肢もある。事実，M&Aで会社を売却する非上場企業の大半は，後継者不在である。しかし，業績不振企業の場合，なかなか買い手が見つからないことが多い。あるいは，希望の価格で売却できずにM&Aを断念するケースも多い。

　結局のところ，会社の業績がよいこと，あるいは将来性のある会社であることが事業承継の大前提といえる。

(3) 経営承継と株式承継のバランス

　高収益企業を築いていくことは，いわば経営承継のテーマである。経営承継は，まずは誰に経営者の座を譲るかということが主たる課題となるが，後継者が決まれば，次の課題は，いつ，いかにしてスムーズにバトンタッチするかということになる。

　スムーズなバトンタッチのためには，後継者の経営能力の養成や後継者を支える幹部の育成など人的資源の整備，株主の整理やグループ会社の再編も含めたガバナンス体制の整備，健全なバランスシートや収益性の強化など財務の整備，組織体制や人事制度，情報システム刷新といった仕組みの整備などが必要となる。これらを含めた経営承継と株式承継の両面を意識して事業承継プランを作成することが肝要である。

【図1-1】事業承継対策の前提と2つの側面

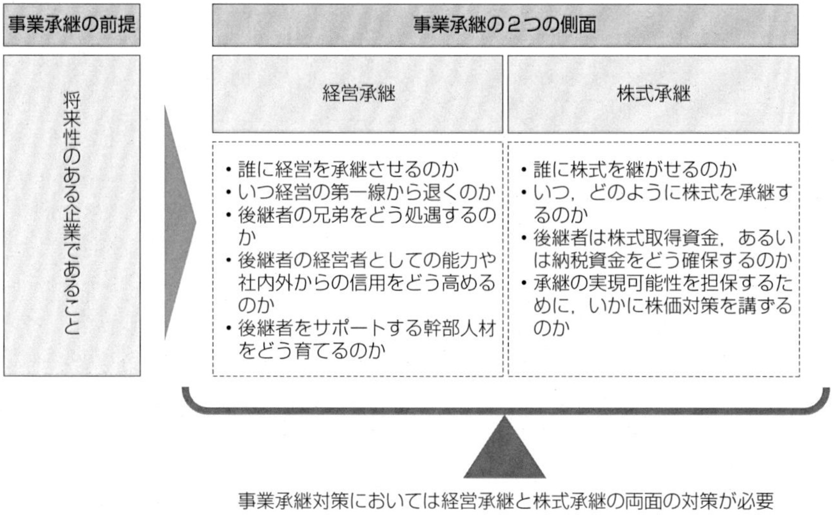

事業承継の前提	事業承継の2つの側面	
将来性のある企業であること	経営承継	株式承継
	・誰に経営を承継させるのか ・いつ経営の第一線から退くのか ・後継者の兄弟をどう処遇するのか ・後継者の経営者としての能力や社内外からの信用をどう高めるのか ・後継者をサポートする幹部人材をどう育てるのか	・誰に株式を継がせるのか ・いつ、どのように株式を承継するのか ・後継者は株式取得資金、あるいは納税資金をどう確保するのか ・承継の実現可能性を担保するために、いかに株価対策を講ずるのか

事業承継対策においては経営承継と株式承継の両面の対策が必要

③ 事業承継の選択肢

　上述のとおり、事業承継には経営承継と株式承継の2つの側面があり、それぞれの内容や組み合わせにより、事業承継の選択肢には基本的な類型として10の方法が考えられる（図1-2）。

　株式の流動性がない非上場企業においては、まずは株式承継に関して、親族に承継させるのか、親族以外に承継させるのかを決める必要がある。親族以外に株式を承継させる承継タイプのうち、「持株会・MEBO」「株式持合い」、「投資ファンド」、「同業者との経営統合」、「（狭義の）M&A」の5つは広義のM&Aに該当する。

【図1-2】 事業承継対策の選択肢

	承継タイプ		株式承継	経営承継	メリット	課題・懸念されること
1	同族経営		親族	親族	✓ 周囲の理解が得られやすい	✓ 後継者の経営能力・意思
2	MBO（マネジメントバイアウト）		親族	親族	✓ オーナー家株式の現金化 ✓ 株主集約化	✓ 買取資金の返済可能性
3	内部昇格		親族	社内	✓ 適格な人材がいればスムーズな承継が行いやすい	✓ 所有と経営の分離による紛争リスク
4	ヘッドハンティング		親族	社外	✓ 経営改革が行いやすい	✓ 所有と経営の分離による紛争リスク
5	（広義の）M&A	持株会・MEBO	社内	社内	✓ 相続税負担の軽減 ✓ 役職員のモチベーション向上	✓ 資金負担，返済可能性 ✓ ガバナンス／経営の安定化
6		株式持合い	社外	社内	✓ 安定株主対策	✓ 系列の色がつくことによる取引上の制約
7		投資ファンド	社外	社内	✓ オーナー家株式の現金化 ✓ 企業価値向上への取組み	✓ ファンドのEXITは，M&A，IPO，MBOが主
				社外		
8		同業者との経営統合	社外	社外	✓ 業界内での競争力強化と事業構造転換が図りやすい	✓ 相手先の選定，調和
9		（狭義の）M&A	社外	社外	✓ シナジーによる成長	✓ 売却可能性，売却価格
10	株式上場（IPO）		社外	社内	✓ 知名度・信用力・資金調達力の向上	✓ 上場の実現可能性 ✓ 実現までの必要期間

(1) 親族へ株式を承継させる場合

① 経営承継先を親族とする場合

【図1-3】にあるように、親族に株式を承継させる場合は、経営承継のあり方により4つのタイプがある。中でも親族に経営承継させる場合は、「同族経営」と「MBO」が考えられる。

「同族経営」は、親族に株式も経営も承継させるという、オーナー企業であれば最も広く行われている方法である。

「MBO」は、同じく親族に株式も経営も承継させるのであるが、オーナー一族内で株式が分散している場合や、自社株が極めて高額な場合に使われる手法である。基本的なスキームは、後継者が主体となった受け皿会社を設立し、その受け皿会社が会社の株式をすべて買い集めるというものだ。株式の買い集めに必要な資金は、金融機関から調達することが一般的である[2]。この手法は、すべての株式を後継者に承継させることができると同時に、オーナーは株式を現金化できるため納税資金対策にもなることから、一気に事業承継対策が完了できるという意味で究極的な事業承継対策ともいえる。

【図1-3】事業承継型MBOスキーム

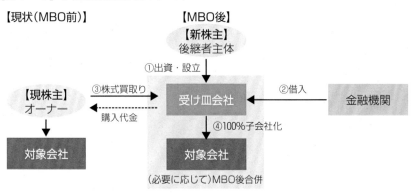

---

2 MBOにおいては投資ファンドを活用する場合もあるが、【図1-2】では投資ファンドを活用するケースは「投資ファンド」として別に分類している。

② 経営承継先を親族以外とする場合

　親族に株式を承継させる一方で，経営は親族以外に承継させるタイプとしては，「内部昇格」と「ヘッドハンティング」がある。

　「内部昇格」は，文字通り，次の経営者を現役員から選抜して昇格させることを指す。たとえば，オーナー経営者の急逝により，株式は一族で承継するがすぐに社長を引き継げる後継者が親族内にいない場合に，一時的な対応として行われるといったケースが考えられる。しかし，所有と経営が分離するため，非上場企業の場合は株主と経営者間で争いが生じ，長期的にこの体制を維持するのは困難となるケースも少なくない。

　「ヘッドハンティング」は，親族内および会社内に適切な後継者が見当たらない場合に，次の経営者を外部から招聘することを指す。これも一時的な対応として，たとえば，親密な取引先や金融機関などから経営者を招くといった形で行われることが多いが，「内部昇格」同様，所有と経営が分離するため，長期的にこの体制を維持するのは困難となるケースも少なくない。

　また，所有と経営が分離したケースで両者間に争いが生じた場合，株式の買取りや売却についても争いとなることが多い。その場合，特に非上場株式の買取価格が焦点となる。当事者間で協議が調わない場合は，裁判にまで発展するケースも珍しくなく，そうなると最後は和解か裁判所による決定により価格が決せされることとなる。

(2) 親族以外へ株式を承継させる場合
① 広義のM&A

　親族以外への株式承継となると，究極的には「株式上場（IPO）」や「（狭義の）M&A」があるが，中間的な方法として，「持株会・MEBO」や「株式持合い」，「投資ファンド」，「同業者との経営統合」を活用することも考えられる。これらは広い意味でM&Aの一種ととらえることができる。なお，本書でいう「（狭義の）M&A」とは，株式の過半数を第三者へ売却することを指す。

【図1-4】 株式持合いのイメージ図（例）

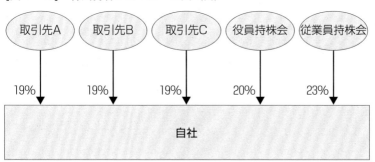

(i) 持株会・MEBO

　親族内に適切な株式承継者がいない場合には，親族以外に株式を承継させることになる。最近は社員に株式を持たせる方法として，非上場企業でも「持株会」を積極的に活用するケースが増えている。

　持株会には，従業員持株会のほか，役員持株会，グループ従業員持株会，取引先持株会といった種類があり，中には，複数の持株会（たとえば，役員持株会と従業員持株会）を設立して，株式の過半数を持株会に持たせるようなケースもある。この場合，会社の実質的なオーナーは従業員や役員となることから，こうした手法はMEBO（マネジメント・エンプロイー・バイアウト）とも呼ばれる。

(ii) 株式持合い

　「株式持合い」とは，取引関係の深い親密な会社に株式を分散して保有してもらうという方法で，1社当たりの株式保有割合は3分の1以下として特定の会社に拒否権を与えないようにすることが多い（図1-4）。いわば複数会社による合弁会社のような形態ともいえる。この場合，株主間の利害関係の調整がうまく行えないと，株主総会や取締役会での決議が滞り，会社運営が円滑に進まないおそれがある。そのため，取締役の選任や株主総会での議決権行使等の会社運営に関する事項や出資持分の解消等，将来紛争になりかねないセンシティブな内容については，あらかじめ株主間協定を締結し，その中でルールを

(iii) 投資ファンド

「投資ファンド」を事業承継対策として活用する場合，MBOの形態がとられることが一般的である（図1－5）。基本的なスキームは後継者が主体となるMBOと同様だが，受け皿会社の出資者が投資ファンドを主体として一部を対象会社の役員からなる構成となる点が異なる。投資ファンドとしては，少ない元手で企業を買収することができ，対象会社の企業価値を向上させたうえで対象会社株式を高値で売却できれば高い投資収益率をはじき出すことができる。投資ファンドはいずれ必ず株式を売却する（これを「Exit（イグジット）」という）。Exitの方法としてはM&AかIPO，もしくは対象会社の経営陣によるMBOが選択肢となる。いずれにせよ，対象会社としては，投資ファンドが株主である間に，Exit後に備えて経営的にも財務的に独り立ちできる体質を整えることが重要となる。

【図1－5】 投資ファンドを活用したMBOスキーム

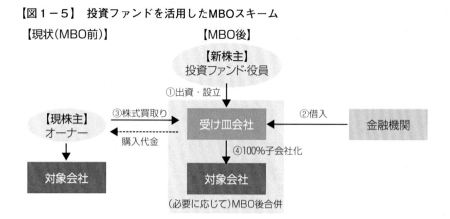

(iv) 同業者との経営統合

「同業者との経営統合」とは，同業者との合併や持株会社の下で経営を一体的に運営する体制に移行することを指す。業界内でのシェアが上位にある企業で，同じくらいの規模の同業者がある場合などで検討されることが多い。場合

によっては3社以上の統合を目指すケースもある。統合の株主構成は，基本的には統合当事会社の株式価値の割合により決まる。そのため，売上が同規模程度であっても，純資産の額や収益性に差がある場合は，必ずしも50：50のように同じ割合で株式を保有することにはならない点に留意が必要である。

② 株式上場（IPO）

「株式上場（IPO）」は，基本的には，成長過程にある企業が直接金融による資金調達手段の拡大や企業としての知名度向上，信用力向上などを目的として行われるが，事業承継の観点からは，株価が極めて高額となっており，通常の株価対策では手に負えないと思われるようなケースで有力な選択肢として検討される。

4 株式承継における課題

(1) 株式承継における経営権と財産権の承継という観点

株式の承継には，経営権と財産権の承継という2つの側面がある。オーナーに子供が1人しかいない場合は，基本的に経営権と財産権の承継を分けて考える必要はないが，子供が複数いる場合は，それらを分けて考える必要が出てくる。

そこで，種類株式や信託を活用したスキームを活用することも考えられる。種類株式を活用するスキームとしては，たとえば，発行済株式の一部を完全無議決権株式に転換し[3]，後継者以外には無議決権株式のみを承継させ，議決権株式については後継者のみが承継することが考えられる。

信託を活用するスキームとしては，委託者である経営者が，生前に自社株式を信託財産として信託を設定し，信託契約において自らを受益者・議決権行使

---

3 発行済株式の一部を無議決権株式に転換するには，不利益を被る全株主の同意が必要となることに留意を要する。なお，発行済株式の一部の内容変更ではなく，株式交換や株式無償割当により，株主に無議決権株式を割り当てる方法も考えられる。

【図1-6】 信託活用スキーム（例）

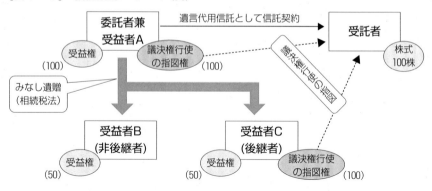

出所：中小企業庁「信託を活用した中小企業の事業承継円滑化に関する研究会における中間整理」4頁（平成20年9月1日）。

の指図者とし，その経営者の死亡時に後継者が受益権・指図権を取得する旨を定めるという方法が考えられる。その際，受益権を分割して非後継者（受益者B）の遺留分に配慮しつつ，議決権行使の指図権を後継者（受益者C）のみに付与することで，議決権の分散を防止し，後継者への安定的な事業承継を図ることが可能となる[4]。

いずれにせよ，経営者として，また親として，経営権と財産権をどのように子供たちに承継させるかは悩ましい問題である。通常，経営権は後継者に集中して承継し，財産権は子供たちに平等に承継するというのが基本的な考え方となろうが，過去からの経緯や感情的なものから，必ずしもそのように承継したくないといった事情を抱えていることもある。とはいえ，不平等な承継は，相続発生後に一族内で争いが発生する火種となる可能性が高い。そのため，基本

---

4 中小企業庁「信託を活用した中小企業の事業承継円滑化に関する研究会における中間整理」（平成20年9月1日）4頁。

的にはオーナーの生前に，子供たちが納得できるような承継プランを策定しておくことが望ましい。

(2) 兄弟がいる場合の承継問題

　株式承継の問題だけに限らないのであるが，ここで兄弟がいる場合の事業承継上の課題について整理しておきたい。兄弟がいる場合の事業承継における選択肢は，【図1－7】のように整理することができる。

　後継者候補に兄弟がいる場合は，まず兄弟を会社に入社させるか否かは大きな決断である。本来，後継者が決まっていれば，その兄弟は入社させないことが望ましいが，長男が会社を継いでくれるか不明なケース，あるいは長男の経営者としての素質に疑問があるケース，兄弟の仲が良く，次男も会社への入社を希望するケース，次男の就職活動がうまくいかずに自社で面倒を見てあげないといけなくなったケース等々，さまざまな理由から兄弟を会社に入社させているケースは多い。

　しかし，「兄弟は他人の始まり」という言葉があるが，いずれ兄弟間で経営方針の違いや株式の承継をめぐる争いが起こることは珍しくない。むしろ，兄

【図1－7】　後継者に兄弟がいる場合の事業承継上の選択肢

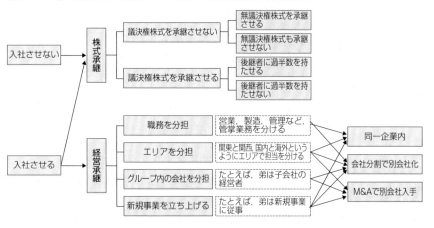

弟がいれば，争いは起こるものと考えたほうがよいかもしれない。

　兄弟を入社させない場合は，株式の承継のみが課題となる。入社していない兄弟に議決権株式を持たせることは望ましくはない。承継させるとしても，財産権の観点から，無議決権株式に限るべきである。

　兄弟を入社させる場合は，株式承継と経営承継の２つの問題が生じる。

　株式承継については，会社に関与しているため，後継者以外に議決権株式をまったく承継させないことは難しいケースもある。その場合，どの程度を後継者とその兄弟に承継させるかは難しい判断が迫られる。議決権株式の少なくとも過半数を後継者に持たせることが基本線となるが，あえてバランスをとって兄弟が団結しないと過半数にならないような構成とすることもありえる。また，議決権株式を片寄せする場合は，財産権の観点から，無議決権株式を平等に持たせる等の対策も必要となろう。

　経営承継については，兄弟間でいかに役割分担を分けるかといった点が重要となる。営業や管理といった管掌業務を分けるといったケースが多く見られるが，そのほかにも，担当エリアを分ける，グループ内で別々の会社の経営にあたる，新規事業を立ち上げて一方の兄弟はそちらを担当する，といったケースもある。また，分社化やM&Aを活用して，兄弟で担当分野を明確に分けることも珍しくない。

(3)　自社株対策の高度化・複雑化

　すでに述べたとおり，業績の良い企業オーナーの場合，自社株にかかる相続税額が数億円から数十億円に上ることも珍しくはなく，株価対策は重要な事業承継対策の１つである。また，株価対策のみならず，後継者への議決権株式の集約化も含めて，本書では株式に関連する事業承継対策のことを「自社株対策」と呼ぶことにする。

　自社株対策は，近年，ますます高度化，複雑化する傾向にある。その背景には，会社法の規定により多様な資本政策が可能になったことや，法人税法や相続税法の複雑化および租税回避行為を防止するための規制強化などが挙げられ

る。

　たとえば，株式交換・株式移転（平成11年施行），会社分割（平成13年施行），三角合併・三角株式交換（平成19年施行）などの商法・会社法上の組織再編制度の導入とそれに合わせた企業組織再編税制の導入や商法から会社法への改正（平成18年施行）による種類株式の多様化により，さまざまな手法による株価対策が可能となった。加えて，平成22年度税制改正より導入されたグループ法人税制も，さらに株価対策スキームの選択肢を広げる効果をもたらした。

　こうした中，一定の株価効果を期待して，企業組織再編手法を活用した複雑なスキームを活用するケースが近年増えてきている。そうしたスキーム設計にあたっては，より高度で専門的な知識・ノウハウが必要となる。目下，大手の金融機関や会計事務所は，事業承継の専門部隊を擁して，そうしたスキームの開発と提案を積極的に行っている状況である。

　一方，企業組織再編税制には包括的に租税回避を防止する規定が盛り込まれ，近年は組織再編を活用したスキームの実行については，税務当局による調査も厳しさを増している。特に，平成26年3月に東京地裁により判決が下された「ヤフー・IDCF事件」[5]において組織再編にかかる行為計算否認規定が初めて裁判所により認定されたことは，実務家に大きな衝撃を与えた。

　また，海外を活用した相続税対策に関しては，平成24年度税制改正により導入された国外財産申告制度や平成27年度税制改正により導入された出国税などにより，規制がますます強化されている。

　では，租税回避行為と認定されないように自社株対策を行うには，どうすればよいのか。それはまさに本書の中心的テーマの1つである。重要なことは，単なる株価対策ではなく，経営承継の観点も踏まえた経営力強化に資する事業承継対策を計画・実行することである。

5　同判決は，ヤフー事件（東京地裁平成23年（行ウ）第228号事件）に関する判決と，IDCF事件（東京地裁平成23年（行ウ）第698号ほか事件）に関する判決の2つから構成される。

⑤ 経営承継における課題

(1) 経営を禅譲するタイミング

　経営承継に関してはさまざまな課題が挙げられようが，突き詰めると，「スムーズな世代交代をいかに実現するか」という点が最大の課題といえる。その意味では，世代交代までの準備期間としてどの程度みておく必要があるか，すなわち，いつ後継者へ経営をバトンタッチするかを決めておくことが重要である。

　この点に関し，『2014年度中小企業白書』に興味深い調査結果が報告されている。【図1-8】によれば，70歳代，80歳代の経営者でも，事業承継は3年以上先であると考えている経営者が半数以上もいるのだ。実際，筆者の周りにも，「生涯現役」を掲げて，死ぬまで役員を退任しないと公言する70代，80代の経営者は何人もいる。一方，【図1-9】では，後継者の育成期間について，中規模企業では，5年以上10年未満と回答した経営者が5割近くに及んでいる。これらを合わせて考えると，経営者は60代〜70代で事業承継の準備を始め，おおむね5〜10年後に経営をバトンタッチするようである。

　だとすると，5〜10年の間に世代交代が円滑に進むような下準備を着々と進めていく必要がある。自社株対策はそのうちの1つであるが，経営の観点では，後継者の経営者として求められる判断力や決断力等を養っていくことはもちろん，後継者を支える幹部人材の世代交代や育成についても準備を進めていくことが重要である。

【図１－８】 経営者の年齢別事業承継の予定時期

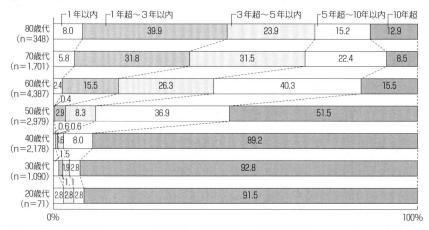

資料：全国商工会連合会「小規模事業者の事業活動の実態把握調査」に基づき中小企業庁作成。
出所：『中小企業白書2014年度版』251頁。

【図１－９】 後継者の育成期間

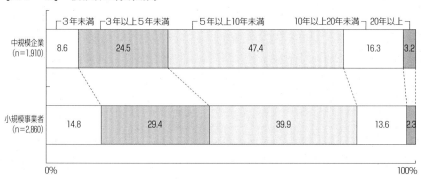

（注）１．（株）日本政策金融公庫の融資先を対象とした調査。
　　　２．ここでいう小規模事業者は従業員19人以下の企業，中規模企業は従業員20人以上の中小企業をいう。
　　　３．後継者を決定した者，未定の者の回答を集計している。
資料：（株）日本政策金融公庫「中小企業の事業承継」。
出所：『中小企業白書2014年度版』252頁。

　ここでいう幹部人材とは，取締役に限らず，実質的に経営の意思決定を行う

経営会議のような会議体があればその会議メンバー，子会社があればその経営陣も含まれる。特に，経営上重要な子会社がある場合，子会社経営陣の交代も重要な課題となる。

(2) 次世代ガバナンス体制の構築

後継者を含む幹部人材の世代交代に際しては，経営のガバナンス構造を転換していくという観点も時に有効である。たとえば，創業者など事業意欲が高く"生涯現役"を掲げるオーナーから次世代へのバトンタッチを促すための切り口として検討されることが多い。ガバナンス構造の転換のポイントは，経営の監督と執行の分離である。

① 取締役会の位置付けと役員構成のあり方

会社法によれば，取締役会は，業務執行の意思決定と取締役による業務執行の監督という2つの役割を持つ機関とされている（会362②）。そのため，取締役会は，監督と執行という本来相反する両面の役割を持つだけに，機能不全に陥りやすい宿命を帯びているといってよい[6]。

理論的には，取締役会の役割には，業務執行の意思決定を中心とした「オペレーション・モデル」と，監督に特化した「モニタリング・モデル」の2種類が存在する。一般に，日本ではオペレーション・モデルが，欧米ではモニタリング・モデルが普及しているとされる。一概に，どちらのモデルが優れているかを断定することは困難であるが，モニタリング・モデルのほうが，監督と執行の分離が明確であり，ガバナンスが効きやすい体制であると思われる[7]。

6　日本の経済界からも取締役会の抱える矛盾についての指摘がなされている。「監督・業務執行の両面を担う取締役会は肥大化しがちであり，意思決定の迅速さや質を下げる。また，業務執行者自らが監督するという矛盾が生ずる。したがって，取締役会の権限を監督機能に限定し，監督と業務執行の分離を徹底するべきである。」（「コーポレートガバナンス・コードに関する意見書」公益社団法人経済同友会2014年10月20日）

7　近年コーポレート・ガバナンスに関する議論において，日本の経済界や政策当局においてもモニタリング・モデルへの転換が提唱されている。（前出の経済同友会2014年10月20日資料，「コーポレートガバナンス・コードの策定に関する有識者会議（第4回）議事録」金融庁2014年10月20日，「社外取締役・取締役会に期待される役割について」

そこで，事業承継の文脈においても，ガバナンス構造の転換を図るに際しては，取締役会の機能分化を指向することも考えられる。具体的には，取締役会を監督機能と位置付け，たとえば，オーナーは取締役会長として取締役会には出るが経営会議には出席せず，業務上の意思決定は社長以下の執行役員が出席する経営会議にて行うことなどがありえる[8]。

また，1つの会社の中で監督と執行の分離が正常に機能しないと思われる場合は，持株会社を活用することも有効である。その場合，たとえば，オーナーは持株会社の取締役に専念し，事業会社の取締役には就任しないことが考えられる。

【図1－10】 持株会社制を活用した監督と執行の分離モデル

類型①オペレーション・モデル	類型②モニタリング・モデル
✓取締役会が業務の意思決定を中心とした役割を持つ（日本特有）	✓取締役会が監督に特化したモデル（英米で多い。大企業向け）

持株会社
- 株主総会
- 監督 取締役会 ▶事業会社の役員に対する監督

事業会社
- 株主総会
- 執行 取締役会 ▶業務執行の意思決定／業務執行取締役多い／議案比較的多い
- 執行 経営会議 ▶取締役会より委譲された議案

持株会社
- 株主総会
- 監督 取締役会 ▶事業会社の役員に対する監督

事業会社
- 株主総会
- 監督 取締役会 ▶業務執行の監督／法定決議事項への絞込み／少数の取締役
- 執行 経営会議 ▶業務執行の意思決定

一般社団法人日本取締役協会，2014年3月7日）。また，経産省が平成26年6月に公表したコーポレート・ガバナンス・システムの在り方に関する研究会の中間とりまとめとガイドラインでは，社外役員等に期待される役割と企業のサポート体制に関する日本企業のベスト・プラクティスも踏まえ，実効的なコーポレート・ガバナンス・システムを構築するための具体的な提言がなされている。

8 この場合，取締役会で決議する事項は会社法362条4項に定められている事項などに限定することとし，業務上の意思決定は極力業務執行役員らに権限委譲することとなる。

改正会社法ワンポイント①

監査等委員会設置会社制度の新設

　改正会社法では，新たな機関設計として，監査等委員会設置会社が新設された（会２十一の二）。監査等委員会設置会社とは，監査等委員会を置く株式会社をいい，監査等委員会は，３名以上の監査等委員である取締役により構成される。監査等委員は，業務執行取締役以外の取締役でなければならず，かつ，その過半数は社外取締役でなければならない（会331③④・399の２①②）。

　監査等委員会設置会社が新設された目的は，取締役会の監督機能の充実という観点から，自ら業務執行をしない社外取締役を複数置くことで，業務執行と監督の分離を図りつつ，そのような社外取締役が，監査を担うとともに，経営者の選定・解職等の決定への関与を通じて監督機能を果たすことを意図するものである。

　監査等委員会設置会社と監査役会設置会社，指名委員会等設置会社（会社法改正前の「委員会設置会社」）との機関設計に関する比較は次頁の【図表】のとおりである。監査等委員会設置会社は，社外取締役２名のみの選任で足りる一方[9]，社外者が過半数を占める指名委員会や報酬委員会を設置しなくても済むという点で，いわば監査役設置会社と委員会等設置会社の「いいとこ取り」のような機関設計ともいえる。

　監査等委員会設置会社の特徴としては，以下の点が挙げられる。

① 　取締役会権限の委譲

　取締役の過半数が社外取締役である場合，もしくは，定款で定めた場合，会社法362条４項に定める重要な業務執行の決定を，個々の取締役に委任可能となった。これにより，取締役会の権限を大幅に軽減することが可能

---

[9] 公開会社かつ大会社の監査役会設置会社において社外監査役と社外取締役の両方を選任する場合，合わせて最低３名必要となる。その意味では，社外役員を選任する負荷は監査等委員会設置会社のほうが小さくて済む。

となる。

【図表】 監査等委員会設置会社と監査役会設置会社・指名委員会等設置会社との比較（公開大会社の場合）

		監査役会設置会社	監査等委員会設置会社	指名委員会等設置会社（改正前の「委員会設置会社」）
機関等	取締役会	○	○	○
	監査役	○	不要	―
	執行役	―	不要	○
	委員会	―	監査等委員会（取締役3名以上，過半数は社外取締役）＊指名委員会，報酬委員会不要	指名委員会 報酬委員会 監査委員会
	社外取締役	任意 ＊社外取締役がいない場合は理由を株主総会で説明する必要あり	必要	必要
	会計監査人	必要	必要	必要
監査機関	名称	監査役会	監査等委員会	監査委員会
	合議体の構成	監査役3名以上で，半数以上は社外監査役	取締役3名以上で，過半数は社外取締役	取締役3名以上で，過半数は社外取締役
	常勤者	必要	不要	不要
	任期	4年	2年	1年
	解任	株主総会の特別決議	株主総会の特別決議	株主総会の普通決議
その他	重要な業務執行の決定※の取締役への委任	×（取締役会で決定）→代取への業務執行の委譲はできない	○（取締役の過半数が社外，もしくは定款で定めた場合）→代取への大幅な権限委譲が可能となる	○

※ 公開会社における第三者割当増資，重要な財産の処分および譲受け，多額の借財，簡易組織再編，その他重要な業務執行等。

② 監査等委員会の権限

　監査等委員を除く取締役と会社との利益相反取引について，監査等委員

会が事前に承認した場合，取締役の任務の懈怠の推定規定（会423③）を適用されない[10]。これは，監査等委員会設置会社のみに認められる制度である。

また，監査等委員会は，監査等委員を除く取締役の選解任および報酬等について，株主総会において意見を述べることができ，その意見の内容の決定権限が監査等委員会に付与されている。

② 株主構成の変更によるガバナンス強化

会社の最高意思決定機関は株主総会であることからすると，ガバナンス体制を考えるうえで株主構成は忘れてはならない観点である。

一般に，オーナー企業であればオーナー家が過半数の議決権を保有しており，会社を支配している。その意味では，オーナー企業は所有と経営が一体となっていることで，いわゆるエージェンシー問題[11]が発生しにくく，安定的な経営を好む傾向がみられるといわれている[12]。

しかしながら，現実にはオーナー家が議決権の過半数を支配していても，オーナー家内で株式が分散してしまっていることも多い。特に，業歴の長い会社の場合，オーナー一族の家系ごとに代々株式を承継しているケースも珍しくない。そのような場合，オーナー経営陣の中で対立が生じた場合，経営の支配権争いに発展するおそれも否定できず，ガバナンス上も安定的な状態にあると

---

10 会社法改正前は，取締役が自己または第三者のために株式会社と取引をしようとするとき，あるいは，株式会社が取締役の債務を保証することその他取締役以外の者との間において株式会社と当該取締役との利益が相反する取引をしようとするときに，株式会社に損害が生じたときは，当該取締役および取締役会にて賛成した取締役は，その任務を怠ったものと推定されることとなっていた。

11 エージェンシー問題とは，企業の所有者である株主と株主から経営を委任されている経営者の利害が一致しないことにより，経営上非効率な状態が生まれることをいう。たとえば，経営者は自己の名声や利益を重視する行動をとることで，企業価値を毀損してしまうことがありえる。

12 「同族経営企業の収益・リスク特性」竹原均（2013）。

いえない。

　また，グループ会社を有している場合，グループ会社間で複雑に株式を持ち合っていることも珍しくない。その場合，どこが親会社なのかが明確でないこともあり，その意味ではガバナンスが効きにくい状態にあるといえる。

　このように，株主の支配関係が不明瞭な場合には，株式を集約して支配株主を作るなど，株主構成を再構成することでガバナンス体制を明確にすることも重要である。特に，グループ会社に関しては，親会社の経営陣の世代交代と併せて，ガバナンスを強化することが望ましいことも多く，その場合はグループ再編により完全子会社化するなどの対策が必要となる。

【図1－11】　次世代ガバナンス体制構築の着眼点

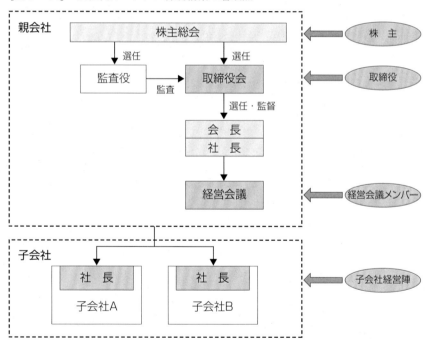

第2章
事業承継対策への決断

1 なぜ事業承継対策は進まないのか？

(1) なかなか進まない事業承継対策

　事業承継対策が，なかなか進まない──多くの非上場企業の番頭・幹部や後継者の悩みである。なぜ，進まないのか。それは，オーナーがなかなか"その気"になってくれないからである。

　経営を引退したくない，自分の株を手放したくない，株価を下げるために業績を悪くすることには抵抗感がある，自分が亡くなった後の相続のことなど考えたくもない等々，事業承継対策については意図的に避けているオーナー経営者は決して少なくない。

　そんなオーナーを自らその気にさせるのは難しい。

　通常，番頭・幹部にしてみれば，「オーナー家のプライベートなことなので，身内でもない自分がしゃしゃり出る問題ではないし，できれば関わりたくない」というのが本音だ。

　また，後継者としても，事業承継問題の解決を迫ることは，親に引退を迫ることになる。あるいは，親の財産（株式）価値を引き下げろ，もしくは財産

（株式）をよこせということになる。とてもそんなことはいえない——と考えて尻込みしているケースも多い。

　悩んだ後継者は，オーナーの説得も含めて身近な専門家等に事業承継問題の解決を相談することも珍しくない。しかし，妙案が出てこないと，そこで暗礁に乗り上げてしまう。こうして，事業承継問題は放置され，問題の解決は進まないというのは，よくある話である。

(2) 事業承継対策に積極的なオーナーの特徴

　中には事業承継対策に積極的に手を打とうとするオーナーもいる。そうしたオーナーには共通点がある。それは，自身が先代から会社を引き継いだ時に，大変な苦労をしているということである。「相続税を払うのに大変な苦労をした。同じような苦労を子供にはさせたくない」——こうした思いが，事業承継問題の解決に駆り立てるようである。

　「もし自分が死んだときには役員退職慰労金が支給されるから大丈夫だ」，「いざとなれば会社で株を買い取ればいい」——こうした考えを持っているオーナーも多いが，問題はそれほど簡単ではない。相応の規模の会社であると役員退職慰労金だけでは十分な納税資金対策にはならないことが多いし，自社株買いするには株価が高く，会社の財務へのダメージが大きすぎることも珍しくない。だから，番頭・幹部も後継者も心配しているのだ。

2　事業承継対策を本格的に考え始めるきっかけは何か？

　事業承継対策を考え始めるタイミングやきっかけというものはある。過去に事業承継に苦労したオーナーであっても，何かのきっかけがないかぎり，本腰を入れて事業承継対策に取り組もうとはしないものだ。そのため，オーナーをその気にさせるには，そのタイミングを逃さないことが重要である。

　オーナーが事業承継対策を考え始めるタイミングには，以下のようなきっか

けがある。

① 加　齢

　第1章でみたように，オーナー企業の場合，60代半ばから70代半ばくらいで社長が交代するケースが多い。そのため，60歳を迎えたころから，次の代への承継を考え始める経営者が多いのが実態である。

② 身近な人の死

　身内や同年代の知り合いが亡くなったときに，自らの死や相続について意識をされることが多い。

③ 大病を患ったとき

　大病を患ったときや，健康診断で大病の疑いがかかったときに，自らの死や相続について意識が高まることが多い。

④ 一時的な要因による急激な業績悪化

　業績の悪化により，自社株の価値が急激に下落する。これが事業不振による構造的な業績悪化であると事業承継どころではないが，一時的な要因による業績悪化の場合，業績回復が見込まれるため，株価が下がっているうちに株式を移動させる好機と映る。

⑤ 日経平均株価の上昇傾向が顕著になったとき

　上場企業の株価水準が高まると，類似業種比準法による自社株の価値も高まるため，相続対策に対する危機感が高まることが多い。

⑥ 自社の持続的な業績拡大が見込まれる場合

　業績が拡大すれば，当然自社株も高くなる。持続的に業績が拡大していくことが見込まれるようになると，株価の上昇に合わせて相続税負担の重さが心配になってくる。

３　手始めは株価算定から

　オーナーに事業承継対策を真剣に考えてもらうためのきっかけとして，まずは自社株の株価分析を通じて，相続税負担について認識していただくことが望

ましい。

株価分析の流れ

株価分析は，まずは現状の株価水準を把握することから始まる。そのうえで，将来の業績予測を反映した株価を試算し，その株価を基にした相続税額を算定する。そして，その納税資金をどのように捻出するかを検討する，というのが一連の流れとなる。

現状の株価算定 ▶ 将来の株価試算 ▶ 相続税額の試算 ▶ 納税資金対策の検討

STEP 1　現状の株価算定

直近決算期ベースでの株価算定を行い，現在の自社株の価値を把握する。株価算定は財産評価基本通達に基づく相続税法上の算定方式による。

現状の株価算定に際しては，特に変化が激しい類似業種比準価額において，以下の点に留意が必要である。

- 類似業種比準価額は，利益水準によって，株価が大きく変動する。そのため，直近期の利益（正確には税務上の所得金額）が特別な事情により異常値となっている場合は，標準的な利益水準に補正することが必要である。
- 類似業種比準価額における類似株価は，直近3か月あるいは前年平均値のうち，最も低い数字を採用することができるが，試算上，足元の株価水準と乖離が大きい場合は，現状の株価水準に補正することが望ましい。
- 配当水準も類似業種比準価額に大きな影響を与えることがある。直近2期の配当実績が特別な事情により歪んでいる場合は，標準的な配当水準に補正することが必要である。

STEP 2　将来の株価試算

会社の業績が拡大していくことが予想される場合は，将来の株価を試算することが重要である。実務上は3～5年程度のスパンで将来株価を試算すること

が多い。中期計画がある会社であれば，中期計画をベースに株価を試算する。中期計画がない場合は，経営者の勘に頼らざるを得ない。株価試算上は税引前利益（経常利益）があれば足りる。また，標準的な株価水準を想定して，それにプラスマイナス30％するといったように一定のレンジを用いて株価の変動を試算すると，より実効性の高い試算となる。

STEP 3 　相続税額の試算

　試算された将来株価を用いて，相続税額を試算する。実際の相続税額は，誰が相続するかによって変わるうえ，自社株以外の相続財産によっても変わるため，正確な金額を試算することはできない。そのため，一定の前提を置いて試算することになる。

STEP 4 　納税資金対策の検討

　想定される相続税額を納付するための資金をどのように調達するかを検討する。基本的には，現預金や売却可能な金融資産等を相続させることにより納税資金に充てることになる。当然，自社株の価値が高すぎる場合には納税に必要な資金が足りないこととなるが，その場合は，何らかの自社株対策が必要となる。

第3章
事業承継対策プロジェクトの組成

　オーナーから事業承継対策の立案に向けゴーサインが出ると、いよいよプロジェクトの立ち上げとなる。事業承継対策は、多岐にわたる論点につき、社内のメンバーだけでなく多様な専門家も交えながら、時間をかけて検討することになる。そのため、プロジェクトを円滑に遂行しゴールにたどり着くには、きちんとしたプロジェクトマネジメントが必要となる。誰か1人に検討を任せて、「あとはよろしく」では満足のいく結論を得ることは期待できない。担当者が1人で抱え込むには、あまりにもテーマが広範囲かつ複雑で、難易度が高いのである。

　プロジェクトマネジメントの基本は、「プロジェクト体制」、「役割分担」、「スケジュール」の3つを明確に設定することである。本章では、事業承継対策プロジェクトにおいて、これらを設定するうえでのポイントについて解説する。

1　プロジェクトチーム組成上の留意点

(1)　後継者

　後継者が社内にいる場合、その後継者をプロジェクトに関与させることは多

い。むしろ，親であるオーナーが事業承継対策には無頓着，あるいは意識的に避けているケースも珍しくなく，そのような場合には，後継者が後述するプロジェクトオーナーもしくはプロジェクトリーダーとなってプロジェクトを主導する形となることが多い。

　後継者がプロジェクトを主導する場合には，自分たちの世代で実現したい経営の形も念頭に入れて，事業承継対策の方針を設計するとよい。後継者世代によくある悩みは，自社株にかかる相続税負担のみならず，親世代の経営陣から後継者世代の経営陣へのシフトといったガバナンス構造の刷新や同族内で分散した株主構成の集約などが多い。そこで，事業承継対策の方針を考えるうえでは，単なる株価対策だけでなく，後継者世代における経営のあり方，株主構成のあり方も視野に入れた総合的な対策を検討することが重要である。

(2) 社内メンバー

　プロジェクトチームの組成にあたっては，まずプロジェクトのスコープ（範囲）を決める必要がある。つまり，このプロジェクトでどういったテーマを検討するのかを定義しなければならない。事業承継対策プロジェクトにおいては，基本的には自社株対策が中心となるケースが多いが，それに加えて「グループ経営力の強化」のように経営面での改善策もテーマに入れることも最近は増えている。

　テーマが設定されると，それに応じて最適なメンバーをプロジェクトにアサイン（任命）することとなる。自社株対策に関しては，経理部門の幹部社員がアサインされることが一般的である。検討の中心が税務上の株価対策となるため，会計や税務に関する知見が必須なためである。専門家とのやりとりも多く，専門家に提供しなければならない資料の大半も会計や税務に関するものとなることから，メンバーは実務レベルで対応できる人材が望ましい。一方で，テーマがオーナー家に関わる非常にセンシティブな内容であることから，情報管理上は一般社員ではふさわしくない。以上を踏まえると，部長など上席管理職クラスが実働部隊としてメンバーに選定されることが一般的である。

一方，経営面での検討チームには，経営企画等，経理面というよりも事業面で検討することのできるメンバーをアサインすることが必要となる。たとえば，持株会社制移行を活用したプロジェクトで，グループとしての経営力強化を検討するチームを組成するのであれば，グループ各社の幹部クラスをメンバーに入れることも有効である。一般に，持株会社制への移行というのは，グループ各社から抵抗感が示されるケースが珍しくない。特に，これまで親会社があまり経営に口出しをせず，子会社に自由に経営をやらせていた場合には，持株会社がいろいろと経営に干渉してくるのではないかという警戒感が子会社側に出る可能性が高い。そうした場合に，持株会社の機能や役割について，グループ会社の幹部にもグループ全体の観点から検討に関与させることは，経営者として視野を広げる意味でもよい機会となる。たとえば，プロジェクトチームのタスクとして，持株会社制移行後のグループビジョンを彼らに考えさせることも有効である。

(3) 外部専門家

　外部専門家には，主に自社株対策に関して助言を求めることになる。税務上の株価算定や自社株対策の立案については，顧問税理士が主導的に行うこともあるが，顧問税理士がこうしたテーマをあまり得意としていない場合は，事業承継対策に詳しいコンサルタントが中心となって検討することとなる。ただし，そうした場合であっても，税務代理として税務調査等に対応することとなる顧問税理士の関与は必須である。

　また，遺言書の作成や企業組織再編など会社法上の手続きを実行する場合には，弁護士や司法書士の関与も必須である。不動産を絡めた対策を行う場合は，不動産鑑定士や土地家屋調査士等の協力が必要となることもある。借入金やオペレーティングリースなどのファイナンス商品を活用したスキームであれば，金融機関の関与も必要であるし，生命保険を活用するのであれば，保険代理店にも声をかけなければならない。

　このように，相続税対策においては実に多様な方法が考えられるだけに，多

くの外部専門家が関与することになる。そのため，事業承継コンサルタントが，全体のプランニングを主導するとともに，専門家を束ねてプロジェクトをマネジメントするリーダー的役割を果たす。

　率直にいえば，各専門家は，ビジネスとして自らの専門分野で商売をしている。特定のプロダクト（商品）を扱っている専門家は，そのプロダクトをあてはめることを優先するものである。中には，決め打ちのプロダクトやソリューションだけを提案してくる専門家もいる。そのような提案が本当にベストな対策といえるのか，甚だ疑問である。

　オーナー一族の家族構成や財産状況，グループ会社を含む株主構成や役員構成，現在の財務状態や今後の事業戦略，業績見通しなど，自社株対策をはじめとする事業承継対策を練るには，実に多くの変数が存在する。どんなケースにも有効である万能な打ち手が存在するわけではない。したがって，自社の状況にフィットしたベストな対策を導き出すには，多様な選択肢の中からソリューションを絞り込んでいくことが重要である。その意味では，事業承継コンサルタントには，各専門家の提案内容を評価する目利き役としての役割も期待される。

2　プロジェクト関係者の役割分担

　前述のとおり，事業承継対策プロジェクトにおいては，多くの関係者が関与することになる。そのため，効率よくプロジェクトを運営していくためには，各メンバーの役割を明確に設定することが重要となる。以下，一般的な役割分担の例を示す。

【図3-1】 事業承継対策プロジェクト体制図（例）

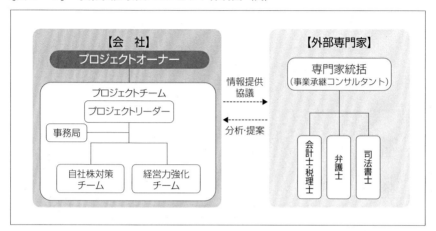

(1) プロジェクトオーナー

　プロジェクトオーナーとは，プロジェクトの遂行に関する最終的な意思決定者であり，通常はオーナー家の経営トップが就任することになる。一般に，プロジェクトオーナーに求められる役割は，事業承継対策における方向性（意向）の提示，プロジェクトメンバーの選定，プロジェクトチームから提言される事業承継対策案の決定・推進である。

　対策の方向性の提示というのは，たとえば第1章で解説したような事業承継の選択肢のうち，どの選択肢を採用するのかといった，事業承継対策における大きな方針を指し示すことである。後継者に会社を継がせるのか，そうでないのか——その方向性によって，検討すべきテーマやメンバーが大きく変わってくる。

　プロジェクトメンバーの選定も，プロジェクトオーナーの重要な役割である。特に，自社株対策の検討においては，場合によってはファミリーに関する赤裸々な情報も共有されることになる。それだけに，よほど信頼のおけるメンバーだけに限定する必要がある。

　また，外部専門家の選定に関するプロジェクトオーナーの判断も重要である。

顧問税理士が，後述する外部リーダーとして，プロジェクトの全体を取りまとめ，事業承継スキームを主導的にデザインし実行できる経験とスキルのある方であれば問題ないのだが，必ずしもそうでないケースもある。その場合，外部のコンサルティング会社を起用することになろうが，その際には顧問税理士への配慮が重要となる。顧問税理士の理解や協力を得られず，プロジェクトが頓挫してしまうケースが珍しくないからだ。その背景には，外部コンサルティング会社の提案内容そのものに問題があるケースもあろうが，顧問税理士の感情的な理由によることもある。感情的なもつれはプロジェクトを瓦解させる結果となることが多い。本来有益な事業承継スキームがそうした理由により実行されないことは極めて残念なことであるが，結局，そのことによる最大の被害者は，事業承継対策が進まないオーナー家である。そのような不毛な結果に至らぬように，プロジェクトオーナーは，顧問税理士の心証にも十分配慮した進め方をすることが重要である。

> **コラム　顧問税理士の理解と協力を得ることの重要性**
>
> 　筆者は，銀行系シンクタンクのコンサルタントという立場で，これまでに数多くの事業承継対策プロジェクトに関与してきた。その中で，クライアント企業の顧問税理士の理解や協力がなかなか得られずに検討がストップしたり，結局対策の実行が見送られたという事態を少なからず経験している。
>
> 　たいていの場合，スキーム自体の問題というよりも，顧問税理士への相談の方法やタイミング，顧問税理士の関与の在り方に問題があったものと反省している。長年，クライアント企業の顧問を務められてきた先生からすれば，しょせんわれわれはパッと現れた外人部隊である。そんな者にプロジェクトを主導されることに「面白くない」と感じることの気持ちは理解できる。顧問税理士がプロジェクトへの協力に多少難色を示したとしても，プロジェクトオーナーが強い意思を持ってプロジェクトを進めることを表明してくれる場合はよいのだが，そうでなければ，プロジェクトは消滅することになる。

教訓としては，顧問税理士の先生方へは，できるだけ早いタイミングでオーナー自身からプロジェクトへの協力を仰いでいただくこと。そして，先生方の役割・責任とコンサルタントチームの役割・責任を明確に分けることが重要である。

事業承継対策は，自社株対策スキームが実行された後も，株式が後継者に承継されていくまでには通常長い時間がかかる。外人部隊はスキームが完了した時点でお役御免となるが，顧問の先生方はそうではない。事業承継対策には，数年後に訪れる税務調査への対応も含め，長年にわたるフォローが必要であり，その意味では顧問税理士の継続的な関与は不可欠である。そのため，プロジェクトの組成にあたっては，細心の注意を払って，顧問税理士の理解と協力を得るように努めなければならない。

(2) プロジェクトリーダー

プロジェクトリーダーは，プロジェクトの実務部隊の推進責任者として，プロジェクトオーナーにより示された方針に基づいて，プロジェクトを推進する役割を負う。プロジェクトメンバーはもちろん，外部リーダーとも連携を密にしながら，事業承継対策のプランを具体化していき，随時プロジェクトオーナーにも報告・承認をもらいながら，プロジェクトを一歩一歩着実に進めていくことが求められる。まさにプロジェクト推進の要がプロジェクトリーダーであり，プロジェクト関係者を巻き込んでいく行動力と高いコミュニケーション能力が求められる。また，事業承継対策においては，自社株対策が大きなテーマとなるため，会計，税務，財務，法務を中心に，ある程度の専門知識も求められる。

こうした点を踏まえると，一般には，オーナー家の資産管理を任されてきたような番頭的人材や，オーナーもしくは後継者の右腕となる上級役員クラス，あるいは後継者自身がプロジェクトリーダーに就任することが望ましい。

(3) プロジェクトメンバー

プロジェクトメンバーは外部専門家とも協力しながら，事業承継対策の詳細

を検討し実行していく実務担当者としての役割を負う。自社株対策チーム，経営力強化チームなど，必要に応じて分科会を設けて，それぞれのテーマに従って各メンバーは議論に議論を重ねながら，具体的な検討を行っていく。

(4) 事務局

　事務局は，プロジェクトミーティングの日程調整や外部専門家への事務連絡窓口など，プロジェクト推進上の事務的役割を担う。関係者が多くなることから，ミーティングの日程調整だけでも一苦労である。また，自社株対策においては膨大な量の資料を外部専門家に提供することも求められるため，それらの資料の手配・コピー，発送などもそれなりに時間が取られる。そうした事務的な業務を担うのが事務局の役割であり，通常はプロジェクトメンバーの中から若干名が任命される。

(5) 外部リーダー（専門家統括）

　外部リーダーとは，事業承継対策の立案・実行において専門的見地からプロジェクトを主導していく役割を担う。通常は，外部リーダーが主導して，プロジェクトオーナーから示される方針に従って，対策の方向性やゴールを設定し，それに向けたプロジェクトの進め方を考えてスケジュールを設定する。

　また，特に専門的な知識が不可欠となる自社株対策においては，外部リーダーが多面的な角度から基本的な設計を行うこととなる。そして，会計・税務面は税理士や公認会計士，法務面は弁護士や司法書士など，実務面での詳細は各専門家による検討・確認が必要となる。そのため，確認すべき論点を整理し，外部専門家を取りまとめていくのも外部リーダーの重要な役目となる。したがって，外部リーダーには，自らの専門分野だけに特化するのではなく，幅広い知識が要求される。しかも，法律やルールは，毎年のように変更されるため，常に最新の実務にも精通していることが求められる。よって，外部リーダーには，幅広い専門性と最先端の実務にも詳しい専門家を起用することが望ましい。

　さらに，自社株対策だけでなく，ガバナンス構造の刷新など経営面での課題

検討も必要な場合は、そうした面でも助言やプロジェクト企画・推進ができるスキルや経験が外部リーダーには求められよう。

(6) 会計士・税理士

　自社株対策においては、税務面での検討は最も重要な課題である。自社株にかかる相続税・贈与税の負担軽減を検討するにあたっては、まずは税理士に現在の自社株の評価額を算定してもらう必要がある。自社株の評価においては、会社が保有する財産について、個別に財産評価基本通達などに基づいて評価を行わなければならず、高度な専門知識を要する。さらに、現状の株価を確認したうえで、一連の対策を講じたあとの将来の株価のシミュレーションを行い、それを踏まえた相続税・贈与税の負担額を確認することとなる。これらはいわゆる資産税の分野となる。

　また、対策の中で、企業組織再編や株式譲渡、資産譲渡などを組み合わせる場合は、一連のスキームが税制適格組織再編に該当するかどうか、グループ法人税制が使えるか等、税務上の確認も税理士に行ってもらわなければならない。これらは法人税の分野となる。

　このように、自社株対策においては、資産税と法人税の両面での確認が必要となるため、資産税に強い税理士と法人税に強い税理士というように複数の税理士を起用することも珍しくない。特に、税務調査対応を念頭に入れて国税OBの税理士を起用する場合には、その税理士がどちらの分野に精通した方であるかを確認することが重要である。

　また、自社が上場企業や会社法上の大会社に該当する場合は、会計面への影響についても精査することが重要となるため、公認会計士の起用が必要となる。特に、企業組織再編を活用する場合は、規定が複雑で難解な企業結合会計基準や事業分離等会計基準に基づいた処理が必要なため、会計士への確認が必須となる。

(7) 弁護士

　事業承継対策において弁護士を起用するケースは，必ずしも多くはない。弁護士を起用するケースとしては，遺言書の作成まで行うケースや，海外を活用した事業承継対策，MBO/MEBO[1]などの高度な企業法務の知識が必要となるスキームを検討するケースである。

　弁護士にも得意・不得意分野があるため，自社の抱える事業承継上の課題解決に対して，必ずしも顧問弁護士が適任とは限らない。テーマに応じて最適な弁護士を起用することが重要である。

(8) 司法書士

　会社設立や企業組織再編，不動産売買など，自社株対策の過程で登記実務が発生することが多く，司法書士の関与が必要となる場面は少なくない。司法書士も不動産関連登記を中心に行っている方だと，企業組織再編等の法人登記実務に精通していないケースがあるため，得意分野や経験を確認したうえで起用することが大切である。また，遺言書作成・保管・執行など相続関連業務に強い司法書士法人もある。

３　スケジューリング上の留意点

　一般に，事業承継対策のプランニングには半年から１年くらいはかかる。その後，対策の実行には，内容にもよるが，数か月から１年程度，中には数年をかけて対策を実行していくようなケースもある。

　プロジェクトの立ち上げ時点では，対策実行の期限を明確に設定することは困難なことが多いが，たとえば，持株会社制移行など，グループの経営体制を

---

[1] 第11章で詳述するように，MBO/MEBOは重大な利益相反取引となるため，法的に慎重な対応が求められる。ましてや，新会社による全株式取得に伴いスクイーズアウトを行うことを企図する場合には，裁判所への価格決定申立事件に発展する可能性も十分に視野に入れた対応が必要となる。

大胆に変えていく場合には「創業○周年」といった節目に合わせて行うことも珍しくない。このように，期限を設けて対策を実行していく場合は，そこから逆算してスケジュールを立てておく必要がある。そのため，遅くとも期限の1年前にはプロジェクトチームを組成して本格的な検討を開始することをお勧めする。

【図3－2】 事業承継対策プロジェクトの進め方（持株会社制移行の例）

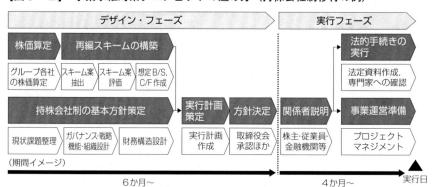

また，自社株対策において時間軸を考えるうえで注意しなければならないのは，対策となるスキームを実行しても，すぐに株価が低減しないことがある点である。たとえば，新設の資産管理会社や持株会社を使ったスキームの場合，会社設立後3年を経過するまでは，その会社の株価評価上は純資産評価しか使うことができない[2]。その間については株価が下がらないケースがある（場合によっては株価が上昇することもある）ことに注意が必要である。そのため，オーナーや後継者の年齢や企業業績の見通しなども踏まえて，株式を移動させたい時期を念頭に入れて，全体のスケジューリングを行うことが重要である。

---

2 新設法人を活用する場合，当該法人は開業後3年を経過するまでは財産評価基本通達上，「開業後3年未満の会社等」に該当するため，基本的に純資産価額が適用されることとなる。また，合併や会社分割等により，会社規模や主たる業種に大きな変化が生じた場合も，類似業種比準価額方式の適用に限界があると認められる場合には，純資産価額により評価しなければならないこともあるため，留意が必要である。第4章102・114頁参照。

第4章 自社株対策に必要な税務の基礎知識

　具体的な自社株対策スキームを考える前に、相続税、贈与税や組織再編税制など、基本的な税法上の規定やルールについて知っておくことが必要である。本章では、組織再編・M&Aを活用した自社株対策スキームを検討するうえで必要となる基本的な税務に関するポイントについて解説する。

1　相続税・贈与税の基礎知識

(1) 相続税・贈与税の意義

　相続税と贈与税は、ともに相続税法という1つの税法中に規定されており、一税法二税目という特徴がある。

　相続税は、富の再分配を行うために設けられたもので、遺産承継により貧富が確定してしまうことは適当でないという社会政策的な見地から、遺産の一部を租税の形で国が吸収することとしたものである。

　一方、贈与税は、相続税を補完するために設けられたもので、遺産が生前に移転されていた場合は相続税を課することができなくなるため、相続税の課税目的を遂げるために生前の財産の移転に対して贈与税を課することとしたものである。

相続税および贈与税は、このように財産が無償で移転することに着目して課する税であり、課税原因には、「相続」、「贈与」、「遺贈」の3つがある。相続においては、財産を与える者（死亡した者）を「被相続人」といい、財産を受け取る者（配偶者や子など）を「相続人」という。贈与においては、財産を与える者を「贈与者」といい、財産を受け取る者を「受贈者」という。

遺贈という言葉は、馴染みが薄いかもしれない。遺贈とは、遺言による財産の移転をいう。遺贈により財産を与える者を「遺贈者」といい、財産を受け取る者を「受遺者」という。遺贈には、包括遺贈と特定遺贈があり、包括遺贈とは、遺言により示された割合に基づいて受遺者が包括的に権利義務を承継する遺贈で、包括遺贈を受ける者を包括受遺者という。特定遺贈とは、遺言により遺産中の特定の財産を指定して、その財産のみを承継する遺贈をいう。

なお、相続と遺贈においては、財産を受け取る者の意思に関わりなく財産の移転が実行されてしまうおそれがある。特に、相続や遺贈により移転する財産には、資産だけでなく借入金などの債務も含まれることから、財産を受け取る者としては、必ずしも相続で財産を引き継ぐことが望ましいとはいえない。そのため、相続と遺贈においては、民法上、財産を受け取る者の意思を反映させるために「承認[1]」と「放棄」という制度が設けられている。

承認とは、財産を取得するという意思表示であり、放棄とは、財産を取得しないという意思表示のことをいう。相続人は、相続の開始があったことを知った時から3か月以内に相続について承認または放棄しなければならない（民法915）。一方、受遺者は、遺言者の死亡後、いつでも、遺贈の放棄をすることができる（民法986）。このように、相続と遺贈の承認・放棄は別々に行われるた

---

[1] 民法における相続の承認には、単純承認と限定承認がある。単純承認は、被相続人の権利義務を無制限に承継する（民法920）。そのため、財産を上回る債務を承継してしまうリスクもある。一方、限定承認は、相続により得た財産の範囲内でのみ被相続人の債務等を弁済するという条件のもとに承認するものである（民法922）。限定承認は、共同相続人の全員が共同してのみすることができる（民法923）。限定承認しようとするときは、相続の開始があったことを知った時から3か月以内に、相続財産の目録を作成して家庭裁判所に提出し、限定承認をする旨を申述しなければならない（民法915・924）。

め，相続を放棄した者でも遺贈により財産を取得することはあり得る。

(2) 親族の範囲

相続税法における親族とは，配偶者，6親等内の血族および3親等内の姻族に該当する者をいう[2]。税務上，親族であるか否かにより，株価の評価方式が決まるほか，組織再編税制やグループ法人税制の適用ルールにも影響があるため，相続人における親族の判定は極めて重要である。

【図4－1】親族図

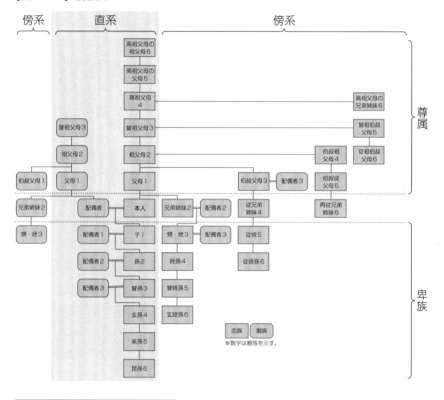

2　血族とは，血統のつながりのある者をいい，姻族とは，婚姻によってできる姻戚関係をいう。

(3) 相続人[3]

　前述のとおり，相続により財産を取得することができる者を相続人というが，相続人は，「配偶者相続人[4]」と「血族相続人」の2つに大別され，双方が同順位の相続人となる[5]。

　被相続人の配偶者は，常に相続人となる。

　血族相続人は，民法上，順位を付して相続人となる者が定められている。それによれば，第1順位は被相続人の子，第2順位は被相続人の直系尊属，第3順位は被相続人の兄弟姉妹となり，そのいずれもいない場合，血族相続人は存

【図4-2】 相続人の順位

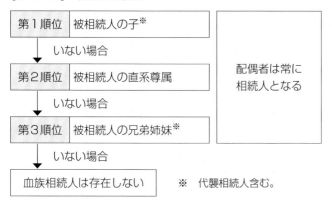

※ 代襲相続人含む。

3　相続人には，民法上定められている相続人と，相続税法上定められている相続人（法定相続人）の2種類がある。後者は，相続税法が独自に規定した概念であり，相続の放棄があった場合には，その放棄がなかったものとした場合における相続人をいう。両者の違いは，相続の放棄があった場合の取扱いにある。相続税法上の法定相続人は，生命保険金や退職金等の非課税限度額の計算や相続税総額の計算の過程などにおいて用いられる。

4　法律上の婚姻届を提出した者をいい，内縁の妻は含まれない。また，被相続人が死亡する前に離婚していた場合も含まれない。

5　ただし，次に掲げる事由のいずれかに該当する者は，相続人となることはできない。①相続開始以前に死亡している者，②相続人の欠格事由に該当している者，③推定相続人から廃除されている者，④相続の放棄をしている者。

在しないこととなる[6]。

なお，被相続人の配偶者も血族相続人も存在しない場合には，相続人は存在しないこととなる。その場合，被相続人の遺産は，特別の場合を除き，国庫に帰属することとなる（民法959）。

(4) 代襲相続人

代襲相続人とは，血族相続人となるべき者が被相続人の相続開始以前に死亡等していた場合[7]に，その相続の権利を承継する子を指す。なお，第1順位の血族相続人（子）の代襲は，何度でも繰り返すが，第2順位の血族相続人（父母）には代襲制度はなく，第3順位の血族相続人（兄弟姉妹）の代襲は一度しか認められない（つまり，兄弟姉妹の子まで）ことに留意。

【図4－3】 代襲相続人

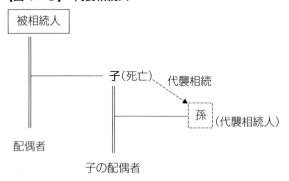

(5) 法定相続分[8]

相続人が複数存在する場合は，それぞれの相続人がどれだけの財産を承継す

---

6 被相続人の子および兄弟姉妹には，その代襲相続人も含まれる。
7 代襲原因は，具体的には①相続開始以前の死亡，②欠格，③廃除であり，相続放棄は代襲原因とはならない。
8 相続分は，法定相続分（民法900）のほか，代襲相続分（民法901），指定相続分（民法902），特別受益者の相続分（民法903・904），寄与分（民法904の2）があり，相続人の状況や遺言書や遺産分割協議の内容等により用いられる相続分が決まってくる。

るかが問題となる。法定相続分とは，民法上定められた相続人が被相続人から承継すべき財産の割合をいう。配偶者相続人と血族相続人の両方が存在する場合の法定相続分は【図4－4】のとおりである。たとえば，配偶者と子が相続人である場合，配偶者が2分の1，子が2分の1を相続することとなる。配偶者と直系尊属が相続人である場合は，配偶者が3分の2，直系尊属が3分の1を相続する。

【図4－4】配偶者と血族相続人がいる場合の法定相続分

		配偶者と子が相続人の場合	配偶者と直系尊属が相続人の場合	配偶者と兄弟姉妹が相続人の場合
配偶者		2分の1	3分の2	4分の3
血族相続人	子	2分の1	－	－
	直系尊属	－	3分の1	－
	兄弟姉妹	－	－	4分の1

また，子，直系尊属および兄弟姉妹が複数いる場合は，各自の相続分は相等しいものとして取り扱う。たとえば，相続人が配偶者と子2人であった場合，配偶者による相続割合は2分の1，それぞれの子による相続割合は各自4分の1（したがって，子の合計は2分の1）となる。

そのほか，以下に留意すべき法定相続分の考え方について整理しておく。

① 養 子

養子の相続分は，実子と同等である。なお，養子には，普通養子と特別養子[9]の2種類がある。普通養子は，養親と実親の双方の相続財産を相続する権利があるが[10]，特別養子は養親のみの相続財産に対して相続権を有する。よって，特別養子は実親が死亡してもその相続人にはなれない。

---

9 特別養子縁組は，一定の要件の下，養親となる者の請求により，家庭裁判所の審判を受けて成立する（民法817の2）。

10 養子は養子縁組の日から養親との血族関係を有することとなるが，養子縁組前に出生している養子の子は養親の孫とはならない。

なお，法定相続人の数に算入する養子の数には制限が設けられている。具体的には，被相続人に実子がある場合，法定相続人の数に算入できる養子の数は1人であり，被相続人に実子がない場合，法定相続人の数に算入できる養子の数は2人までとなる。これは，養子の数を増やして相続税の基礎控除額を大きくするなどして，不当に相続税負担の軽減を図ることを防止するためである。

② 非嫡出子

非嫡出子とは，法律上の婚姻関係にない男女の間に生まれた子のこと。非嫡出子は，父親により認知されていれば子は相続権があるが，認知されていない場合は相続権がない。非嫡出子の法定相続分は，かつては嫡出子の半分とされていたが，平成25年9月4日の最高裁判所決定により，平成25年9月5日以降に開始した相続については嫡出子と非嫡出子の相続分を同等とする法改正（民法900四但書前半部分の削除）が行われた。

③ 半血兄弟姉妹

半血兄弟姉妹とは，父母いずれか一方だけが同じ兄弟姉妹のこと。半血兄弟姉妹は，全血兄弟姉妹の同順位の相続人として取り扱うが，半血兄弟姉妹の法定相続分は全血兄弟姉妹の半分となる（民法900四）。

④ 胎　児

相続税の申告書を提出する時までに胎児が出生していれば相続人として取り扱うが，未出生であれば胎児はいないものとして取り扱う。

⑤ 配偶者の連れ子

配偶者の連れ子は，夫婦の婚姻によって生じた親族関係であり，法律上の血族ではないため，相続人にはなれない。

⑥ 離婚した場合の子

父母が離婚しても，その子と父母との間の血族関係は消滅するわけではないため，父母双方の相続人となる。

⑦ 同時死亡の場合

航空機や自動車事故，火事などの災害により，一度に親子，兄弟等が亡くなった場合で誰が先に死亡したかが不明な場合，これらの者は同時に死亡した

ものと推定される（民法32の2）。同時死亡の場合，同時死亡の推定を受けた者の間では，相互に相続は開始しない。また，同時死亡は，相続開始以前の死亡に含まれるため，代襲原因となる。そのため，たとえば，父と子Aが同時死亡した場合，父から子Aへの相続は発生せず，子Aの代襲相続人としてAの子（父からみれば孫）に相続権が発生することとなる。

(6) 指定相続分と遺留分
① 指定相続分
　被相続人は，遺言書によれば，必ずしも法定相続分に縛られずに，各相続人に対する相続割合を指定することができる。また，この指定を第三者に委託することもできる。これを指定相続分という。ただし，被相続人または第三者は，遺留分に関する規定に違反することができない（民法902）。
② 遺留分とは
　遺留分とは，一定の相続人に関して，遺言によっても侵害されない，最低限財産を相続する権利のある割合をいう（民法1028）。遺留分の権利を有するのは，配偶者，子およびその代襲相続人，直系尊属のみであり，兄弟姉妹およびその代襲相続人には遺留分は認められていない。
　具体的な遺留分の割合は，以下のとおり。
　(i) 直系尊属のみが相続人である場合　被相続人の財産の3分の1
　(ii) 上記以外の場合　被相続人の財産の2分の1
　たとえば，相続人が配偶者と子2人である場合，遺留分は2分の1であるため，配偶者の遺留分は4分の1（法定相続分2分の1×1/2），子1人当たりの遺留分は8分の1（法定相続分4分の1×1/2）となる。
③ 遺留分の対象財産
　遺留分の対象となる財産には，被相続人が相続開始の時において有した財産だけでなく，相続人への生前贈与や相続人以外への相続開始前1年以内の贈与，被相続人の債務の全額も含まれる。

④ 遺留分の減殺請求

　遺留分権利者およびその承継人は，遺留分の権利を主張する場合，遺贈および遺留分の算定の基礎となる贈与の減殺を請求することができる（民法1031）。この遺留分減殺請求は，相続の開始および減殺すべき贈与または遺贈があったことを知った時から1年間行使しないときは，時効によって消滅する。また，相続の開始等を知らなかった場合でも，相続開始の時から10年を経過したときも消滅する。

(7) 納税義務者の区分と課税財産の範囲
① 納税義務者の区分

　相続税・贈与税の納税義務を負う者（相続人・受贈者）は，相続開始時の住所等に応じて，以下の4つに分類される。

(i) 居住無制限納税義務者

　相続または遺贈により財産を取得した個人でその財産を取得した時において日本国内に住所を有するもの。

(ii) 非居住無制限納税義務者

　次のイまたはロのいずれかに該当する者
　イ　相続または遺贈により財産を取得した日本国籍を有する個人で，その財産を取得した時において日本国内に住所を有していないもの（その個人またはその相続もしくは遺贈に係る被相続人（遺贈をした人を含む）がその相続または遺贈に係る相続の開始前5年以内のいずれかの時において日本国内に住所を有していたことがある場合に限る）。
　ロ　相続または遺贈により財産を取得した日本国籍を有しない個人で，その財産を取得した時において日本国内に住所を有していないもの（その相続もしくは遺贈に係る被相続人（遺贈をした人を含む）がその相続または遺贈に係る相続の開始の時において日本国内に住所を有していた場合に限る）。

【図4-5】納税義務者の区分と課税財産の範囲

被相続人・贈与者 \ 相続人・受贈者	国内に住所あり	国内に住所なし 日本国籍あり 5年以内に国内に住所あり	国内に住所なし 日本国籍あり 5年を超えて国内に住所なし	国内に住所なし 日本国籍なし
国内に住所あり	国内・国外財産ともに課税	国内・国外財産ともに課税	国内・国外財産ともに課税	国内・国外財産ともに課税
国内に住所なし　5年以内に国内に住所あり	国内・国外財産ともに課税	国内・国外財産ともに課税	国内・国外財産ともに課税	国内・国外財産ともに課税
国内に住所なし　5年を超えて国内に住所なし	国内・国外財産ともに課税	国内・国外財産ともに課税	国内財産のみに課税	国内財産のみに課税

凡例：
- ▨ 居住無制限納税義務者
- □ 非居住無制限納税義務者
- ▦ 制限納税義務者

注記：
- 相続人が海外在住5年超であっても、被相続人が5年内に国内に住所があると国外財産にも課税
- 平成25年度税制改正において国外財産にも課税されることとなった

※ 「住所」については税法上，詳細な規定はないため，民法概念を借用し，各人の生活の本拠地を，住居，職業，資産の所在，家族の居住状況，国籍等の客観的事実を基に総合的に判断する（相基通1の3・1の4共－5）。

(iii) **制限納税義務者**

相続または遺贈により日本国内にある財産を取得した個人でその財産を取得した時において日本国内に住所を有していないもの（非居住無制限納税義務者に該当する人を除く）。

(iv) **特定納税義務者**

贈与により相続時精算課税の適用を受ける財産を取得した個人（上記無制限納税義務者および制限納税義務者に該当する人を除く）。

② **課税財産の範囲**

居住無制限納税義務者または非居住無制限納税義務者の場合，国内財産，国外財産および相続時精算課税適用財産が相続税・贈与税の課税対象となる。

制限納税義務者の場合は，国内財産および相続時精算課税適用財産となり，国外財産は課税対象とはならない。

特定納税義務者の場合，相続時精算課税適用財産のみが課税対象となる。

(8) 財産の所在

　前項のとおり，納税義務者の区分に応じて，課税対象となる財産の範囲が決まってくるため，財産の所在は重要である。具体的な財産の所在の判定は，相続税法10条に規定されている。

　自社株対策を考えるうえでは，特に株式の所在が重要となる。株式は，株式の発行法人の本店または主たる事務所の所在による。そのため，相続人（受贈者）が制限納税義務者に該当する場合，外国法人の株式であれば，当該株式は相続税（贈与税）の課税財産には該当しないこととなる。

【図4－6】　財産の所在の判定

財産の種類	所在の判定
動産	その動産の所在による。
不動産又は不動産の上に存する権利，船舶又は航空機	その不動産の所在による。 船籍又は航空機の登録をした機関の所在による。
鉱業権，租鉱権，採石権	鉱区又は採石場の所在による。
漁業権又は入漁権	漁場に最も近い沿岸の属する市町村又はこれに相当する行政区画による。
預金，貯金，積金又は寄託金で次に掲げるもの (1)　銀行，無尽会社又は株式会社商工組合中央金庫に対する預金，貯金又は積金 (2)　農業協同組合，農業協同組合連合会，水産業協同組合，信用協同組合，信用金庫又は労働金庫に対する預金，貯金又は積金	その受入れをした営業所又は事業所の所在による。
生命保険契約又は損害保険契約などの保険金	これらの契約を締結した保険会社の本店又は主たる事務所の所在による。

退職手当金等	退職手当金等を支払った者の住所又は本店若しくは主たる事務所の所在による。
貸付金債権	その債務者の住所又は本店若しくは主たる事務所の所在による。
社債，株式，法人に対する出資又は外国預託証券	その社債若しくは株式の発行法人，出資されている法人，又は外国預託証券に係る株式の発行法人の本店又は主たる事務所の所在による。
合同運用信託，投資信託及び外国投資信託，特定受益証券発行信託又は法人課税信託に関する権利	これらの信託の引受けをした営業所又は事業所の所在による。
特許権，実用新案権，意匠権，商標権等	その登録をした機関の所在による。
著作権，出版権，著作隣接権	これらの権利の目的物を発行する営業所または事業所の所在による。
上記財産以外の財産で，営業上又は事業上の権利(売掛金等のほか営業権，電話加入権等)	その営業所又は事業所の所在による。
国債，地方債	国債及び地方債は，法施行地(日本国内)に所在するものとする。外国又は外国の地方公共団体その他これに準ずるものの発行する公債は，その外国に所在するものとする。
その他の財産	その財産の権利者であった被相続人の住所による。

出所：国税庁タックスアンサー（相続税）No.4138 相続税の納税義務者（参考）財産の所在
(http://www.nta.go.jp/taxanswer/sozoku/4138.htm)。

② 相続税額の計算方法

日本の相続税の課税方式は，遺産取得課税方式[11]を採用しているが，実際の

---

11 米国や英国では遺産課税方式が採用されており，これは被相続人の遺産総額に応じて課税する方法である。遺産分割の方法にかかわらず遺産総額によって相続税が決まるため，課税が容易であるという特徴がある。

遺産の分割状況とは関係なく，被相続人の遺産額を法定相続人が民法の法定相続分に従って取得したと仮定した場合の取得金額を求め，法定相続分に対応する各人別の税額を算出したうえで，これを合計して相続税額の総額を算出する。これにより，実際の遺産の分割状況にかかわらず相続税額を確定させることができる。

具体的には，各相続人が負担すべき相続税額は，以下の流れで算出する。

STEP 1　各人の相続税の課税価格の計算

相続人ごとに，取得した財産価額の合計額（この合計額を「課税価格」という）を計算する。課税価格は，取得した本来の相続財産の価額に，みなし相続財産，相続時精算課税適用財産，3年以内の生前贈与財産が加算される一方，非課税財産や承継した債務・葬式費用を控除して算出される。

> 課税価格＝取得した本来の財産＋みなし相続財産＋相続時精算課税適用財産＋
> 3年以内の生前贈与財産－非課税財産－債務・葬式費用

【図4-7】　第1ステップ　各人の相続税の課税価格の計算

3年以内の生前贈与財産（＋）	債務・葬式費用（－）
相続時精算課税適用財産（＋）	非課税財産（－）
みなし相続財産（＋）	（＝）各人の課税価格
取得した本来の相続財産（＋）	

＜ポイント解説＞

(1) みなし相続財産

◇みなし相続財産とは，被相続人が所有していた財産ではないものの，実質的に相続等により取得されたと同様の経済的価値のある利益で，相続財産とみなされるものをいう（相法3）。具体的には，主に以下のものがある。

① 生命保険金

被相続人の死亡により相続人等が取得した生命保険契約または損害保険契約の保険金で，被相続人が死亡時までに負担した保険料に対応する部分の保険金（一時金のほか年金で受領するものも含む）

② 死亡退職金

被相続人の死亡により相続人等が取得した被相続人に支給されるべきであった退職手当金等で，被相続人の死亡後3年以内に支給が確定したもの[12]

③ 生命保険契約の権利[13]

相続開始の時において，まだ保険事故が発生していない生命保険契約（ただし，掛け捨ての生命保険契約は除く）で被相続人が保険料の全部または一部を負担し，かつ，被相続人以外の者が生命保険契約の契約者である場合には，被相続人が負担した保険料に相当する部分の生命保険契約の権利

(2) 相続時精算課税適用財産

◇相続時精算課税制度を適用して生前贈与により取得したすべての財産は，贈与時の価額で課税価格に加算される[14]。

(3) 生前贈与財産

◇相続または遺贈により財産を取得した者が，相続開始前3年以内に被相続人から生前贈与を受けた財産は，贈与時の価額で課税価格に加算される[15]。

---

12 被相続人の死亡後3年経過したのちに支給が確定したものは，支給が確定したときに受取人の一時所得として所得税の課税対象となる。
13 被相続人が契約者でなく，被相続人以外の者が被保険者となっている生命保険契約は，被相続人の死亡によっても保険金は支払われないものの，この保険契約を取得した者が解約すれば解約返戻金を得ることができることから，経済的価値のあるものとして解約返戻金相当額が相続財産とみなされる。なお，この場合において被相続人が契約者であるときは解約返戻金相当額が本来の相続財産として相続税の課税対象となる。
14 相続または遺贈により財産を取得していない者でも，相続時精算課税制度を適用して生前贈与を受けた者は，相続税の納税義務を負うことに注意（特定納税義務者）。
15 贈与時に課せられていた贈与税は，相続税額から控除されるため，二重課税とはならない。

【図4－8】 控除対象となる債務

	居住無制限納税義務者 非居住無制限納税義務者	制限納税義務者
控除できるもの	・被相続人の債務（公租公課含む） ・葬式費用	・自己が取得した課税財産に係る債務 ・営業上または事業上の債務
控除できないもの	・非課税財産に係る債務 ・相続人等が負担すべき債務 ・消滅時効の完成した債務 ・その存在が確実と認められない債務	・非課税財産に係る債務 ・相続人等が負担すべき債務 ・消滅時効の完成した債務 ・その存在が確実と認められない債務 ・課税対象外の財産に係る債務 ・財産にかかわらない債務 ・葬式費用

(4) 非課税財産

◇非課税財産[16]には，国等に対して贈与した相続財産，特定公益信託の信託財産として支出した相続財産に属する金銭，墓所・霊廟・祭具，生命保険金等のうち一定額，退職手当金等のうち一定額[17]などが含まれる。

(5) 債務・葬式費用

◇債務控除の適用対象者は，相続人と包括受遺者のみであり，相続放棄した者は含まれない。居住無制限納税義務者・非居住無制限納税義務者は，原則として被相続人の債務であればすべて控除できる（葬式費用も控除できる[18]）

---

16 相続または遺贈により取得した財産（みなし相続財産を含む）のうち，財産の性格，社会政策上の問題，国民感情等を考慮して相続税課税の対象とすることが適当でないものとして，非課税財産の規定が設けられている（措法70，相法12①等）。

17 生命保険金および退職手当金等の非課税限度額は，「500万円×法定相続人の数」により算定される。ただし，法定相続人の数に算入される養子の数は制限されている。

18 居住無制限納税義務者，非居住無制限納税義務者で相続を放棄した者，相続権を失っ

第4章 自社株対策に必要な税務の基礎知識　55

が，制限納税義務者は，原則として自己が取得した課税財産に係る債務しか控除できず，葬式費用も控除できない。

STEP 2　相続税の総額の計算

すべての相続人の課税価格の合計額から基礎控除額を差し引いた課税遺産額に，法定相続割合に応じて取得したものと仮定し各取得金額を算出する。さらに，その各取得金額にそれぞれ相続税率を乗じた金額を算出し，その各人ごとの金額の合計が相続税の総額となる。

【図4-9】　第2ステップ　相続税の総額の計算

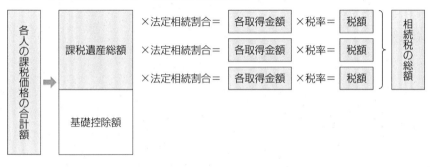

＜ポイント解説＞

◇　基礎控除額＝3,000万円＋600万円×法定相続人の数

◇法定相続割合は，各人の法定相続人の法定相続分および代襲相続分に応ずる割合を指す。

◇各取得金額に税率を乗ずる部分は，速算表を用いて次のように計算する。

　各取得金額×税率－控除額＝税額

た者であっても，現実に葬式費用を負担している場合はその負担額を控除できる。なお，葬式費用には，通夜費用，寺へのお布施，遺体運搬費用も含まれるが，香典返し費用，墓地購入費，法会に要する費用，遺体解剖費用は含まれない。

【図4-10】 速算表

各法定相続人の取得金額	税率	控除額
1,000万円以下	10%	—
3,000万円以下	15%	50万円
5,000万円以下	20%	200万円
1億円以下	30%	700万円
2億円以下	40%	1,700万円
3億円以下	45%	2,700万円
6億円以下	50%	4,200万円
6億円超	55%	7,200万円

STEP 3　各人の算出相続税額の計算

相続税の総額に各相続人の課税価格に応じた按分割合を乗じて、各人の算出相続税額を計算する。

【図4-11】 第3ステップ　各人の算出相続税額の計算

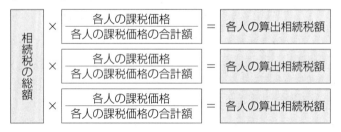

＜ポイント解説＞

◇　按分割合＝各人の課税価格÷各人の課税価格の合計額

◇按分割合に小数点以下2位未満の端数がある場合において、その財産の取得者全員が選択した方法により、各取得者の割合の合計値が1になるようその端数を調整して、各取得者の相続税額を計算することができる（相基通17-1）。

STEP 4　各人の納付すべき相続税額の計算

各人の算出相続税額から各種税額控除等を加減算して各人の納付すべき相続税額を計算する。

【図4－12】第4ステップ　各人の納付すべき相続税額の計算

相続税額の加算（＋）	贈与税額控除（暦年課税分）（－）
	配偶者の税額軽減（－）
	未成年者控除（－）
	障害者控除（－）
各人の算出相続税額（＋）	相次相続控除（－）
	外国税額控除（－）
	贈与税額控除（精算課税分）（－）
	（＝）各人の相続税納付額

＜ポイント解説＞

(1) 相続税額の加算（いわゆる「2割加算」）

◇相続税額の加算は，以下の者以外の者に適用される。
　① 被相続人の父母
　② 被相続人の子（子の代襲相続人である孫等を含む）
　③ 被相続人の配偶者

◇相続税額の加算は，1親等の血族や配偶者等以外の者が財産の取得することは偶然性が高く担税力が十分にあると想定されること，被相続人が孫に財産を遺贈した場合は相続税の課税を1世代飛ばせることとなること，1親等の血族および配偶者は，被相続人の財産形成等において他の者よりも貢献していることなどを考慮して，税負担の調整を図るために設けられている。

◇加算額は，次の算式により計算される。

　相続税の加算額＝算出相続税額×20％

【図4-13】 相続税額の加算の適用対象

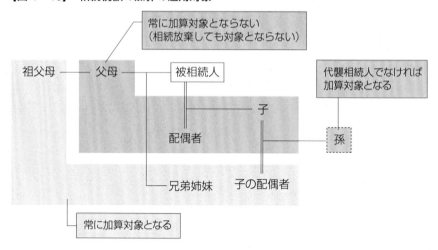

(2) 贈与税額控除（暦年課税分）

◇贈与税額控除（暦年課税分）は，第1ステップの課税価格の計算において生前3年以内の贈与加算された贈与財産について，贈与税と相続税が二重課税となることを解消するために，生前贈与財産に課税された贈与税額相当分を控除するもの。控除額は，次の算式により計算する。

$$\text{被相続人から贈与を受けた年分の贈与税額}^{※1} \times \frac{\text{相続税の課税価格に加算された生前贈与財産の価額}}{\text{その年分の贈与税の課税価格}^{※2}}$$

※1 相続時精算課税にかかる贈与税額を除く。
※2 贈与税の配偶者控除を受けた特定贈与財産および相続時精算課税にかかる贈与税の課税価格を除く。

(3) 配偶者の税額軽減

◇配偶者の税額軽減は，同一世代間における財産の移転であること，被相続人の死後における配偶者の老後の生活保障を考慮する必要があること，配偶者が遺産の維持，形成に寄与したところが大きいこと等を理由に設けられた規定。配偶者が取得した遺産額が，配偶者の法定相続分に相当する金額以下あ

るいは1億6,000万円以下である場合には，配偶者の税額軽減額として控除することができる。

◇配偶者の軽減額は，次の算式により計算される。

---
(1) 配偶者の算出相続税額（贈与税額控除（暦年課税分）後の税額）

(2) 相続税の総額 × $\dfrac{①，②のいずれか少ない金額}{課税価格の合計額}$

　① 課税価格の合計額×配偶者の法定相続分（1億6,000万円と比較し多いほう）
　② 配偶者の課税価格（千円未満切捨）

(3) 配偶者の税額軽減額
　(1)，(2)のいずれか少ない金額
---

(4) **未成年者控除**

◇未成年者控除は，相続または遺贈により財産を取得した者が20歳未満の者[19]である場合に，次の算式により控除額が計算される。

未成年者控除額＝10万円×（20歳－相続開始時の年齢（1年未満切捨））

◇未成年者控除額がその未成年者の（配偶者の税額軽減まで適用後の）算出相続税額を超える場合，扶養義務者の算出相続税額からその超過分を控除することができる。

(5) **障害者控除**

◇障害者控除は，相続または遺贈により財産を取得した者が障害者[20]である場合に，次の算式により控除額が計算される。

障害者控除額＝10万円（特別障害者の場合は20万円）×（85歳－相続開始時の年齢（1年未満切捨））

---
19 居住無制限納税義務者，非居住無制限納税義務者のいずれかに該当し，かつ法定相続人である場合に適用される（制限納税義務者には適用されないことに留意）。
20 居住無制限納税義務者かつ法定相続人である場合に適用される（非居住無制限納税

◇障害者控除額がその障害者の（未成年者控除まで適用後の）算出相続税額を超える場合，扶養義務者の算出相続税額からその超過分を控除することができる。

(6) 相次相続控除

◇短期間に相次いで相続があった場合，同じ財産に対して何度も相続税が課されることとなり，相続税の負担が著しく重くなってしまう。そこで，10年以内に2回以上発生した2次相続の場合に，相次相続控除として相続税額を一定額控除することができる[21]。

◇控除額は，次の算式により計算する。

$$相次相続控除額 = A \times \frac{C}{B-A} \left[\frac{100}{100} を超えるときは \frac{100}{100} \right] \times \frac{D}{C} \times \frac{10-E}{10}$$

A＝2次相続の被相続人が1次相続により取得した財産に課せられた相続税額
B＝2次相続の被相続人が1次相続により取得した財産の価額（債務控除後の金額）
C＝2次相続により相続人および受遺者全員が取得した財産の価額（債務控除後の金額）
D＝2次相続により相続人が取得した財産の価額（債務控除後の金額）
E＝1次相続開始の時から2次相続開始の時までの期間に相当する年数（1年未満切捨）

◇適用要件は，①2次相続の被相続人が1次相続において相続人であること，②1次相続から2次相続までの期間が10年以内であること。

◇適用対象者は，被相続人の相続人に限定されており，相続を放棄した者および相続権を失った者は含まれない。

義務者および制限納税義務者には適用されないことに留意）。

21 1次相続で配偶者と子にどれだけ財産を相続させるかによって，配偶者の税額軽減による影響で，2次相続まで含めた場合の相続税のトータル負担額が異なることがある。そのため，2次相続が近い将来予想される場合は，1次相続における遺産分割の際には予想される2次相続を考慮することも有効である。具体的には，63頁以下の相続税額の計算例を参照。

(7) 外国税額控除

◇相続または遺贈により国外財産を取得した場合，その財産の所在地国において日本の相続税に相当する税が課された場合に，二重課税を避けるために外国税額控除を適用することができる。

◇控除額は，次の算式により計算する。

---
(1) その国外財産につき外国で課された相続税相当額

(2) 相次相続控除まで適用後の算出相続税額 × $\dfrac{\text{取得した国外財産の価額}^{※1}}{\text{相続税の課税価格}^{※2}}$

※1 その財産に係る債務控除後の価額。相続開始年分の被相続人から贈与された国外財産を含む。

※2 債務控除後の金額に，相続開始年分の被相続人から贈与された財産（国内・国外財産両方）を加算した金額。

(3) 外国税額控除額
　(1)，(2)のいずれか少ない金額

---

(8) 贈与税額控除（精算課税分）

◇贈与税額控除（精算課税）は，相続時精算課税制度を適用して納付した贈与税額を控除するもの。精算課税にかかる贈与税額控除で控除しきれない部分の金額は還付を受けることができる。

◇控除額は，次の算式により計算する。

算出相続税額[※] － 贈与税額控除（精算課税分）＝ $\begin{cases} \text{正の場合：納付税額} \\ \text{負の場合：還付税額} \end{cases}$

※ 外国税額控除適用後

◇相続時精算課税制度における生前贈与の贈与税額は，いわば相続税の概算払の性格を有するものであり，第1ステップで同制度適用財産を課税価格に加算する一方，本控除により贈与税を精算することで，最終的に相続税のみの負担となる。

【図4-14】 相続税額の計算の流れ（全体像）

第1ステップ　各人の相続税の課税価格の計算

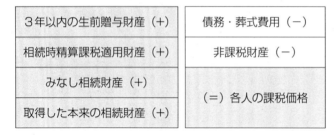

第2ステップ　相続税の総額の計算

第3ステップ　各人の算出相続税額の計算

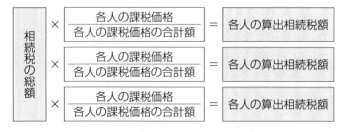

第4ステップ　各人の納付すべき相続税額の計算

相続税額の加算（＋）	贈与税額控除（暦年課税分）（－）
	配偶者の税額軽減（－）
	未成年者控除（－）
	障害者控除（－）
各人の算出相続税額（＋）	相次相続控除（－）
	外国税額控除（－）
	贈与税額控除（精算課税分）（－）
	（＝）各人の相続税納付額

【相続税額の計算例】

　相続税額算出の参考例として，1次相続において，配偶者に法定相続割合より多くの財産を承継させるケース（ケース1）と，配偶者に法定相続割合より少なく財産を承継させるケース（ケース2）の計算例を掲載する。この事例によれば，1次相続および2次相続まで含めると，ケース1のほうがトータルの相続税負担が重いことがわかる。このように，配偶者の税額軽減があるからといって，1次相続で配偶者が多くを相続することが必ずしも有利に働くわけではないことに留意する。

<前提条件>
- 1次相続の相続人は配偶者、長男、次男の3名
- 1次相続発生時、本人の財産は自社株6億円とその他3億円
- 2次相続発生時、配偶者の財産は1次相続で承継した財産とその他3億円
- 1次相続発生から6年2か月後に、2次相続（配偶者の死亡）が発生

ケース1：配偶者に法定相続割合より多くの財産を承継させる場合
【1次相続】本人の相続発生時 （単位：千円）

<相続財産>	相続財産計	相続する財産の内訳		
		配偶者	長男	次男
自社株	600,000	600,000	0	0
その他	300,000	100,000	100,000	100,000
相続財産合計	900,000	700,000	100,000	100,000
債務・葬式費用（－）	0	0	0	0
各人の課税価格	900,000	700,000	100,000	100,000
法定相続人数	3			
基礎控除（－）	48,000			
課税遺産総額	852,000			

続柄	法定相続割合	取得金額	税率	控除額	相続税額の総額
	a	b	c	d	e=b*c-d
配偶者	1/2	426,000	50%	42,000	171,000
長男	1/4	213,000	45%	27,000	68,850
次男	1/4	213,000	45%	27,000	68,850
合計	1.0	852,000		f=	308,700

続柄	相続人ごとの課税価格	按分割合	各人の相続税額	税額控除※	納付税額
		g	h=f*g	i	j=h-i
配偶者	700,000	7/9	240,100	154,350	85,750
長男	100,000	1/9	34,300	0	34,300
次男	100,000	1/9	34,300	0	34,300
合計	900,000		308,700	154,350	154,350

※ 配偶者の税額軽減のみ考慮。

第4章　自社株対策に必要な税務の基礎知識　65

【2次相続】配偶者の相続発生時

＜相続財産＞	合 計	相続する財産の内訳	
		長 男	次 男
1次相続からの承継分	700,000	600,000	100,000
自社株	0	0	0
その他	300,000	0	300,000
相続財産合計	1,000,000	600,000	400,000
債務・葬式費用（－）	0	0	0
各人の課税価格	1,000,000	600,000	400,000
法定相続人	2		
基礎控除（－）	42,000		
課税遺産総額	958,000		

※ 長男が配偶者の持つ株式をすべて承継し、その他はすべて次男が承継。

続　柄	法定相続割合	取得金額	税　率	控除額	相続税額の総額
	a	b	c	d	e=b*c-d
長　男	1/2	479,000	50%	42,000	197,500
次　男	1/2	479,000	50%	42,000	197,500
合　計	1.0	958,000		f=	395,000

続　柄	各人の課税価格	按分割合	各人の相続税額	税額控除※	納付税額
		g	h=f*g	i	j=h-i
長　男	600,000	3/5	237,000	20,580	216,420
次　男	400,000	2/5	158,000	13,720	144,280
合　計	1,000,000		395,000	34,300	360,700

※　相次相続控除のみ考慮。

1次＋2次相続合計	515,050

ケース２：配偶者に法定相続割合より少ない財産を承継させる場合
【１次相続】本人の相続発生時

(単位：千円)

<相続財産>	相続財産計	相続する財産の内訳		
		配偶者	長男	次男
自社株	600,000	0	300,000	300,000
その他	300,000	100,000	100,000	100,000
相続財産合計	900,000	100,000	400,000	400,000
債務・葬式費用（－）	0	0	0	0
各人の課税価格	900,000	100,000	400,000	400,000
法定相続人数	3			
基礎控除（－）	48,000			
課税遺産総額	852,000			

続柄	法定相続割合	取得金額	税率	控除額	相続税額の総額
	a	b	c	d	e=b*c-d
配偶者	1/2	426,000	50%	42,000	171,000
長男	1/4	213,000	45%	27,000	68,850
次男	1/4	213,000	45%	27,000	68,850
合計	1.0	852,000		f=	308,700

続柄	相続人ごとの課税価格	按分割合	各人の相続税額	税額控除※	納付税額
		g	h=f*g	i	j=h-i
配偶者	100,000	1/9	34,300	34,300	0
長男	400,000	4/9	137,200	0	137,200
次男	400,000	4/9	137,200	0	137,200
合計	900,000		308,700	34,300	274,400

※ 配偶者の税額軽減のみ考慮。

【2次相続】配偶者の相続発生時

<相続財産>	合計	相続する財産の内訳	
		長男	次男
一次相続からの承継分	100,000	50,000	50,000
自社株	0	0	0
その他	300,000	150,000	150,000
相続財産合計	400,000	200,000	200,000
債務・葬式費用（－）	0	0	0
各人の課税価格	400,000	200,000	200,000
法定相続人	2		
基礎控除（－）	42,000		
課税遺産総額	358,000		

※ 長男と次男が平等に承継。

続柄	法定相続割合	取得金額	税率	控除額	相続税額の総額
	a	b	c	d	e＝b*c-d
長男	1/2	179,000	40%	17,000	54,600
次男	1/2	179,000	40%	17,000	54,600
合計	1.0	358,000		f＝	109,200

続柄	各人の課税価格	按分割合	各人の相続税額	税額控除※	納付税額
		g	h＝f*g	i	j＝h-i
長男	200,000	1/2	54,600	0	54,600
次男	200,000	1/2	54,600	0	54,600
合計	400,000		109,200	0	109,200

※ 相次相続控除のみ考慮（ただし，このケースでは相次相続控除はゼロ）。

1次＋2次相続合計	383,600

3　贈与税額の計算方法

　贈与税額の計算方法は，相続税と比べるといたってシンプルである。具体的には，各相続人が負担すべき贈与税額は，以下の流れで算出する。

STEP 1　各人の贈与の課税価格の計算
◇受贈者ごとに，課税価格を計算する。課税価格は，取得した財産の価額に，みなし相続財産が加算される一方，非課税財産を控除して算出される。

【図4－15】　第1ステップ　贈与の課税価格の計算

みなし贈与財産（＋）	非課税財産（－）
贈与により取得した財産（＋）	（＝）課税価格

＜ポイント解説＞
(1)　みなし贈与財産
◇みなし贈与財産とは，相続税の場合と同様，生命保険金，個人年金保険などの定期金，著しく低額で譲り受けた財産（低額譲受），免除や肩代わりされた債務（債務免除等），適正な対価を負担せずに信託受益者になった場合等，経済的価値のある利益を贈与により取得したものとみなされるものをいう。
(2)　非課税財産
◇非課税財産とは，財産の性格や社会政策的見地，国民感情等を考慮して，贈与税の対象とはされない財産のこと。具体的には，以下のようなものが該当する。
　①　相続税法上の贈与税の非課税財産

✓ 法人からの贈与財産，生活費・教育費，公益事業用財産，特定公益信託から受ける一定の金品，心身障害者共済制度の給付金受給権，選挙資金等，相続開始年分の被相続人からの贈与財産
② 租税特別措置法上の贈与税の非課税財産
✓ 特別障害者扶養信託契約の信託受益権
✓ 住宅取得等資金，直系尊属から一括贈与された教育資金
③ 相続税法基本通達上の贈与税の非課税財産
✓ 社交上必要と認められる香典，祝物，見舞金等
✓ 離婚に伴い受けた分与財産

STEP2　各人の算出贈与税額の計算

(1) 暦年課税贈与の場合

◇受贈者ごとに贈与税の課税価格から配偶者控除額および基礎控除額を差し引いて税率を乗ずることにより，算出贈与税額を計算する。

【図4－16】　第2ステップ　各人の算出贈与税額の計算
＜暦年課税贈与の場合＞

＜ポイント解説＞
① 配偶者控除
◇配偶者控除は，財産形成における夫婦の貢献度や配偶者の生活基盤を安定させる等の観点から設けられている。
◇婚姻期間が20年以上である配偶者から贈与により取得した居住用不動産または居住用不動産を取得するための金銭が控除対象となる。具体的な控除額の算出方法は，以下のとおり。

```
(1) 20,000千円

(2) 贈与により取得した   贈与により取得した金銭のうち，居住用
    居住用不動産の価額 ＋ 不動産の取得に充てられた金額

(3) 配偶者控除額
    上記(1)，(2)のいずれか少ない金額
```

◇配偶者控除は，その配偶者からの贈与につき１回限りであり，過去に同控除を適用したことがある者は適用を受けることができない。

② 基礎控除額

◇基礎控除額は，受贈者ごとに１暦年中110万円である。そのため，２人の贈与者から贈与を受けても，110万円しか控除できないことに留意。

③ 税　率

◇贈与税は相続税の補完税として定められたものであることから，相続税と比較すると同じ金額に適用される税率は非常に高率であり，基礎控除額も著しく低い。

税率を乗ずる部分は，速算表を用いて次のように計算する。

なお，平成27年以降の贈与については，直系尊属から20歳以上の直系尊属への贈与（特例贈与財産）とそれ以外の贈与（一般贈与財産）では税率が異なっている。

```
基礎控除後の課税価格 × 税率 － 控除額 ＝ 贈与税額
```

【図4-17】 暦年贈与税率の速算表

特定贈与財産用

基礎控除後の課税価格	税　率	控除額
200万円以下	10%	－
200万円超～400万円以下	15%	10万円
400万円超～600万円以下	20%	30万円
600万円超～1,000万円以下	30%	90万円
1,000万円超～1,500万円以下	40%	190万円
1,500万円超～3,000万円以下	45%	265万円
3,000万円超～4,500万円以下	50%	415万円
4,500万円超	55%	640万円

一般贈与財産用

基礎控除後の課税価格	税　率	控除額
200万円以下	10%	－
200万円超～300万円以下	15%	10万円
300万円超～400万円以下	20%	25万円
400万円超～600万円以下	30%	65万円
600万円超～1,000万円以下	40%	125万円
1,000万円超～1,500万円以下	45%	175万円
1,500万円超～3,000万円以下	50%	250万円
3,000万円超	55%	400万円

(2) 相続時精算課税贈与の場合

◇特定贈与者[22]ごとに，かつ，受贈者（相続時精算課税適用者）[23]ごとに，1暦年中にその特定贈与者から取得した財産価額の合計額から特別控除額を差し引いて税率を乗じて贈与税額を計算する。

22　特定贈与者の要件は，贈与年の1月1日において60歳以上の親または祖父母であるが，複数の者でも構わない。
23　受贈者の要件は，贈与者の直系卑属である推定相続人で，贈与年の1月1日において20歳以上である子または贈与年の1月1日において20歳以上の孫である。

【図4－18】 第2ステップ　各人の算出贈与税額の計算

＜相続時精算課税贈与の場合＞

[特定贈与者ごとの贈与税の課税価格] － [贈与税の特別控除額] × 20％ ＝ [算出贈与税額]

＜ポイント解説＞

◇特別控除額は，2,500万円[24]か特定贈与者ごとの贈与税の課税価格のいずれか低い金額。暦年贈与の基礎控除額（110万円）は用いない。

◇税率は一律20％で，贈与税の暦年課税における超過累進税率は用いない。

STEP 3　納付すべき贈与税額の計算

◇算出贈与税額から外国税額控除を減じて各人の納付すべき贈与税額が算出される。

【図4－19】 第3ステップ　各人の納付すべき贈与税額の計算

算出贈与税額（＋）

外国税額控除（－）

（＝）贈与税納付額

＜ポイント解説＞

外国税額控除

◇贈与により国外財産を取得した際に，その財産所在地国において日本の贈与税に相当する税が課された場合に，二重課税を避けるために外国税額控除の適用がある。

24　すでに相続時精算課税制度の適用を受けたことがある場合は，2,500万円からすでに控除を受けた金額の合計額を控除した額。

◇控除額は，次の算式により計算する。

(1) その国外財産につき外国で課された贈与税相当額

(2) 算出贈与税額 × $\dfrac{\text{取得した国外財産の価額}^{※}}{\text{贈与税の課税価格}^{※}}$

※ 贈与税の配偶者控除および基礎控除前の金額。

(3) 外国税額控除額
上記(1)，(2)のいずれか少ない金額

【図4－20】 贈与税額の計算の流れ（全体像）

第1ステップ　贈与の課税価格の計算

第2ステップ　各人の算出贈与税額の計算
＜暦年課税贈与の場合＞

＜相続時精算課税贈与の場合＞

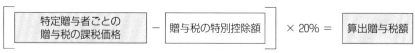

第3ステップ　各人の納付すべき贈与税額の計算

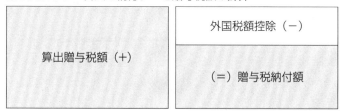

④ 組織再編税制の要点

(1) 税制適格組織再編・非適格組織再編

　合併，会社分割，株式交換，株式移転など，組織再編行為により資産が移転する際には，税務上，法人段階ではその移転資産の譲渡損益（株式交換および株式移転の場合には時価評価損益）に課税するのが原則であるが，それぞれの組織再編行為において一定の要件（税制適格要件）を満たす場合，資産移転は簿価を引き継ぎ，組織再編による課税は繰り延べられる。

　また，合併，分割型分割においては，被合併法人，分割法人の株主の段階で旧株式の譲渡益とみなし配当を認識することが原則であるが，税制適格要件を満たす場合，利益積立金が合併法人，分割承継法人に引き継がれるため，株主に対する旧株式の譲渡益課税は繰り延べられ，みなし配当課税もない。

　これら税制適格要件を満たした組織再編行為は税制適格組織再編と呼ばれ，

【図4－21】 適格組織再編と非適格組織再編の比較

	適格組織再編	非適格組織再編（グループ法人税制適用）	非適格組織再編（グループ法人税制適用外）
移転資産・負債の引継ぎ	簿価	時価（合併の場合，譲渡損益調整資産は簿価）	時価
移転資産負債に係る譲渡損益	繰延べ	譲渡損益を認識（譲渡損益調整資産は繰延べ）	譲渡損益を認識（課税）
被合併法人・分割法人の株主保有の株式の譲渡損益	繰延べ	譲渡損益を認識（金銭交付がない場合は繰延べ）	
被合併法人・分割法人の株主へのみなし配当課税	課税なし	課税あり（合併，分割型分割の場合）	

事業承継対策として組織再編を行う場合の税務上，最も重要な検討事項である。適格組織再編・非適格組織再編における主な違いは【図4-21】のとおり。

なお，平成22年度税制改正により導入されたグループ法人税制においては，完全支配関係のある内国法人間の一定の資産の譲渡に加えて，合併，会社分割，株式交換，株式移転など組織再編行為に関してもその適用対象となっており，完全支配関係にある内国法人間の一定の資産移転に関しては譲渡損益が強制的に繰り延べられることとなり，適格組織再編と整合的な規定となっている。グループ法人税制については次項にて解説する。

(2) 税制適格組織再編における適格要件

各スキームによりおおむね似たような要件が設定されているが，スキームごとに若干の相違があるため留意が必要である。

【図4-22】 スキームごとの税制適格要件一覧

(前提) ①株式以外の資産の交付がないこと
　　　　②分割型分割の場合，非按分型分割に該当しないこと

株式保有関係	適格要件		合併	会社分割	株式交換	株式移転
100%	組織再編前後で完全支配関係が継続する		○	○	○	○
50%超100%未満	①主要資産・負債引継ぎ要件※1		−	○	−	−
	②従業者引継ぎ要件※2		○	○	○	○
	③事業継続要件※3		○	○	○	○
50%未満	共同事業要件	①事業関連性要件※4	○	○	○	○
		②規模要件または経営参画要件※5	○	○	○	○
		③従業者引継ぎ要件※2	○	○	○	○
		④事業継続要件※3	○	○	○	○
		⑤株式継続保有要件※6	○	○	○	○
		⑥完全支配関係継続要件※7	−	−	○	○
		⑦主要資産・負債引継ぎ要件※1	−	○	−	−

※1　主要資産・負債引継ぎ要件

【要件定義】　分割事業に係る主要な資産および負債が分割承継法人に移転していること。
　　　【留意点】　重要な不動産や設備が移転しない場合，この要件に抵触する可能性があるので要注意。また，「主要な資産および負債」の判定は，事業運営上の資産および負債の重要性に加えて，資産および負債の種類，規模，事業再編計画の内容等を総合的に勘案して判定することとされている。
※2　従業者引継ぎ要件
　　　【要件定義】　被合併法人，完全子会社，分割事業に係る従業者のうち，おおむね80％以上に相当する数の者が，合併法人，完全子会社，分割承継法人の業務に従事することが見込まれていること。
　　　【留意点】　従業者の範囲には，出向による受入者は含めるが，日雇労働者は従業者に含めないことができる。また，下請先の従業者は自社工場内で下請事業に従事していても従事者に該当しない。なお，「業務に従事することが見込まれていること」には，出向により合併法人，完全子会社，分割承継法人の業務に従事する場合も含まれる。
※3　事業継続要件
　　　【要件定義】　被合併法人，完全子会社の主要な事業，分割事業が再編後も引き続き営まれることが見込まれていること。
　　　【留意点】　営む事業が複数ある場合に，そのいずれが「主要な事業」であるかは，それぞれの事業に属する収入金額または損益の状況，従業者の数，固定資産の状況等を総合的に勘案して判定される。
※4　事業関連性要件
　　　【要件定義】　双方の事業が相互に関連するものであること。
　　　【留意点】　同種の事業を行う場合はもちろん，商品，資産もしくは役務または経営資源が類似している場合も関連性は認められる。再編によりシナジー効果が期待される場合（事業が一体として営まれる場合）でも関連性があると推定される。
※5　事業規模要件または経営参画要件
　　　【要件定義】　双方の事業に関する規模の割合がおおむね5倍を超えないこと，または，双方の特定役員（常務取締役以上）のそれぞれいずれかが，再編後に特定役員となることが見込まれていること（株式交換，株式移転の場合は，完全子会社の特定役員のいずれかが退任しないこと（完全親会社の役員への就任に伴う場合を除く））。
　　　【留意点】　事業規模要件における事業に関する規模とは，売上高（直近の事業年度による比較でよい），従業者数，資本金もしくはこれらに準ずるものとされている。従業者には正社員だけでなくパート・アルバイト，派遣社員，取締役，受入出向者も含まれる。経営参画要件では双方の1名以上の特定役員の継続で要件を満たすが，形式的に常務取締役となったものの実質が伴わない場合や1期足らずで辞任した場合は要件を満たさないものと考えられる。
※6　株式継続保有要件
　　　【要件定義】　被合併法人の株主，分割法人の株主（分割型分割），完全子会社の株主（株式交換，株式移転）に交付された株式の全部を継続して保有すると見込まれる株主の保有株式数（議決権のない株式を除く）が，被合併法人，分割法人，完全子会社の発行済株式総数の80％以上であること（議決権の

ない株式を除き，分社型分割の場合，交付を受けた分割承継法人の株式の全部を継続して保有することが見込まれていること）。共同事業を行うための株式保有継続要件は，被合併法人，分割法人，完全子会社の株主等の数が50人以上の場合，株式継続保有要件は不要。
【留意点】 「株式の全部を継続して」とあるため，1株でも売却する予定のある株主は含まれないので注意。議決権のない株式には，自己株式および潜在株式であってまだ議決権を有することとなっていない株式は含み，単元未満株式等は含まない。

※7 完全支配関係継続要件
【要件定義】 株式交換後，株式移転後に完全親会社が当該完全子会社株式の全部を保有する関係が継続することが見込まれていること。
【留意点】 株式交換，株式移転後に，完全親会社が完全子会社株式を一部でも譲渡する見込みがあるとこの要件に抵触する。

(3) 繰越欠損金の引継ぎ・利用制限

　税制適格組織再編を行う場合，繰越欠損金の活用のみを目的とした経済合理性のない組織再編による租税回避行為を防止するため，被合併法人，分割法人において生じた繰越欠損金の引継ぎや合併法人，分割承継法人において組織再編前に発生した繰越欠損金の組織再編後の利用に一定の制限が設けられている。

　税制適格組織再編であるかどうかは組織再編において税務上，重要な検討事項であるが，完全支配関係のある企業グループ内において合併，会社分割を行う場合，「税制適格である組織再編であっても繰越欠損金を引き継げない，あるいは繰越欠損金の使用が制限されてしまう」という状況も起こりえる。このため，繰越欠損金の引継ぎ，使用に関する事項は，税制適格の適否の検討と同様，税務上重要な検討事項である。

　税制適格組織再編における繰越欠損金の引継ぎおよび使用制限に関する判定は【図4－23】のとおり。

【図4-23】 繰越欠損金引継ぎ判定フローチャート

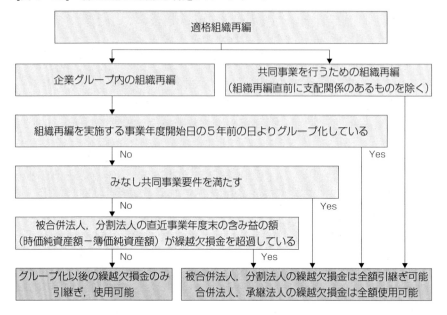

なお、みなし共同事業要件は、以下の5つの要件から構成され、①～④の4要件、または、①と⑤の2要件を満たすことをいう。

① 事業関連性要件

要件は税制適格要件における「事業関連性要件」と同様であり、留意点等も同様である。

② 事業規模要件

要件は、被合併法人等および合併法人等の双方の事業に関する規模の割合がおおむね5倍を超えないことであり、税制適格要件における「事業規模要件」と同様、「規模」とは売上高、従業者数、資本金もしくはこれらに準ずるものとされている。

③ 被合併法人、分割法人等の事業の規模継続要件

グループ化後、被合併法人等の事業が組織再編直前まで継続して営まれ、かつ、グループ化時点における被合併法人等事業の規模と、組織再編直前の当該

規模がおおむね2倍を超えないことである。「規模」は②と同様である。
④　合併法人，分割承継法人の事業の規模継続要件
　グループ化後，合併法人等の事業が組織再編直前まで継続して営まれ，かつ，グループ化時点における合併法人等事業の規模と，組織再編直前の当該規模がおおむね2倍を超えないことである。「規模」は②と同様である。
⑤　経営参画要件
　要件定義は，双方の特定役員（常務取締役以上）のそれぞれいずれかが，再編後に特定役員となることが見込まれていることであり，税制適格要件における「経営参画要件」と同様である。

(4)　不動産移転に係る不動産取得税，登録免許税
　適格組織再編に伴い不動産が移転する場合の法人税に関しては，資産移転は簿価が引き継がれ，課税は繰り延べられるのであるが，不動産移転に係る不動産取得税，登録免許税も当然に非課税になるものではない。移転不動産のボリュームによっては多額の課税となる場合があるため，組織再編に関する必要コストとして事前に十分に検討する必要がある。なお，組織再編による不動産の移転は，通常の売買や事業譲渡等による移転と比較して有利になる場合がある。
①　不動産取得税
　不動産取得税とは，土地や家屋を取得した際に有償，無償にかかわらず，取得者に課税されるものであり，税額は「取得時の不動産価格（原則として固定資産課税台帳に登録されている価格）×税率」によって算出される。土地，建物ごと，組織再編行為ごとの不動産取得税率は【図4－24】のとおり。

【図4-24】 不動産取得税

移転資産		原則	組織再編行為		
			合併	会社分割	事業譲渡
	土地	4% (平成30年3月31日まで：3%)	非課税	3% (一定要件を満たせば非課税)	3%
	建物	4% (住宅は平成30年3月31日まで：3%)	非課税	4% (一定要件を満たせば非課税)	4%

なお，会社分割における一定要件とは，以下のすべての要件を満たすことである。

(ⅰ) 分割の対価として分割承継法人以外の対価が交付されないこと
(ⅱ) 会社分割が分割型分割の場合，分割対価が分割法人の株主の持株比率に応じて交付されること
(ⅲ) 分割により，分割事業にかかる主要な資産および負債が，分割承継法人に移転していること
(ⅳ) 分割事業が，分割承継法人において，分割後に引き続き営まれることが見込まれていること
(ⅴ) 分割直前の分割事業にかかる従業者※のうち，その総数のおおむね80％以上が，分割後に分割承継法人の業務に従事することが見込まれていること

※ 従業者の範囲
役員，使用人その他の者であって，会社分割の直前において，分割法人が営む事業に現に従事するもの（出向者であっても当要件を満たせば，従業者に含まれる）

② 不動産移転に係る登録免許税

登録免許税は，不動産取得による所有権の移転登記を行う場合に課税されるものであり，税額は不動産取得税と同様，「取得時の不動産価格（原則として

固定資産課税台帳に登録されている価格）×税率」によって算出される。土地，建物ごと，組織再編行為ごとの登録免許税率は【図4－25】のとおり。

【図4－25】 不動産の所有権移転にかかる登録免許税

		原　則 （売買）	組織再編行為		
			合　併	会社分割	事業譲渡
移転資産	土地	2％ （平成29年3月 31日まで： 1.5％）	0.4％	2％	2％ （平成29年3月 31日まで： 1.5％）
	建物	2％	0.4％	2％	2％

5 グループ法人税制の要点

(1) グループ法人税制とは

　グループ法人税制は，現在のグループ法人が一体的に運営されている状況を踏まえ，グループ内の資産の移転については税負担を生じさせない等のグループの実態に応じた課税の中立性や公平性を実現するために，平成22年度の税制改正において創設された制度である。選択適用が可能な連結納税制度と異なり，グループ法人税制は，完全支配関係のある法人同士が行う一定の資産譲渡，寄附，配当，株式の発行法人への譲渡等につき強制的に適用されることになるため留意が必要である。

(2) グループ法人税制が適用される完全支配関係の範囲
① 完全支配関係

　グループ法人税制が適用される完全支配関係とは，以下のいずれかの関係をいう（法法2十二の七の六，法令4の2②）。

(ⅰ) 一の者が法人の発行済株式等の全部[25]を直接または間接に保有する関係
(ⅱ) 一の者との間に当事者間の完全支配の関係がある法人相互の関係

【図4－26】 完全支配関係

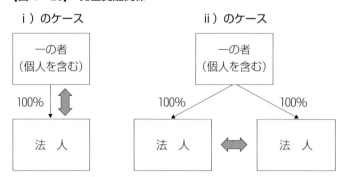

「一の者」は内国法人のみならず，外国法人および個人[26]も含まれるが，グループ法人税制が適用されるのは原則として内国法人間の取引についてのみである。

---

25 完全支配関係の判定における「発行済株式」には，以下のものが除かれる（法法2十二の七の五・十二の七の六，法令4の2②）。
　① 自己株式
　② 従業員持株会が取得した株式およびストックオプションの行使により役員または使用人が取得した株式を合計した株式で，発行済株式（自己株式を除く）の5％未満のもの
26 個人には，当該個人と特殊の関係のある個人（同族関係者）が含まれ（法令4の2②），同族関係者とは以下の者が含まれる（法令4①）。
　① 個人の親族（親族とは6親等内の血族，配偶者，3親等内の姻族）
　② 個人と事実上婚姻関係と同様の事情にある者
　③ 個人の使用人
　④ ①から③に掲げる者以外で個人から受け取る金銭その他の資産によって生計を維持しているもの
　⑤ ②から④に掲げる者と生計を一にするこれらの者の親族

② みなし直接完全支配関係[27]

①の完全支配関係の他，以下の者が「みなし直接完全支配関係」のある法人

【図4－27】 みなし直接完全支配関係

ⅰ）のケース
みなし直接完全支配関係

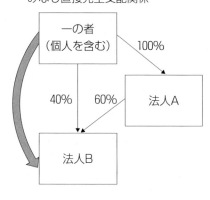

ⅱ）のケース
みなし直接完全支配関係

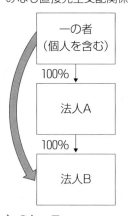

ⅲ）のケース
みなし直接完全支配関係

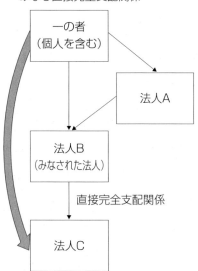

ⅳ）のケース
みなし直接完全支配関係

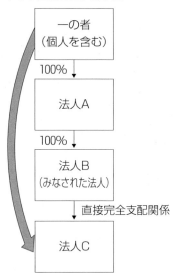

として，グループ法人税制の適用を受けることになる（法令4の2②）。
　(i)　一の者およびこれとの間に直接完全支配関係がある法人が他の法人の発行済株式等の全部を保有する場合
　(ii)　一の者との間に直接完全支配関係がある法人が他の法人の発行済株式等の全部を保有する場合
　さらに，直接完全支配関係があるとみなされた他の法人（法人B）との間に直接完全支配関係がある別の法人（法人C）がある場合には，当該一の者と当該別の法人（法人C）との間にも直接完全支配関係があるとみなされる（次頁のケースiii・iv）。
　この「みなし直接完全支配関係」は，そのみなされた法人による直接完全支配関係（みなし直接完全支配関係を含む）がある法人が存在する限り連鎖することとなる。

(3)　グループ法人税制が適用される取引等
①　完全支配関係のある法人間の資産の譲渡
　完全支配関係のある内国法人間で一定の資産を譲渡した場合（非適格合併による資産の移転を含む[28]），譲渡資産にかかる譲渡損益は繰り延べられることになる（法法61の13①）。そのため，含み損のある資産等を完全支配関係のある法人へ譲渡することによる節税をすることはできなくなるが，その後，当該譲渡資産がさらに譲渡，除却された場合，または当事会社間の完全支配関係が解消された場合，譲渡法人において繰り延べていた譲渡損益が実現することとなる（法法61の13②③，法令122の14④）。
　なお，この譲渡損益繰延対象となる資産（以下「譲渡損益調整資産」という）は，固定資産，土地，有価証券（売買目的有価証券，譲受法人において売

---

[27]　国税庁HP　質疑応答事例（グループ法人税制）問2参照（http://www.nta.go.jp/shiraberu/zeiho-kaishaku/joho-zeikaishaku/hojin/100810/pdf/02.pdf）。
[28]　完全支配関係がある法人間の非適格株式交換等について，非適格株式交換等にかかる完全子法人等の有する資産は時価評価の対象から除外される。

買目的有価証券とされる有価証券を除く），金銭債権，繰延資産のうち，譲渡直前の帳簿価額が1,000万円以上のものに限られ，棚卸資産[29]等は含まれない（法法61の13①，法令122の14①三）。

② 完全支配関係のある法人間の寄附

　法人による完全支配関係のある内国法人間（「①完全支配関係のある法人間の資産の譲渡」とは異なり，個人による完全支配関係のある法人間は適用対象外となる）での寄附金および受贈益は，寄附法人において全額損金不算入，受領法人では全額益金不算入となる（法法25の2①・37②）。また，寄附を行うまたは寄附を受けることにより，法人の株式の価値が増減することになるため，当該法人株式について寄附金相当額の簿価修正を行う必要があり（ただし，完全支配関係にある法人が連結納税制度を利用している場合を除く），この簿価調整は将来当該法人の株式を売却する際に計上される売却損益に影響を与えることとなる（法令9①七・119の3⑥・119の4①）。

③ 完全支配関係のある法人間の現物分配

　現物分配とは，剰余金の配当等またはみなし配当により株主等に金銭以外の資産を交付することをいい，現物分配を行った法人では，分配した資産を時価により譲渡したものとして譲渡損益を計上することとなるが，完全支配関係のある法人間の現物分配では，交付資産の帳簿価額により譲渡したものとして譲渡損益の計上は繰り延べられることとなる。この現物分配を利用することにより，譲渡による税負担を生じさせることなくグループ内の組織再編や資産の移転が可能となる。

④ 完全支配関係のある法人間の非適格組織再編

　完全支配関係のある内国法人間で非適格合併・非適格分割を行った場合，被合併法人・分割法人で発生する譲渡損益調整資産に係る譲渡損益は繰り延べら

29　対象資産が棚卸資産と固定資産のどちらに該当するかは，譲渡法人側で判定する。なお，土地等は固定資産と棚卸資産のどちらに該当していたとしても，常に譲渡損益調整資産に該当する（税理士法人山田＆パートナーズ他「Q&Aで理解するグループ法人税制」（税務研究会出版局，2010年）74頁。

れる[30]。

　合併における合併法人は，合併により時価で資産を受け入れるが，譲渡損益調整資産に係る譲渡損益を取得価額に対して調整を加えることで，結果的に譲渡損益調整資産を合併直前の簿価にて引き継ぐこととなる。一方，会社分割における承継法人は，会社分割により時価で資産を受け入れる[31]。

　また，完全支配関係のある内国法人間で非適格株式交換または非適格株式移転を行った場合，完全子会社にて時価評価対象資産（固定資産，土地，有価証券，金銭債権および繰延資産等）の時価への評価替えは行われず，譲渡損益の計上は生じない。

　なお，グループ法人税制を適用して譲渡損益を繰り延べた後，譲受法人が譲渡法人との間で完全支配関係がなくなる組織再編を行った場合や，譲渡損益調整資産を移転する組織再編を行った場合は，原則として繰り延べられた譲渡損益は実現することとなることに留意を要する。

　ただし，その組織再編が完全支配関係のある内国法人間の適格合併，適格分割，適格現物出資または適格現物分配である場合は，繰り延べていた譲渡損益は実現せず，繰延べが継続する（法法61の13③二）。

　また，グループ法人税制を適用して譲渡損益を繰り延べた後，譲渡法人が譲受法人との間で完全支配関係がなくなる組織再編を行った場合も，原則として繰り延べられた譲渡損益は実現することとなることに留意を要する。

　ただし，その組織再編が完全支配関係のある内国法人間の適格合併である場合は，繰り延べていた譲渡損益は実現せず，繰延べが継続する（法法61の13③一）。

⑤　完全支配関係のある法人からの受取配当等の益金不算入

　内国法人が受け取る他の内国法人からの配当金は，所得の計算上，その保有

---

[30] 非適格合併により譲渡損益が繰り延べられる場合であっても，合併法人の繰越欠損金の利用制限および特定資産の譲渡等損失の損金不算入規定の適用対象となることに留意する。

[31] 分割後，譲渡損益調整資産を譲渡等したときには，分割法人において未実現譲渡損益が実現することとなる。

期間および保有割合に応じてその配当の一部または全額が益金不算入となる（法法23，法令22の2・22の3・22の3の2）。

【図4－28】 受取配当金の益金不算入額

区　分	定　義	益金不算入の額の計算式
完全子法人株式等	株式保有割合100％	受取配当金の額×100％
関連法人株式等	株式保有割合3分の1超	（受取配当金の額－負債利子）×100％
その他の株式等	株式保有割合5％超3分の1以下	受取配当金の額×50％
非支配目的株式等	株式保有割合5％以下	受取配当金の額×20％

　完全子法人株式等からの配当については，負債利子控除をせず全額が益金不算入，関連法人株式等からの配当については，負債利子を除いて全額益金不算入となる。平成27年度税制改正により新たな区分となった「その他の株式等」からの配当については50％が益金不算入，「非支配目的株式等」からの配当については20％が益金不算入となる[32]。

⑥　完全支配関係のある法人間の自己株式の譲渡
　完全支配関係のない法人において，以下のいずれかのみなし配当事由が生じた場合で，交付する資産の時価が資本金等の額を超える場合は，当該法人の株式を所有する内国法人において，みなし配当および譲渡損益が生じることとなる。
　＜みなし配当事由＞
　(i)　非適格合併（金銭等の交付がある場合）
　(ii)　非適格分割型分割（金銭等の交付がある場合）
　(iii)　資本の払戻しまたは解散による残余財産の分配
　(iv)　自己株式等の取得
　(v)　出資の消却，出資の払戻し等
　(vi)　組織変更

32　平成27年度税制改正により，株式等保有割合が3分の1以下の株式からの配当については，負債利子控除が廃止され，企業の負担軽減が図られた。

【図4-29】 対応する資本金等の計算方法

みなし配当事由	対応する資本金等の計算方法		
非適格合併	被合併法人の資本金等	× 内国法人が有する被合併法人の株式の数 / 被合併法人の発行済株式総数	
非適格分割型分割	分割法人の資本金等	× 移転する簿価純資産 / 簿価純資産総額	× 内国法人が有する分割法人の株式の数 / 分割法人の発行済株式総数
資本の払戻しまたは解散による残余財産の分配	払戻法人の資本金等	× 払戻しにより減少した資本剰余金の額または残余財産の分配により交付した金銭および金銭以外の資産の時価の合計額 / 簿価純資産総額	× 内国法人が有する払戻法人の株式の数 / 払戻法人の発行済株式総数
自己株式等の取得，出資の消却払戻し，組織変更	取得等法人の資本金等	× 内国法人が譲渡する取得等法人の株式の数 / 取得等法人の発行済株式総数	

　完全支配関係のある法人において，みなし配当事由が生じた場合には，みなし配当は生じることとなるが，譲渡損益は認識せず資本金等の額を減少させることとなる（法法24①・61の2①・61の2①②④）。

　そして，みなし配当および譲渡損益は，次の計算式で計算される（法法61の2①，法令23①）。

みなし配当 ＝ 交付された資産の時価 － 対応する資本金等[※]
株式譲渡損益 ＝ 対応する資本金等 － 株式の帳簿価額

※ 【図4-29】参照。

⑦　大法人の100％子法人等に対する中小企業向け特例措置の制限

　資本金または出資金が1億円以下の法人は，適用される税率の軽減，法定繰入率による貸倒引当金の計上，交際費等の損金不算入における定額控除の適用，欠損金の繰戻しによる還付，特定同族会社の特別税率の不適用といった減税制度が設けられているが，事業年度末時点における資本金または出資金の額が5億円以上である法人との間に完全支配関係がある法人は，これらの特例措置が適用されない（法法66⑥二，措法57の9①・61の4①・66の13①，法法67①）。

⑧　清算所得課税の廃止等
(i)　清算法人

　内国法人が清算する場合，解散前の事業年度に関係なく解散日の翌日から1年が事業年度となり，解散前と同様に損益計算書を作成して課税所得を計算することになる（法法14①一・二十一・二十二，会494①，法法13①，法基通1-2-9）。そのため，清算法人が債権者から債務免除を受けたことにより，債務免除を受けた清算事業年度において債務免除益が益金算入され税負担が生じることとなる結果，債権者・株主への分配額が減少することが考えられる。ただし，当該法人の残余財産がないと見込まれる[33]場合には，その清算中に終了する事業年度前の各事業年度において生じた欠損金を所得の計算上損金に算入することができる（法法59③）とされているため，債務免除を行うタイミングを調整することで税負担が生じないようにすることができる場合がある。

(ii)　清算法人の株主

　完全支配関係のない法人が清算をする場合には，残余財産の分配があれば残余財産についてみなし配当や株式譲渡損益が生じることになるが，完全支配関係にある完全子法人からの残余財産の分配を受けた場合，または残余財産の分配を受けないことが確定した場合，当該親法人では株式譲渡損益の計上は行わ

33　解散後の各清算事業年度末において，処分価格による財産評価等を行ったうえで債務超過である場合には，残余財産がないと見込まれる場合に該当する。

ず，みなし配当金額および株式譲渡原価の合計額から残余財産分配資産の時価を減算した金額を資本金等の額から減少することとなる（法法61の2⑯，法令8①十九）。

　そして，当該親法人は株式譲渡損益の計上を行わない代わりに残余財産が確定した日の翌日前7年以内に生じた繰越欠損金を引き継ぐことが可能となる（法法57②）。ただし，①残余財産の確定の日の翌日の属する事業年度開始日の5年前の日，②清算法人の設立の日，③清算法人の株主の設立の日のうち最も遅い日から継続して支配関係がない場合には，支配関係があることとなった日の属する事業年度前の繰越欠損金および支配関係があることとなった日の属する事業年度以後の特定資産譲渡等損失相当額にかかる繰越欠損金は引き継ぐことができない点に留意する必要がある（法法57③，法令112④）。

第5章

税務上の規定における取引相場のない株式[1]（非上場株式）の評価原則

　非上場株式の評価については，税務上，さまざまな規定が設けられている。特に，同族関係者間で株式を売買，贈与等する際には，取引価格が恣意的になりやすいことから，税務上も厳しい課税関係が規定されている。自社株対策を考えるにあたっては，税務上の非上場株式の評価原則について，しっかりと理解しておくことが重要である。本章では，各税法における非上場株式評価に関する規定を概観したのち，取引類型ごとの課税関係について解説する。

1　原則的な考え方

　税務上における非上場株式の評価は，その株式の取引の形態により，それぞれ法人税法，所得税法，相続税法等の規定に基づいて計算することになるところ，実際の株式取引場面におけるその株式の税務上の株価は，いずれも財産評価基本通達をベースに評価されている。

　財産評価基本通達によれば，「財産の価額は，時価によるものとし，時価と

1　取引相場のない株式とは，上場株式および気配相場等のある株式以外の株式をいう。本書では，適宜，取引相場のない株式のことを「非上場株式」とも表現している。

は，課税時期[2]において，それぞれの財産の現況に応じ，不特定多数の当事者間で自由な取引が行われる場合に通常成立すると認められる価額をいい，その価額は，この通達の定めによって評価した価額による」(財基通1抜粋)とされている。つまり，ここでいう時価とは，客観的な交換価値であるといえる。

2 非上場株式評価に関する相続税，法人税，所得税の関連規定

(1) 相続税法上の規定

相続税法においては，第3章「財産の評価」(22条〜26条の2)において，財産の評価方法について規定されているが，相続税法22条で「相続，遺贈又は贈与により取得した財産の価額は，当該財産の取得の時における時価による」という原則論が謳われているほか，各財産の評価方法については，地上権および永小作権(23条)，定期金に関する権利(24〜25条)，立木(26条)のみが定められている。したがって，課税実務における非上場株式の評価方法は，原則として財産評価基本通達178〜189-7の規定に基づいて行う。

上記財産評価基本通達は，個人間の相続・遺贈または贈与により取得した株式の評価に適用される。

(2) 所得税法上の規定

所得税法における非上場株式の評価に関する規定は，収入金額に関して所得税法施行令84条で株式等を取得する権利の価額を定め，それに関して定めた所得税基本通達23〜35共-9(4)において株式の価額を抽象的に示されているのみである。株式評価のより具体的な規定は，贈与等の場合の譲渡所得等の特例(所法59)に定め，それに関して所得税基本通達59-6において，個人が法人に

---

2 課税時期とは，相続，遺贈もしくは贈与により財産を取得した日もしくは相続税法の規定により相続，遺贈もしくは贈与により取得したものとみなされた財産のその取得の日をいう。本書では，適宜このことを「課税時期」と表現している。

第5章 税務上の規定における取引相場のない株式（非上場株式）の評価原則　93

【図5－1】 非上場株式評価に関する相続税，法人税，所得税の関連規定

相続税	相法22	財産評価の原則
	財基通178～189-7	取引相場のない株式の評価方法

所得税	所基通23～35共-9	株式等を取得する権利の価額（抽象的な規定）
	所基通59-6	個人が法人に贈与または低額譲渡した場合の価額

＜純資産価額で評価する場合の所基通59-6のポイント＞

条件項目	評価方法
①同族株主に該当するかどうか	株式を譲渡または贈与直前の議決権の数により判定
②株式を譲渡または贈与した個人が「中心的な同族株主」に該当する場合	常に「小会社」に該当するものとして評価
③土地または上場有価証券の評価	譲渡または贈与時の価額（時価）で評価
④評価差額に対する法人税額等	評価差額に対する法人税額等に相当する金額は控除しない

法人税	法基通4-1-5，9-1-13	株式評価損益の所得計算における株式の価額（原則）
	法基通4-1-6，9-1-14	課税上弊害がない場合の株式の価額（特例）
	法基通2-3-4	有価証券を無償または低額譲渡した場合の譲渡対価の額

＜純資産価額で評価する場合の法基通9-1-14のポイント＞

条件項目	評価方法
①同族株主に該当するかどうか	判定の規定なし
②評価を行う法人が評価対象株式の発行会社の「中心的な同族株主」に該当する場合	常に「小会社」に該当するものとして評価
③土地または上場有価証券の評価	事業年度終了時の価額（時価）で評価
④評価差額に対する法人税額等	評価差額に対する法人税額等に相当する金額は控除しない

対して贈与もしくは低額譲渡した場合に適用される「みなし譲渡」(所法59[3])の基礎となる原則的な株式の価額について規定している。

所得税基本通達59-6において,譲渡者が同族株主に該当するかどうかは,譲渡または贈与直前の議決権の数により判定することとなっている点に特に留意が必要である。そのため,たとえば,従業員(従業員持株会も同様)のような少数株主が自社に株式を譲渡する場合,譲渡者にとっては特例的評価(配当還元価額)が時価となる。

また,同通達においては,①譲渡者が発行法人の中心的同族株主に該当する場合,株式の評価は「小会社」方式によること,②発行法人が有する土地や上場有価証券は譲渡時の時価(相続税評価額ではない)により評価すること,③純資産価額の計算において,相続税評価額と帳簿価額との差額に法人税額等相当額(38%)の控除は行わないこと,といった評価ルールが規定されている。

ただし,同通達のルールは原則的なものであり,国税庁の「みなし譲渡」に関する過去の解説にも「当然のことながら,純然たる第三者間において種々の経済性を考慮して決定された価額(時価)により取引されたと認められる場合など,この取扱いを形式的に当てはめて判定することが相当でない場合もあることから,この取扱いは原則的なものとしたものである。」との記載がある[4]。ここでいう「純然たる第三者間取引」とは典型的にはM&A取引が該当するが,過去の裁判所の判決や国税不服審判所の裁決によると,純然たる第三者間の取引であるか否かの判定は厳しく行われている[5]。

---

3 所得税法59条1項の「みなし譲渡」規定は,贈与または低額譲渡の相手方は法人に対するものに限られており,個人に対する贈与または低額譲渡はみなし譲渡の対象外となっている。

4 国税庁HPに過去登載されていた所得税法59条関係の所得税基本通達の一部改正の説明(http://www.nta.go.jp/shiraberu/zeiho-kaishaku/joho-zeikaishaku/shotoku/joto-sanrin/010126/03.htm)。

5 平成19年1月31日東京地裁判決では,オーナー同族株主が非同族株主116人からの自社株式取得に際して,原則的評価額よりも相当程度低い価額で取引し,これが客観的価値と主張したが,価格決定の過程に問題があったとして,第三者間取引とは認められなかった。

(3) 法人税法上の規定

　法人税法における非上場株式の評価に関する規定は，法人税法25条３項で資産の評価換えにおける評価益を益金算入する場合の株式の価額を定め，それに関する非上場株式の価額を，法人税基本通達４-１-５（原則）および４-１-６（特例）にて定めている。また，法人税法33条２項で，資産の評価換えにおける評価損を損金算入する場合の株式の価額を定め，それに関する非上場株式の価額を，法人税基本通達９-１-13（原則）および９-１-14（特例）にて定めている。さらに，法人税法61条の２第１項で，有価証券を無償または低額譲渡した場合の価額を定め，それに関し法人税基本通達２-３-４に規定されているが，この通達は上記法人税基本通達４-１-５および４-１-６を準用することとしており，法人税基本通達４-１-５および４-１-６は，上記法人税基本通達９-１-13および９-１-14とおおむね同じ内容の規定となっている。

　そこで，これらの通達の適用関係を整理すると，法人税法上の非上場株式の価額は，法人税基本通達９-１-13にて原則的な考え方が規定され，法人税基本通達９-１-14にて課税上弊害がないことを条件に特例的な評価方法が規定されているといえる。両通達とも，資産の評価替えに際しての規定であるが，税務実務上は譲渡の場合も準用されている。

　法人税基本通達９-１-14では，所得税基本通達59-６のように，譲渡者が同族株主に該当するかどうかは，譲渡または贈与直前の議決権の数により判定するとの同族株主の判定時期に関する規定はない。これは，同通達はそもそも有価証券の評価損に関する規定であり，すでに所有する株式の評価を前提としているためと考えられる。

　また，同通達においては，所得税基本通達59-６と同様，①評価を行う法人（譲渡の場合，譲渡者）が発行法人の中心的同族株主に該当する場合，株式の評価は「小会社」方式によること，②発行法人が有する土地や上場有価証券は譲渡時の時価（相続税評価額ではない）により評価すること，③純資産価額の計算において，相続税評価額と帳簿価額との差額に法人税額等相当額の控除は行わないこと，との評価ルールが規定されている。

上記法人税基本通達は，法人間での株式売買あるいは法人が譲受者となる場合において適用される。

③ 非上場株式の取引価格の適正性

　非上場株式の取引価格が税務上，問題となるのは，同族株主間やグループ会社間での取引等，取引当事者が純然たる第三者であるとはいえない場合である。これら特殊な関係者間での取引や租税回避目的での取引などは，恣意的に取引価格が決まる可能性があるためであり，逆にいえば，利害が相反する独立第三者間の取引である場合には，交渉を通じせめぎ合いにより形成された取引価格は客観的な交換価値を示すと考えられ，基本的には税務上問題とはならない。

　そのため，同族株主が取引当事者となる場合は，税務上認識される株価を十分意識したうえで，慎重に取引価格を決定する必要がある。以下では，取引類型ごとの原則的な課税関係ならびに取引価格が税務上問題となる低額あるいは高額取引における課税関係について整理する。

(1) 個人から個人への譲渡
① 原　　則
　譲渡者（個人）には，譲渡益（＝譲渡価額－取得原価）に対して所得税[6]が課税される（所法33）。

　譲受者（個人）には，課税されない。

② 低額譲渡の場合
　譲渡者（個人）には，譲渡益（＝譲渡価額－取得原価）に対して所得税が課税される（所法33）。

　譲受者（個人）には，時価よりも安く株式を取得したことにより，評価額と譲受価額との差額に相当する金額の経済的利益を受けたものとみなされ，贈与

6　有価証券の譲渡所得は申告分離課税となる。なお，2016年1月1日以降，非上場株式の譲渡損益と上場株式の譲渡損益との通算はできなくなることに注意。

税が課される(相法7)。

なお,個人から個人への譲渡の際における低額譲渡の判定に関する所得税法上の明確な規定は存在しない。そのため,相続税法上導き出される時価を下回る譲渡価額の場合は,その取引当事者が純然たる第三者間でないときは特に低額譲渡と認定され贈与税が課される(いわゆる「みなし贈与」)可能性があることに留意する。

③ 高額譲渡の場合

取引当事者が同族株主間など純然たる第三者間でない特殊な関係者間での取引で,時価を超える価額で株式を高額譲渡した場合の課税関係は次のとおりとなる。

譲渡者(個人)には,時価と取得原価との差額を譲渡所得として所得税が課税される(所法33)ほか,時価を超える部分に相当する金額(=譲渡価額-時価)は経済的利益を受けたものとして贈与税が課税される。

譲受者(個人)には,課税されない。

【図5-2】 個人-個人間譲渡の課税関係

	譲渡者(個人)	譲受者(個人)
原則	所得税(譲渡所得)	課税なし
低額譲渡	所得税(譲渡所得)	贈与税(みなし贈与)
高額譲渡	所得税(譲渡所得)(時価-原価) 贈与税(譲渡価額-時価)	課税なし

(2) 個人から法人への譲渡

① 原 則

譲渡者(個人)には,譲渡益に対して所得税が課税される(所法33)。

譲受者(法人)には,課税されない。

② 低額譲渡の場合

個人から法人への譲渡に際しては,無償または時価よりも著しく低い価額(時価の2分の1未満)で取引した場合に低額譲渡と認定され,時価に相当す

る金額で取引があったものとされる（所法59①二，所令169）。なお，時価の2分の1以上の価額で取引された場合でも，譲受法人の同族会社の行為計算否認に該当する場合は，同様に時価での課税が発生することに注意（所基通59-3）。

譲渡者（個人）には，時価で譲渡を行ったものとみなして（いわゆる「みなし譲渡」），譲渡益（＝時価－取得原価）に対して所得税が課税される（所法59①）。

譲受者（法人）は，時価で取得したものとみなして受贈益（＝時価－譲受価額）に対して法人税が課税される（法法22）。

なお，譲受者が同族会社である場合には，譲渡者（個人）から譲受者（法人）の株主に対して低額譲渡を受けたことにより株式価値の増加した金額相当分の利益享受があったとしてみなす贈与となることに留意する（相基通9-2(4)）。

③　高額譲渡の場合

取引当事者が同族株主と同族会社間など純然たる第三者間でない特殊な関係者間での取引で，時価を超える価額で株式を高額譲渡した場合の課税関係は次のとおりとなる。

譲渡者（個人）には，時価と取得原価の差額を譲渡所得として所得税が課税される（所法33）ほか，時価を超える部分に相当する金額（＝譲渡価額－時価）は給与所得や一時所得として所得税が課される。

譲受者（法人）は，時価と譲受価額との差額に相当する金額が株式の取得価額とはならずに，譲渡者への経済的利益（給与，賞与等）の供与または寄附金とされる（法基通9-2-9(3)，法法37⑦）。給与に該当する場合は損金算入することができるが，役員賞与に該当する場合は損金算入できないことに留意する。また，寄附金に該当する場合は損金算入限度額を超える部分は損金不算入とされる。

第5章 税務上の規定における取引相場のない株式（非上場株式）の評価原則　99

【図5－3】 個人－法人間譲渡の課税関係

	譲渡者（個人）	譲受者（法人）
原　則	所得税（譲渡益課税）	課税なし
低額譲渡 ＊時価の1/2未満での譲渡	所得税（みなし譲渡）	法人税（受贈益） ＊同族会社の場合，その会社の株主への贈与があったものとみなされる（みなし贈与）
高額譲渡	所得税（譲渡所得）（時価－原価） 所得税（給与所得または一時所得）（譲渡価額－時価）	譲渡者への経済的利益（給与，賞与等）の供与または寄附金

(3) 法人から個人への譲渡

① 原　則

　譲渡者（法人）には，譲渡益に対して法人税が課税される（法法22）。

　譲受者（個人）には，課税されない。

② 低額譲渡の場合

　譲渡者（法人）は，時価と譲渡価額との差額に相当する金額が譲受者への経済的利益（給与，賞与等）の供与または寄附金とされる（法基通9-2-9(2)，法法37⑧）。

　譲受者（個人）は，時価と譲受価額との差額に相当する金額が経済的利益（給与，賞与等）または一時所得として所得税が課税される（所基通36-15(1)，34-1(5)）。

③ 高額譲渡の場合

　譲渡者（法人）は，時価と譲渡価額との差額が受贈益として法人税が課税される。ただしこれは，譲渡益の一部が受贈益に振り替わったともいえ，実質的には新たな課税は発生していない。

　譲受者（個人）には課税されない。ただし，譲渡者が同族会社である場合には，譲受者（個人）から譲渡者（法人）の株主に対して高額譲渡を受けたことにより株式価値の増加した金額相当分の利益享受があったとしてみなす贈与とされることに留意する（相基通9-2(4)）。

【図5-4】 法人-個人間譲渡の課税関係

	譲渡者(法人)	譲受者(個人)
原　則	法人税(譲渡益)	課税なし
低額譲渡	譲受者への経済的利益(給与,賞与等)の供与または寄附金	経済的利益(給与,賞与等),一時所得
高額譲渡	法人税(譲渡益)(時価-原価) 法人税(受贈益)(譲渡価額-時価)	課税なし ＊同族会社の場合,その会社の株主へ贈与があったものとみなされる(みなし贈与)

(4) 法人から法人への譲渡

① 原　則

譲渡者(法人)には,譲渡益に対して法人税が課税される(法法22)。

譲受者(法人)には,課税されない。

② 低額譲渡の場合

譲渡者(法人)は,時価と譲渡価額との差額に相当する金額が譲受者への寄附金となる(法法37⑧)。なお,譲渡者と譲受者がともに内国法人であり完全支配関係がある場合は,グループ法人税制の適用により,当該寄附金は全額損金不算入とされる。

譲受者(法人)は,時価で取得したものとして,時価と譲渡価額との差額に相当する金額が受贈益とされる(法法22)。なお,譲渡者と譲受者がともに内国法人であり完全支配関係がある場合は,グループ法人税制の適用により,当該受贈益は全額益金不算入とされる。

③ 高額譲渡の場合

譲渡者(法人)は,時価と譲渡価額との差額に相当する金額が寄附を受けた受贈益として法人税が課税される。なお,譲渡者と譲受者がともに内国法人であり完全支配関係がある場合は,グループ法人税制の適用により,当該受贈益は全額益金不算入とされる。

譲受者(法人)は,時価と譲受価額との差額に相当する金額が株式の取得価額とはならずに,譲渡者への寄附金とされる(法法37⑦)。なお,譲渡者と譲

受者がともに内国法人であり完全支配関係がある場合は，グループ法人税制の適用により，当該寄附金は全額損金不算入とされる。

【図5－5】 法人－法人間譲渡の課税関係

	譲渡者（法人）	譲受者（法人）
原　則	法人税（譲渡益）	課税なし
低額譲渡	譲受者への寄附金 ＊グループ法人税制の適用あり	法人税（受贈益） ＊グループ法人税制の適用あり
高額譲渡	法人税（譲渡益）（時価－原価） 法人税（受贈益）（譲渡価額－時価）＊グループ法人税制の適用あり	譲渡者への寄附金 ＊グループ法人税制の適用あり

(5) 第三者割当増資
① 原　則

増資は，資本取引であることから，適正な時価で増資が行われる場合には，そのことにより新株引受人，発行法人および発行法人の株主に課税関係は生じない。

② 時価よりも低い価額での増資（有利発行）の場合

新株を有利発行した場合は，次のような課税関係が生じる（所令84五，法令119①4）。なお，税務上，新株の発行価額が有利発行に該当するかどうかは，新株の払込金額が株式時価のおおむね10％相当額を下回るか否かで判定される（所基通23～35共-7，法基通2-3-7）。

有利発行に該当する場合，発行法人は，新株引受者への経済的利益（給与，賞与等）の供与または寄附金等となり，新株引受者が個人の場合には，時価との差額に相当する額が経済的利益として給与所得や一時所得などの課税関係が発生し（所基通23～35共-6），新株引受者が法人の場合には，その経済的利益が受贈益となる。

また，低額での新株引受けにより，発行法人の株主には新株引受者に対する寄附金が認定され，新株引受者が同族会社の株主の親族等の場合には，贈与税

の課税が発生する可能性がある（相基通9-2(4)）。

③ 時価よりも高い価額での増資（高額引受け）の場合

株式発行法人が新株を高額引受けした場合は，次のような課税関係が生じる。

新株引受者が個人の場合には，引受価額と時価との差額に相当する額の経済的利益が発行法人の株主へ贈与されたものとみなされ，発行法人の個人株主において贈与税，法人株主において受贈益として課税される。

新株引受者が法人の場合には，発行法人の株主に対する経済的利益の供与または寄附金等とみなされる（法法37，法基通9-2-9(3)）。一方，新株を高額引受けした発行法人の個人株主においては経済的利益が一時所得として，法人株主においては受贈益として認定される可能性がある。

【図5-6】 第三者割当増資における課税関係

	新株引受者		発行法人	発行法人の株主	
	個　人	法　人		個　人	法　人
原　則	—	—	—	—	—
有利発行	経済的利益（給与，賞与等），一時所得，贈与税	受贈益	経済的利益（給与，賞与等）の供与または寄附金等	寄附金	
高額引受け	—	経済的利益（給与，賞与等）の供与または寄附金等	—	贈与税，経済的利益（給与，賞与等），一時所得	受贈益

(6) 自社株買い

① 原　則

株式発行会社が自己株式を取得した場合は，次のような課税関係が生じる。

譲渡者が個人の場合には，みなし配当[7]と譲渡益に対して所得税が課税され

7　みなし配当とは，自己株式取得の対価の額が，発行会社の資本金等の額のうち，その交付の起因となった発行会社の株式に対応する部分の金額を超えるとき，その超える金

る。

譲渡者が法人の場合には、みなし配当と譲渡益に対して法人税が課税される。

譲受者（発行法人）にとっては、自己株式の取得は資本取引に該当するため、基本的に課税は発生しない[8]。ただし、譲渡者にみなし配当が生じる場合、それに対応する源泉徴収義務は生じる[9]。

② 低額取得の場合

(イ) 個人からの取得

個人株主からの自社株買いに際しては、個人から法人への譲渡と同様、無償または時価よりも著しく低い価額（時価の2分の1未満）で取引を行った場合に低額譲渡と認定される（所法59①二、所令169）。なお、時価の2分の1以上で譲渡が行われた場合でも、同族会社の行為計算否認に該当する場合は、同様に時価での課税が発生することに注意（所基通59-3）。

譲渡者（個人）には、みなし配当のほか、時価で譲渡を行ったものとみなして（いわゆる「みなし譲渡」）、譲渡益に対して所得税が課税される（所法59①）。

譲受者（発行法人）は、時価で取得したものとみなして受贈益（＝時価－譲受価額）に対して法人税が課税される（法法22）。また、譲渡者にみなし配当が生じる場合、それに対応する源泉徴収義務は生じる。

なお、譲受者が同族会社である場合、譲渡者（個人）から譲受者（法人）の株主に対して株式価値の増加相当額の経済的利益の贈与があったものとみなされることに注意（相基通9-2(4)）。

    額が配当所得として課税される部分の金額をいう。なお、相続人が相続等により取得した株式を自社株買いされた場合は、みなし配当の判断に特例がある。243頁注5参照。

8 発行会社が自己株式を取得した場合、資本金等の額から次の算式により計算した金額を減算する。

    （算式）（自己株式取得の直前の資本金等の額÷自己株式取得の直前の発行済株式総数（自己株式除く））×取得した自己株式数＝資本金等の額から減算すべき金額

9 みなし配当の金額に20％（平成25年から平成49年までは20.42％）を乗じた金額を源泉徴収する。

(ロ)　法人からの取得

　法人株主からの自社株買いに際しては、譲渡者（法人）は、みなし配当と譲渡益への法人税のほか、時価と譲渡価額との差額相当額が譲受者への寄附金となる（法法37⑧）。なお、譲渡者と譲受者がともに内国法人であり完全支配関係がある場合は、グループ法人税制の適用により、当該寄附金は全額損金不算入となる。

　譲受者（発行法人）は、時価で取得したものとして、時価と譲受価額との差額相当額が受贈益となる（法法22）。なお、譲渡者と譲受者がともに内国法人であり完全支配関係がある場合は、グループ法人税制の適用により、当該受贈益は全額益金不算入となる。また、譲渡者にみなし配当が生じる場合、それに対応する源泉徴収義務は生じる。

③　高額取得の場合

　(イ)　個人からの取得

　譲渡者（個人）には、みなし配当と譲渡所得の所得税が課税される（所法33）ほか、時価を超える部分（＝譲渡価額－時価）の経済的利益は給与所得または一時所得として所得税が課されると考えられる。

　譲受者（発行法人）は、時価と譲受価額との差額相当額が譲渡者への経済的利益（給与、賞与等）の供与または寄附金となる（法基通9-2-9⑶、法法37⑦）。給与に該当する場合は損金算入することができるが、役員賞与に該当する場合は、損金算入できないことに留意する。また、寄附金に該当する場合は、損金算入限度額を超える部分は損金不算入とされる。また、譲渡者にみなし配当が生じる場合、それに対応する源泉徴収義務は生じる。

　(ロ)　法人からの取得

　法人からの自社株買いに際しては、譲渡者（法人）は、みなし配当と譲渡益への法人税のほか、時価と譲渡価額との差額相当額が受贈益として法人税が課税される。なお、譲渡者と譲受者がともに内国法人であり完全支配関係がある場合は、グループ法人税制の適用により、当該受贈益は全額益金不算入となる。

　譲受者（発行法人）は、時価と譲受価額との差額相当額が譲渡者への寄附金

となる（法法37⑦）。なお，譲渡者と譲受者がともに内国法人であり完全支配関係がある場合は，グループ法人税制の適用により，当該寄附金は全額損金不算入となる。また，譲渡者にみなし配当が生じる場合，それに対応する源泉徴収義務は生じる。

【図5－7】 自社株買いにおける課税関係

	譲渡者		譲受者（発行法人）		発行法人の株主	
	個　人	法　人	譲渡者が個人	譲渡者が法人	個　人	法　人
原則	みなし配当※1，所得税（譲渡所得）	みなし配当※2，法人税（譲渡益）	（みなし配当が生じる場合）源泉徴収義務あり		―	
低額取得	みなし配当※1，所得税（みなし譲渡）＊時価の1/2未満での譲渡	みなし配当※2，法人税（譲渡益），譲受者への寄附金＊グループ法人税制の適用あり	（みなし配当が生じる場合）源泉徴収義務あり，法人税（受贈益）＊同族会社の場合，株主への贈与があったものとみなされる＊グループ法人税制の適用あり		同族会社の場合，株式価値の増加相当額の贈与税（みなし贈与）	
高額取得	みなし配当※1，所得税（譲渡所得），所得税（給与所得または一時所得）	みなし配当※2，法人税（譲渡益），法人税（受贈益）＊グループ法人税制の適用あり	（みなし配当が生じる場合）源泉徴収義務あり，譲渡者への経済的利益（給与,賞与等）の供与又は寄附金	（みなし配当が生じる場合）源泉徴収義務あり，譲渡者への寄附金＊グループ法人税制の適用あり	―	

※1　相続人が相続等により取得した株式を自社株買いされた場合のみなし配当の判断に特例あり。
※2　受取配当金の益金不算入規定あり。

第6章
税務実務における取引相場のない株式（非上場株式）の評価方法

　前章では，主に取引類型ごとに非上場株式の評価原則について解説をしたが，低額譲渡や高額譲渡を判断するには，税務上の適正な時価に対する理解が不可欠となる。また，自社株の評価額を把握し，それが自社株対策によってどのように変化していくのかを想定するにも，自社株の税務上の算定方法について理解しておく必要がある。そこで本章では，税務上の非上場株式の評価方法について，実務上押えておきたい重要なポイントに焦点を当てて解説する。

1　取引相場のない株式の評価の流れ

　税務上における取引相場のない株式の評価は，前述のとおり，財産評価基本通達をベースに，評価対象会社の株主構成や会社規模，資産の保有状況，営業状態等の実態に応じて，以下の手順により評価される。

STEP 1　株主区分の判定
　非上場株式の税務上の株価算定は，株式取得者の属性によって異なる評価方法が採られている。株式取得者がその会社の支配株主であれば，後述する原則的評価方法が適用され，非支配株主であれば，後述する特例的評価方法が適用

されることとなる。

STEP 2　会社区分の判定[1]

非上場株式の株価算定にあたっては、評価対象会社の会社規模による会社区分によって具体的な評価方式が規定されている。なお、特定の状況にある会社の場合には、特別な評価方法のルールが適用される。

STEP 3　会社区分に応じた原則的評価の算定

税務上の株価算定では、会社区分に応じて原則的に適用すべき評価方法が規定されている。基本的には、純資産価額方式と類似業種比準方式の2つの方法を用いるが、会社規模による会社区分に応じてこれらの方式が用いられる折衷割合が異なる。

また、株式保有特定会社等の特定の評価対象会社においては、会社規模とは異なる原則的評価ルールが規定される。

STEP 4　特例的評価の算定

原則的評価方法が適用されない株主には、特例的評価方法が適用されることとなる。そのため、特例的評価方法が適用される株主が存在する評価対象会社の株価算定は、特例的評価方法により行う。

---

[1] 「取引相場のない株式については、その会社規模が、大は上場会社に匹敵するものから、小は個人企業と変わらないものまでさまざまであり、これらの会社の株主をみると、会社の所有者ともいうべき株主から、従業員株主などのような少数株主までさまざまであり、また、証券取引所等による取引価格（市場価格）を有するものではなく、仮に、取引事例がみられる場合でも、それは特定の当事者間あるいは特別の事情で取引されるのが通常であるので、その取引価格を相続税評価額として直ちに株式の評価に採用することも適当ではなく、それぞれの会社の規模等の実態に即して評価することが合理的である。」（平16.3.23裁決、裁決事例集67号633頁）

【図6−1】 取引相場のない株式の評価の流れ

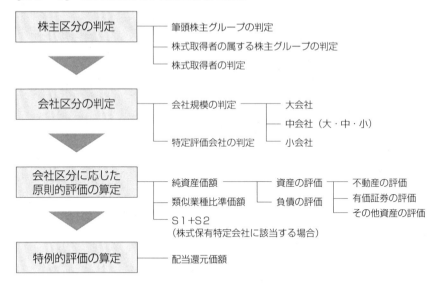

② 株主区分の判定方法

　財産評価基本通達は，相続，遺贈または贈与により取得した財産の評価に適用されるので，非上場株式の評価についても相続や贈与で取得後の株主の株式保有状況で判定される。

　株式取得者の株主区分の判定は，以下の手順で行う。なお，株主区分の判定は，発行済株式総数に占める株式保有割合ではなく，議決権割合により行う。そのため，種類株式を発行している会社の場合，株式保有割合と議決権割合とは必ずしも一致しない。なお，議決権割合の計算に際しては，以下の点に留意する。

- 株式取得前ではなく株式取得後の議決権割合であること
- 自己株式に係る議決権数は，議決権総数および株主の有する議決権の数に含めない（財基通188-3）。
- 完全無議決権株式に係る議決権数は，議決権総数および株主の有する議決

権の数に含めない。
- 完全無議決権株式以外の議決権制限株式に係る議決権数は，議決権総数および株主の有する議決権の数に含める（財基通188-5）。
- 株式持合いにより議決権を有しないこととなる株式[2]に係る議決権数は，議決権総数および株主の有する議決権の数に含めない（財基通188-4）。
- 単元未満株式に係る議決権数は，議決権総数および株主の有する議決権の数に含めない。

【図6-2】 株主区分の判定

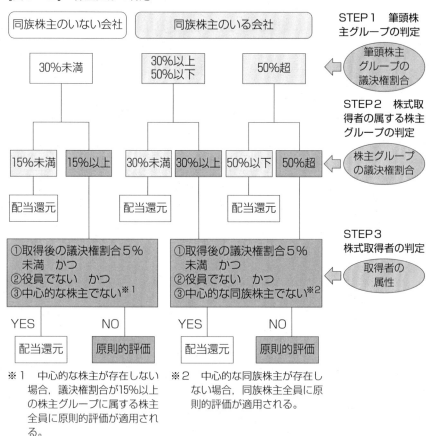

STEP 1　筆頭株主グループの判定

まずは，評価対象会社が同族株主のいる会社であるか，同族株主のいない会社であるかを判別するために，筆頭株主グループの議決権割合を明らかにする必要がある。

「筆頭株主グループ」とは，評価対象会社の同族関係者グループのうち，その有する議決権割合が最も多いグループをいう。

筆頭株主グループの議決権割合が30％以上であれば，同族株主のいる会社となり，そうでなければ同族株主のいない会社となる。

ここにいう「同族株主」とは，課税時期における評価会社の株主のうち，株主の１人およびその同族関係者の有する議決権の合計数が，その会社の議決権総数の30％以上である場合におけるその株主およびその同族関係者をいう。

ただし，その評価会社の株主のうち，株主の１人およびその同族関係者の有する議決権の合計数が最も多いグループの有する議決権の合計数が，その会社の議決権総数の50％超である会社にあっては，50％超であるその株主およびその同族関係者をいい，その場合，50％超グループ以外の30％以上のグループに属していてもその株主および同族関係者は同族株主とはならないことに留意[3・4]。

なお，上記の「株主の１人」は株式取得者（納税義務者）に限らないことに

2　会社法308条１項括弧書によれば，相手企業に４分の１以上の議決権を保有されている会社は，自らが，その相手企業の株主であっても，その議決権を行使することができない。また，会社法施行規則67条１項括弧書によれば，この４分の１以上の保有については，単独で保有している場合だけではなく，子会社を通じて合算して４分の１以上を保有している場合も含むことに留意する。

3　法人税法上の同族株主（法法２十ほか）に該当しても，財産評価基本通達上，必ずしも同族株主に該当するわけではない。

4　中小企業投資育成会社が株主となっている場合の議決権数の取扱いについては財産評価基本通達188-6に規定されている。基本的には，投資育成会社を活用して同族株主等の判定を有利に操作することを防止する規定となっている。また，財団法人が株主にいる場合，財団法人が議決権を適正に行使しており，単独の株主として認められるときは，株主区分の判定でも株主として扱うが，議決権の行使を制限するような定款の規定があるときには，同族株主の判定において財団法人が有する議決権数を除いて判定する。詳細は，尾崎三郎監修『三訂版　詳説自社株評価Q&A』（清文社，2013年）43頁参照。

注意する。株主のうちのいずれか1人を中心にして判定したときに株式取得者を含むグループが同族株主に該当する場合には、その株式取得者は同族株主となる[5]。

また、「同族関係者」とは、法人税法施行令4条（同族関係者の範囲）に定める特殊の関係にある個人または法人をいう。

【図6－3】　同族関係者の範囲（財基通188(1)括弧書の法令4条）

---
(1) 個　人
　① 株主等の親族（親族とは、配偶者、6親等内の血族および3親等内の姻族をさす）
　② 株主等と婚姻の届出をしていないが事実上婚姻関係と同様の事情にある者
　③ 株主等（個人である株主等に限る。次号において同じ）の使用人
　④ 前3号に掲げる者以外の者で株主等から受ける金銭その他の資産によって生計を維持しているもの
　⑤ 前3号に掲げる者と生計を一にするこれらの者の親族

(2) 法　人
　① 同族会社であるかどうかを判定しようとする会社の株主等（以下「判定会社株主等」）の1人が他の会社を支配している場合におけるその他の会社
　② 判定会社株主等の1人およびこれと前号に規定する特殊の関係のある会社が他の会社を支配している場合におけるその他の会社
　③ 判定会社株主等の1人およびこれと前2号に規定する特殊の関係のある会社が他の会社を支配している場合におけるその他の会社
　④ 同一の個人または法人（人格のない社団等を含む）と①～③に規定する特殊の関係のある二以上の会社が、判定会社株主等である場合には、その二以上の会社は、相互に同項に規定する特殊の関係のある会社であるものとみなす。
　⑤ 個人または法人との間でその個人または法人の意思と同一の内容の議決権を行使することに同意している者がある場合には、その者が有する議決権はその個人または法人が有するものとみなし、かつ、その個人または法人はその議決権に係る会社の株主等であるものとみなして、他の会社を支配しているかどうか判定する。
---

[5] 尾崎三郎監修『三訂版　詳説自社株評価Q&A』（清文社、2013年）31頁。

STEP 2　株式取得者が属する株主グループの判定

次に，株式取得者が属する株主グループの判定を行う。株式取得者が，同族株主のいる会社における同族株主に該当するか否か，同族株主のいない会社における議決権割合15％以上の株主グループに属するか否かを判定する。

株式取得者が，同族株主のいる会社における同族株主に該当する場合や同族株主のいない会社における議決権割合15％以上のグループに属する株主に該当する場合，STEP 3 に進む。

なお，同族株主のいる会社の場合で，株式取得者が同族株主に該当しないときは，特例的評価方式（配当還元価額）が適用となる。同族株主のいない会社の場合で，株式取得者が議決権割合15％以上のグループに属する株主に該当しないときは，特例的評価方式（配当還元価額）が適用となる。

STEP 3　取得者の判定

株式取得者が，同族株主のいる会社における同族株主に該当する場合や同族株主のいない会社における議決権割合15％以上のグループに属する株主に該当する場合は，一定の要件を満たすかどうかで，原則的評価方法か特例的評価方法のいずれが適用されるかが異なるため，その判定を行う。

ただし，同族株主のいる会社で中心的な同族株主が存在しない場合，同族株主全員に原則的評価が適用される。同族株主のいない会社で中心的な株主が存在しない場合，議決権割合15％以上の株主グループに属する株主全員に原則的評価が適用される。

(1) 同族株主のいる会社の場合

同族株主のいる会社の場合，①株式取得者の株式取得後の議決権割合が5％未満であること，②課税時期において評価会社の役員[6]（課税時期の翌日から法

---

[6] この場合の「役員」とは，代表取締役，代表執行役，代表理事および清算人，副社長，専務，常務その他これらに準ずる職制上の地位を有する役員，取締役（委員会設置会社の取締役に限る），会計参与および監査役ならびに監事を指し，委員会設置会社でない

定申告期限までの間に役員となる者も含む）でない者，③中心的な同族株主でない者，のすべてに該当するときは，特例的評価方法が適用される。上記①～③のいずれか1つでも該当しないときは，原則的評価方法が適用される。

「中心的な同族株主」とは，課税時期において同族株主の1人ならびにその株主の配偶者，直系血族，兄弟姉妹および1親等の姻族ならびにこれらの者の特殊同族関係法人の有する議決権の合計数がその会社の議決権総数の25％以上である場合におけるその株主をいう。なお，特殊同族関係法人とは，これらの同族株主等の同族関係者である会社のうち，これらの者が有する議決権の合計数がその会社の議決権総数の25％以上である会社をいう（財基通188(2)括弧書）。

【図6－4】 中心的な同族株主の範囲

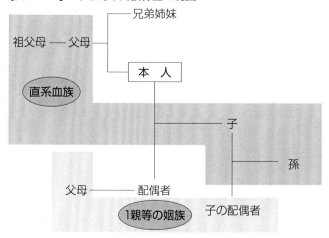

(2) 同族株主のいない会社の場合

同族株主のいない会社の場合，①株式取得者の株式取得後の議決権割合が5％未満であること，②課税時期において評価会社の役員（課税時期の翌日から法定申告期限までの間に役員となる者も含む）でない者，③中心的な株主でな

通常の取締役会設置会社における平取締役はここでいう役員には含まれないことに留意（財基通188(2)，法令71①一・二・四）。

い者,のすべてに該当するときは,特例的評価方法が適用される。上記①～③のいずれか1つでも該当しないときは,原則的評価方法が適用される。

「中心的な株主」とは,課税時期において株主の1人およびその同族関係者の有する議決権の合計数がその会社の議決権総数の15％以上である株主グループのうち,いずれかのグループに単独でその会社の議決権総数の10％以上の議決権を有している株主がいる場合におけるその株主をいう。

③ 会社区分の判定方法

まずは会社規模の判定を行い,そのうえで特定評価会社への該当性について判定を行う。

(1) 会社規模の判定
会社規模は,以下の方法により判定する。
（ⅰ）直前期末以前1年間における従業員数が100人以上の会社は大会社に分類。
（ⅱ）100人未満の会社は次頁の【図6－5】により会社規模を判定。表中のA欄の(a)と(b)のいずれか下位の区分とB欄の区分とのいずれか上位の区分により,C欄の会社規模とLの割合を決定する。

(2) 会社規模ごとの評価方法
大会社は,類似業種比準方式を原則とするが,純資産価額方式も選択適用することができる。ただし,この場合の純資産価額は,議決権割合50％以下の同族株主グループに属する株主であっても80％評価の適用がないことに留意する。実務上は,類似業種比準価額と純資産価額のうち,低いほうを選択することとなる。

中会社は,次の算式により計算した金額によって評価する。ただし,算式中の類似業種比準価額を純資産価額に代えて評価することができる。

類似業種比準価額 × L ＋ 純資産価額（相続税評価額）×（1－L）

【図6-5】会社規模の判定

A 直前期末の総資産価額(帳簿価額)および直前期末以前1年間における従業員数に応ずる区分				B 直前期末以前1年間の取引金額に応ずる区分			C 会社規模とLの割合(中会社)の区分	
(a) 総資産価額(帳簿価額)			(b) 従業員数	(c) 取引金額				
卸売業	小売・サービス業	卸売業,小売・サービス業以外		卸売業	小売・サービス業	卸売業,小売・サービス業以外		
20億円以上	10億円以上	10億円以上	50人超	80億円以上	20億円以上	20億円以上	大会社	
14億円以上20億円未満	7億円以上10億円未満	7億円以上10億円未満	50人超	50億円以上80億円未満	12億円以上20億円未満	14億円以上20億円未満	大 0.90	中会社
7億円以上14億円未満	4億円以上7億円未満	4億円以上7億円未満	30人超 50人以下	25億円以上50億円未満	6億円以上12億円未満	7億円以上14億円未満	中 0.75	中会社
7,000万円以上7億円未満	4,000万円以上4億円未満	5,000万円以上4億円未満	5人超 30人以下	2億円以上25億円未満	6,000万円以上6億円未満	8,000万円以上7億円未満	小 0.60	中会社
7,000万円未満	4,000万円未満	5,000万円未満	5人以下	2億円未満	6,000万円未満	8,000万円未満	小会社	

(a) 「総資産価額(帳簿価額によって計算した金額)」は、課税時期の直前に終了した事業年度の末日(以下「直前期末」という)における評価会社の各資産の帳簿価額の合計額とする。

(b) 「従業員数」は、直前期末以前1年間においてその期間継続して評価会社に勤務していた従業員(就業規則等で定められた1週間当たりの労働時間が30時間未満である従業員を除く。以下この項において「継続勤務従業員」という)の数に、直前期末以前1年間において評価会社に勤務していた従業員(継続勤務従業員を除く)のその1年間における労働時間の合計時間数を従業員1人当たり年間平均労働時間数で除して求めた数を加算した数とする。この場合における従業員1人当たり年間平均労働時間数は、1,800時間とする。この従業員には、社長、理事長ならびに法人税法施行令71条≪使用人兼務役員とされない役員≫1項1号、2号および4号に掲げる役員は含まない。

(c) 「直前期末以前1年間における取引金額」は、その期間における評価会社の目的とする事業に係る収入金額(金融業・証券業については収入利息および収入手数料)とする。
　なお、評価会社が「卸売業」、「小売・サービス業」または「卸売業、小売・サービス業以外」のいずれの業種に該当するかは、直前期末以前1年間における取引金額(以下「取引金額」という)に基づいて判定し、当該取引金額のうちに2以上の業種に係る取引金額が含まれている場合には、それらの取引金額のうち最も多い取引金額に係る業種によって判定する。

　この場合の純資産価額には80％評価を行うことはできないが、後項の純資産価額には80％評価することができることに留意する。実務上は、類似業種比準価額と純資産価額のうち、低いほうを選択することとなる。

なお、上記算式中のLは、会社規模の判定により、中会社（大）は0.9、中会社（中）は0.75、中会社（小）は0.6となる。

小会社は、純資産価額方式（相続税評価額）によって評価するが、納税者の選択により、次の算式により評価することもできる。

> 類似業種比準価額 × 0.5 ＋ 純資産価額（相続税評価額）× 0.5

なお、各会社規模とも、株式取得者が同族株主以外の株主（いわゆる少数株主）であれば、特例的評価方法（配当還元方式）による評価を適用できる。

【図6－6】 会社規模と原則的評価方法 （いずれも円未満切捨）

大会社	・類似業種比準価額 　（選択可）　純資産価額
中会社	・類似業種比準価額 × L ＋ 純資産価額※ ×（1－L） 　（選択可）　純資産価額 × L ＋ 純資産価額※ ×（1－L） 　L：中会社（大）0.9、中会社（中）0.75、中会社（小）0.6
小会社	・純資産価額※ 　（選択可）　類似業種比準価額 × 0.5 ＋ 純資産価額※ × 0.5

※ 株式取得者とその同族関係者の議決権割合の合計が50％以下である場合、純資産価額に100分の80（円未満切捨）を乗じた金額とする。

(3) 特定の評価会社の判定と評価方法

特定評価会社とは、資産の保有状況や営業の状態等が一般の会社とは異なると認められる場合に、株価評価上、特別な考慮を必要とする会社のことを指す。

特定評価会社には、以下のものがある。

① 清算中の会社（財基通189-6）

清算中の会社の株式の価額は、清算分配見込金額に基づいて評価する。具体的には、以下の算式により求める。

> N年後に分配を受ける見込の金額 × n年に応ずる基準年利率の複利現価率

なお、株式取得者が同族株主以外の株主（いわゆる少数株主）であっても、特例的評価方式による評価は行わないことに留意する。

また、分配を行わず長期にわたり清算中のままになっているような会社については、清算の結果分配を受ける見込みの金額や分配を受けると見込まれる日までの期間の算定が困難であると認められることから、純資産価額（相続税評価額によって計算した金額）によって評価する[7]。

② 開業前または休業中の会社（財基通189-5）

開業前または休業中の会社の株式は、純資産価額方式（相続税評価額）によって評価する。なお、この純資産価額は株式取得者が同族関係者グループの議決権割合50％以下に属する場合でも、純資産価額の80％評価は行わないことや、株式取得者が同族株主以外の株主（いわゆる少数株主）でも、特例的評価方法による評価は行わないことに留意する。

③ 開業後3年未満の会社等（財基通189-4）

開業後3年未満の会社等には、開業後3年未満の会社[8]と比準要素数0の会社[9]のことを指す。比準要素数0とは、類似業種比準方式における「1株当たりの配当金額」、「1株当たりの利益金額」および「純資産価額」のそれぞれの金額がいずれも0であることをいう。

これらに該当する会社の株式は、純資産価額方式（相続税評価額）によって評価する。なお、この純資産価額は株式取得者が同族関係者グループの議決権割合50％以下に属する場合には、純資産価額の80％評価の適用を行うことができる。また、株式取得者が同族株主以外の株主（いわゆる少数株主）であれば、特例的評価方法による評価が適用できる。

---

7 国税庁HP質疑応答事例（財産評価）長期間清算中の会社を参照。
8 「開業」とは、評価対象会社が現に事業活動を開始することにより収益（収入）が生じることをいい、会社の設立とは異なることに留意する。
9 比準要素数0の判定は、直前期末を基準とする。ただし、配当金額および利益金額については、直前期と直前々期2年間の実績を反映して判定することに留意する。

④ 土地保有特定会社（財基通189-4）

　土地保有特定会社とは，評価対象会社の規模区分に応じて，課税時期における相続税評価額ベースによる総資産価額に占める土地等[10]の保有割合が会社区分が大会社の場合70％以上あるいは会社区分が中会社および特定の小会社[11]の場合90％以上である会社をいう。

　土地保有特定会社の株式の価額は，純資産価額方式（相続税評価額）によって評価する。なお，この純資産価額は株式取得者が同族関係者グループの議決権割合50％以下に属する場合には，純資産価額の80％評価の適用ができる。また，株式取得者が同族株主以外の株主（いわゆる少数株主）であれば，特例的評価方法による評価を適用できる。

⑤ 株式保有特定会社（財基通189-3）

　株式保有特定会社とは，評価対象会社の課税時期における相続税評価額ベースによる総資産価額に占める株式等の保有割合が50％以上である会社をいう。ここでいう株式等とは，株式および出資を指す。株式には，外国株式，株主形態のゴルフ会員権が含まれ，証券投資信託の受益証券は含まれない。また，出資とは法人に対する出資をいい，民法上の組合や匿名組合に対する出資は含まないことに留意する[12]。

　株式保有特定会社の株式の価額は，純資産価額方式（相続税評価額）もしくは下記で述べるＳ１＋Ｓ２方式で計算した価額のいずれか低いほうにより評価する。なお，この純資産価額は，株式取得者が同族関係者グループの議決権割合50％以下に属する場合には，純資産価額の80％評価の適用ができる。

　Ｓ１＋Ｓ２方式とは，株式保有特定会社の営業実態が評価額に反映されるよう，

10　土地等とは，土地および土地の上に存する権利（借地権など）をいう。なお，棚卸資産に該当する土地等も含まれることに留意する。

11　特定の小会社とは，従業員数の判定基準により大会社および中会社に該当しないことから小会社となったものを指し，それ以外の小会社は土地保有特定会社に該当することはない。

12　詳しくは国税庁HP質疑応答事例（財産評価）判定の基礎となる「株式及び出資」の範囲参照（https://www.nta.go.jp/shiraberu/zeiho-kaishaku/shitsugi/hyoka/10/01.htm）。

第6章 税務実務における取引相場のない株式（非上場株式）の評価方法　119

部分的に類似業種比準方式を取り入れた方法である。S1＋S2方式の具体的な計算方法は，次のとおりである。

【図6－7】　S1の金額の計算

（類似業種比準価額で計算する場合）

$$\text{S1の金額} \underset{(10銭未満切捨)}{=} A \times \left[\frac{\frac{Ⓑ-b}{B}_{(小数2位未満切捨)} + \frac{Ⓒ-c}{C}_{(小数2位未満切捨)} \times 3 + \frac{Ⓓ-d}{D}_{(小数2位未満切捨)}}{5} \right]_{(小数2位未満切捨)}$$

$$\times \left\{ \begin{array}{l} \text{大会社} \quad 0.7 \\ \text{中会社} \quad 0.6 \\ \text{小会社} \quad 0.5 \end{array} \right.$$

「b」＝Ⓑ×受取配当金収受割合
「c」＝Ⓒ×受取配当金収受割合
「d」＝イ＋ロ
（注）
・A，B，C，D，Ⓑ，Ⓒ，Ⓓは類似業種比準価額と同様
・イ＝Ⓓ×（株式等の帳簿価額の合計額÷総資産価額（帳簿価額））
・ロ＝（利益積立金÷直前期末における発行済株式数（50円換算））×受取配当金収受割合
・受取配当金収受割合＝直前期末以前2年間の受取配当金合計額÷（直前期末以前2年間の受取配当金合計額＋直前期末以前2年間の営業利益合計額）
　ただし，受取配当金収受割合は1以下とする。
・DはⒹを限度とする。
（純資産価額で計算する場合）
　評価対象会社の各資産から株式等を除いて計算した純資産価額

【図6－8】S2の金額の計算

$$\underset{(円未満切捨)}{\text{S2の金額}} = \frac{A - (A - B) \times 38\%}{\text{発行済株式数}}$$

「A」＝評価対象会社の総資産のうち株式等の相続税評価額の合計額
「B」＝評価対象会社の総資産のうち株式等の帳簿価額の合計額
※　（A－B）（負の場合は0）×38%　（千円未満切捨）

S1の金額は，評価対象会社が所有する株式等と当該株式等にかかる受取配当収入がなかったとした場合の原則的評価方式による評価額となる。S2の金額は，評価対象会社が有する資産を株式等のみと仮定して評価した純資産価額となる[13]。なお，S1およびS2の金額の計算においては，純資産価額の80％評価を適用できないほか，評価差額に対する法人税額等相当額の控除は行わないことに留意する。

なお，株式保有特定会社の評価においては，株式取得者が同族株主以外の株主（いわゆる少数株主）であれば，特例的評価方法（配当還元方式）による評価が適用できる。

⑥ 比準要素数1の会社（財基通189-2）

比準要素数1の会社とは，評価対象会社の直前期末を基準にして類似業種比準方式における「1株当たりの配当金額」，「1株当たりの利益金額」および「純資産価額」の3つの比準要素の金額のうち，いずれか2つが0であり，かつ，直前々期末を基準にして3つの要素の金額を計算した場合にも，いずれか2つ以上が0であること[14]をいう。

比準要素数1の会社の株式の価額は，純資産価額（相続税評価額）もしくはLの割合を0.25とする類似業種比準方式との低いほうによって評価する。純資産価額においては，株式取得者の同族関係者グループの議決権割合が50％以下の場合，純資産価額の80％評価を行うことができる。なお，株式取得者が同族株主以外の株主（いわゆる少数株主）であれば，特例的評価方法（配当還元方式）による評価が適用できる。

13　S2の金額の算定上，負債は一切考慮しないこととなる。
14　配当金額および利益金額については，直前期，直前々期，直前々期の前期の3年間の実績を反映して判定することに留意する。

【図6-9】 比準要素数1と比準要素数0の会社の判定

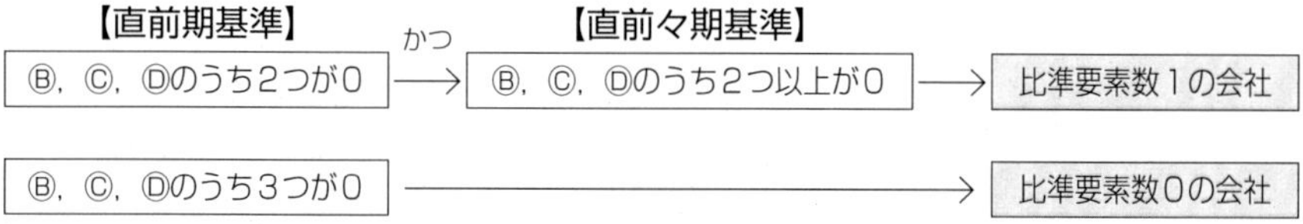

【直前期基準】 ⒷⒸⒹのうち2つが0 → かつ → 【直前々期基準】 ⒷⒸⒹのうち2つ以上が0 → 比準要素数1の会社

ⒷⒸⒹのうち3つが0 ─────────────→ 比準要素数0の会社

●直前期基準と直前々期基準

	直前期基準	直前々期基準
1株当たり配当金額	直前期および直前々期の2期平均	直前々期および直前々々期の2期平均
1株当たり利益金額	直前期もしくは直前期および直前々期の2期平均	直前々期もしくは直前々期および直前々々期の2期平均
1株当たり純資産価額（帳簿価額）	直前期	直前々期

　特定の評価会社の株式の判定は，【図6-10】記載の順番に沿って行われることに留意する。したがって，たとえば，土地保有特定会社に該当することとなった会社の株式は，株式保有特定会社の株式には該当しない。

　なお，評価対象会社が，株式保有特定会社または土地保有特定会社に該当するかどうかを判定する場合において，課税時期前において合理的な理由もなく評価会社の資産構成に変動があり，その変動が特定の評価会社に該当すると判定されることを免れるためのものと認められるとき[15]は，その変動はなかったものとしてこの判定がされることに注意しなければならない（財基通189）。

15　たとえば，課税時期直前に借入を起こして総資産価額を膨らませるなどの操作により，株式保有特定会社等への該当を回避するようなケースが考えられる（谷口裕之編『財産評価基本通達逐条解説』（大蔵財務協会，2013年）715頁）。

【図6−10】 特定評価会社の判定の流れと評価方法

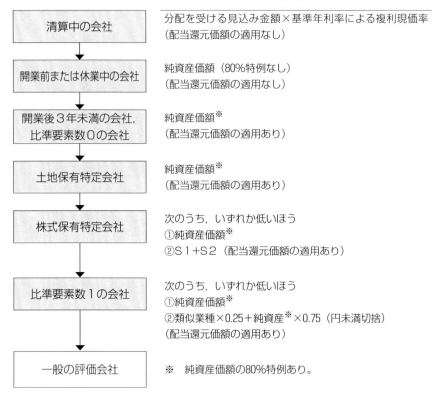

4 原則的評価方法

　一般に非上場株式の評価方法には，純資産法のほか，DCF法や類似会社比較法（倍率法），収益還元法などさまざまな手法がある[16]が，相続税や贈与税

16　通常，第三者間によって行われる非上場企業のM&Aにおいては，DCF法が重視される傾向が強まっている。小規模な企業に関しては，そのわかりやすさから純資産法が重視されることもあるが，ゴーイングコンサーンを前提とした評価方法としては必ずしも適切とはいえない。特に，純資産価額に3〜5年分の利益を営業権とみなして加算して評価する方法（「年倍法」と呼ばれる）が用いられることがあるが，この方法は収益性

の課税価格の評価を主目的とした財産評価基本通達による原則的な評価方法は，類似業種比準方式と純資産方式の2つからなる。前述のとおり，会社区分に応じて，これらの手法のいずれか1つの評価額あるいは一定割合でミックスした評価額が用いられる。

(1) 類似業種比準方式（財基通180〜184）

類似業種比準方式は，国税庁が公表する類似業種の比準要素の数値を用いて株価を算定する方法で，利益や配当といった収益要素が重視されることに特徴がある。具体的な算式は，以下のとおりである。

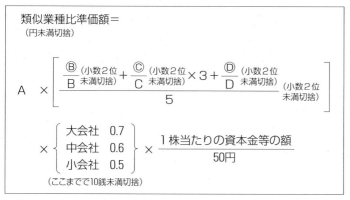

「A」＝類似業種の株価
　　　以下のうち最も低い金額
　　　　①課税時期の属する月の類似業種の株価
　　　　②課税時期の属する前月の類似業種の株価
　　　　③課税時期の属する前々月の類似業種の株価
　　　　④類似業種の前年平均株価
「B」＝課税時期の属する年の類似業種の1株当たりの配当金額
「C」＝課税時期の属する年の類似業種の1株当たりの年利益金額
「D」＝課税時期の属する年の類似業種の1株当たりの純資産価額

の低い企業に対しては過大な評価となりやすく，買い手にとっては不利な価格となるおそれがあることに注意が必要である。なお，M&Aにおいては，財産評価基本通達による方法がそのまま用いられることはほとんどない。

「Ⓑ」＝評価会社の1株当たりの配当金額
「Ⓒ」＝評価会社の1株当たりの利益金額
「Ⓓ」＝評価会社の1株当たりの純資産価額（帳簿価額）

＜類似業種比準方式における留意点＞
① 類似業種の判定（財基通181～181-2）

　国税庁が公表する類似業種比準価額計算上の業種目は，日本標準産業分類に基づいて設定されている[17]。そのため，評価対象会社の属する業種目を判定するにあたっては，日本標準産業分類の分類項目と類似業種比準価額計算上の業種目との対比表でどの業種目に該当するかを確認することが必要となる[18]。実務上，その確認にあたっては，国税庁HPに公開されている「日本標準産業分類の分類項目と類似業種比準価額計算上の業種目との対比表（平成21年分）」[19]を活用することが便利である。

　業種目の大分類，中分類および小分類のうち，評価対象会社の事業が該当する業種目が小分類に区分されているものにあっては小分類による業種目，小分類に区分されていない中分類のものにあっては中分類の業種目による。ただし，納税義務者の選択により，類似業種が小分類による業種目にあってはその業種目の属する中分類の業種目，類似業種が中分類による業種目にあってはその業種目の属する大分類の業種目を，それぞれ類似業種とすることができる。

　また，評価対象会社が複数の事業を営んでいる場合は，原則として直前期末以前1年間の取引金額が全体の50％を超える業種目を選択するのだが，50％超の業種目がない場合は，財基通181-2に具体的な業種目の選択ルールが規定さ

17　日本標準産業分類は，総務省統計局のHPで確認することができる（http://www.e-stat.go.jp/SG1/htoukeib/TopDisp.do?bKind=10）。

18　国税庁がどの上場企業をどの業種目にあてはめているかは，業種目別標本会社名簿により確認することができる。当該名簿は，情報公開法による行政文書開示請求手続により国税庁より入手することができる。なお，尾崎三郎監修『三訂版　詳説自社株評価Q&A』（清文社，2013年）の416～456頁に平成24年5月23日時点での名簿が掲載されている。

19　http://www.nta.go.jp/shiraberu/zeiho-kaishaku/joho-zeikaishaku/hyoka/090608/01.htm

れているため，そのルールに従って業種目を選択することとなる。業種目により，類似業種の株価，比準要素の金額が異なるため，どの業種目を選択するかによって類似業種比準価額が大きく変わる可能性がある。そのため，業種目の選定は慎重に行わなければならない。

② **類似業種の株価（財基通182）**

類似業種比準価額を計算する場合の類似業種の株価は，課税時期の属する月以前3か月間の各月の株価および前年平均株価のうち，最も低いものとする[20]。

類似業種の株価は，上場企業の市場株価をもとに計算されているため，いずれの業種もおおむね株式市場の動きと連動して変化している。しかも，国税庁から各月の類似業種の株価が公表されるタイミングは，3か月程度のタイムラグがあることから，株式市場の動向を注視していれば，類似業種株価の変動もある程度予測することが可能となる。特に，年間を通じて市場の株価が上昇局面にある場合，前年平均値が年をまたぐことによって大きく上昇することが予想される。その場合，年をまたぐことによって，評価対象会社の株式の類似業種比準価額が大きく上昇することになる（その逆もしかり）。

③ **1株当たりの配当金額（財基通183）**

1株当たりの配当金額は，直前期末以前2年間におけるその会社の剰余金の配当金額の合計額の2分の1に相当する金額を，直前期末における発行済株式数[21]で除して計算した金額とする。ただし，特別配当，記念配当等の名称による配当金額のうち，将来毎期継続することが予想できない金額は除かれる[22]。

---

20 前年11月分および12月分の金額は，前年分の評価に適用する前年11月分および12月分の金額とは異なることに留意。また，前年平均についても，当年分の標本会社を基に計算されていることに留意。
21 1株当たり資本金等の額を50円換算した場合の発行済株式数。以下，類似業種比準方式において同じ。
22 臨時配当であることが税務上認められるためには，臨時配当である旨が株主総会議事録上も明らかになっていることが望ましい。

$$\frac{\text{直前期末以前2年間の配当金額}}{2} \div \begin{array}{l}\text{1株当たりの資本金等の額を50}\\ \text{円とした場合の発行済株式数}\\ \text{(資本金等の額÷50円)}\end{array}$$

また、剰余金の配当金額は、各事業年度中に配当金交付の効力が発生した剰余金の配当金額[23]となることに留意する。

【図6－11】 直前期末以前の2年間における配当金額の考え方

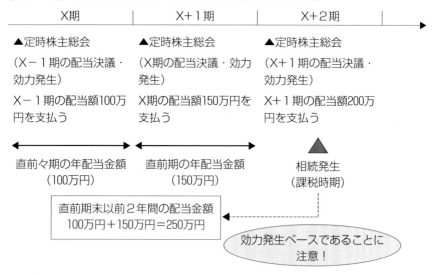

なお、グループ組織再編の過程で、現物分配が行われることがある。現物分配により資産の移転を行った場合、その資産の価額を剰余金の配当金額に含めるかどうかは、その現物分配の起因となった剰余金の配当が毎期継続することが予想されるかどうかにより判断し、毎期継続することが予想される場合には、剰余金の配当金額に含めることとなる[24]。

---

23 資本金等の額の減少によるものを除く。
24 詳しくは国税庁HP質疑応答事例（財産評価）現物分配により資産を移転した場合の1株当たりの配当金額を参照（https://www.nta.go.jp/shiraberu/zeiho-kaishaku/shitsugi/

④ 1株当たりの利益金額（財基通183）

1株当たりの利益金額は，直前期以前1年間における法人税の課税所得金額等を基準として計算した金額とする。ただし，法人税の課税所得金額は納税義務者の選択により，直前期末以前2年間の各事業年度の法人税の課税所得金額の合計額の2分の1に相当する金額として計算することができる。具体的な算式は以下のとおり。

$$\left[\begin{array}{c}\text{法人税の}\\\text{課税所得}\\\text{金額}\end{array} - \begin{array}{c}\text{非経常的な}\\\text{利益金額}\end{array} + \begin{array}{c}\text{受取配当}\\\text{等の益金}\\\text{不算入額}\end{array} - \begin{array}{c}\text{左の所得}\\\text{税額}\end{array} + \begin{array}{c}\text{損金算入され}\\\text{た繰越欠損金}\\\text{の控除額}\end{array}\right] \div \begin{array}{c}\text{1株当たりの資本金等の}\\\text{額を50円とした場合の発}\\\text{行済株式数（資本金等の}\\\text{額÷50円）}\end{array}$$

課税所得金額からは，固定資産売却益，保険差益等の非経常的な利益の金額を除くことに留意する[25]。

「受取配当等の益金不算入額」には，外国子会社からの受取配当金が含まれる。そのため，一時に多額の配当金を外国子会社から吸い上げる場合，類似業種比準価額が高騰する可能性があることに留意する[26]。なお，自社株買いや非適格組織再編等を起因とする「みなし配当」については，臨時偶発的なものと考えられるため，「受取配当等の益金不算入額」に含める必要はない[27]。また，適格現物分配による収益の額についても，法人税法62条の5第4項により益金

---

hyoka/07/13.htm）。

25 固定資産売却益等の非経常的な利益について，その利益に基づく代替資産の取得に伴う圧縮記帳による圧縮額の損金算入がある場合または固定資産売却益と固定資産売却損がある場合には，それらの損金の額は固定資産売却益等の非経常的な利益の金額から控除される（谷口裕之編『財産評価基本通達逐条解説』（大蔵財務協会，2013年）610頁）。

26 ただし，租税特別措置法66条の8第1項または同条2項に規定する特定子会社等から受ける剰余金の配当等のうち，特定課税対象金額に達するまでの金額については，所得金額への加算は要しない。詳しくは国税庁HP質疑応答事例（財産評価）外国子会社等から剰余金の配当等がある場合を参照（https://www.nta.go.jp/shiraberu/zeiho-kaishaku/shitsugi/hyoka/07/08.htm）。

27 詳しくは国税庁HP質疑応答事例（財産評価）みなし配当の金額がある場合を参照（https://www.nta.go.jp/shiraberu/zeiho-kaishaku/shitsugi/hyoka/07/12.htm）。

不算入とされているが,「受取配当等の益金不算入額」には含まれない[28]。

1株当たりの利益金額は,直前期末以前1年間の利益と直前期末以前2年間の平均の利益のいずれかを選択できるので,通常は低いほうの利益金額を採用することになると思われるが,低いほうを採用すると類似業種比準要素数が0または1となることにより,その評価対象会社が特定評価会社に該当してしまう場合などは,あえて高いほうを採用することにより比準要素数を増やす場合もあり得る。

⑤ 1株当たりの純資産価額(財基通183)

1株当たりの純資産価額は,直前期末における帳簿価額ベースの純資産の額を基に計算する。具体的な算式は以下のとおり。

$$\left[資本金等の額 + 利益積立金額 \right] \div \begin{array}{c} 1株当たりの資本金等の額を50 \\ 円とした場合の発行済株式数 \\ (資本金等の額 \div 50円) \end{array}$$

資本金等の額および利益積立金額は直前期の法人税申告書別表五(一)の金額をいう。

⑥ 類似業種比準価額の修正(財基通184)

直前期末の翌日から課税時期までの間に配当金交付の効力が発生した場合の類似業種比準価額は,配当落ちの額に修正する必要がある[29]。具体的には,通常どおり計算した類似業種比準価額から直前期末の翌日から課税時期までの間に効力が発生した1株当たりの配当金額をマイナスする。

また,直前期末の翌日から課税時期までの間に株式の割当て等があった場合

---

28 詳しくは国税庁HP質疑応答事例(財産評価)適格現物分配により資産の移転を受けた場合を参照(https://www.nta.go.jp/shiraberu/zeiho-kaishaku/shitsugi/hyoka/07/14.htm)。

29 課税時期が直前期末(配当金交付の基準日)の翌日から配当金の効力発生日の間にある場合は,類似業種比準価額と純資産価額ともに配当落ちの額に修正するとともに,配当期待権の評価を行う必要がある(財基通187・193)。なお,配当還元方式による株式の価額は,配当落ちの修正計算はしないが,配当期待権の評価は必要となることに留意する。

は，類似業種比準価額の修正が必要となる[30]。

⑦ 組織再編の影響

評価対象会社において，課税時期の直前に合併があり，合併の前後で会社実態に変化がある場合，合併後2期間経過後でないと類似業種比準方式は使用できず純資産価額で評価せざるを得ないものと解されている[31]。なお，課税時期の直前に会社分割があった場合についても，実務上は合併と同様に取り扱っているケースが多い。

(2) 純資産価額方式（財基通185～186-3）

純資産価額方式は，評価対象会社の課税時期における資産合計額から負債合計額等を控除した純資産の金額を基準に計算する方法であり，静態的な評価方法であるといえる。純資産価額計算上の各資産，負債の評価方法や資産，負債として取り扱うものと取り扱わないものが財産評価基本通達に定められているので，株価算定にあたっては留意が必要である。具体的な算式は，以下のとおりである。

「A」＝相続税評価額による純資産価額
「B」＝帳簿価額による純資産価額
※ （A－B）（負の場合は0）×38％（千円未満切捨）

---

30 算定式：（類似業種比準価額＋1株当たり払込金額×1株に対する割当株式数）÷（1＋1株に対する割当株式数）
31 合併の前後で会社実態に変化がないと認められるには，①合併の前後で会社規模や主たる業種に変化がない，②合併前後の1株当たりの配当，利益，純資産価額に大きな変化がないこと等が必要と解されているが，これらは事実認定の問題となる。詳細は以下の文献に詳しい。尾崎三郎監修『三訂版　詳説自社株評価Q&A』（清文社，2013年）224～231頁。

＜純資産価額方式における留意点＞
① 発行済株式数（財基通185）
　評価対象会社の発行済株式数は，直前期末ではなく課税時期における発行済株式数であることに留意する。
② 資産の評価上の留意点
(i) 国外所在財産（財基通5-2）
　国外にある財産の評価も，財産評価基本通達の定めで行うが，財産評価基本通達の定めによって評価することができない財産については，通達に定める評価方法に準じて，または売買実例価額，精通者意見価格等を参酌して評価する。
(ii) 外国法人株式
　外国法人（内国法人（国内に本店または主たる事務所を有する法人）以外の法人，すなわち国内に本店または主たる事務所を有しない法人をいう）の株式も国外所在財産に該当するので，財産評価基本通達の定める評価方法に準じて評価することになる。ただし，外国法人株式の評価には類似業種比準方式を適用することができないことから[32]，実務上は純資産価額方式に準じて評価することが多い。その場合に，控除すべき「評価差額に対する法人税額等に相当する金額」は，現地国における清算所得に対する法人税，事業税，道府県民税および市町村民税に相当する税率の合計に相当する割合を用いて計算することができる。
　また，株式取得者が同族関係者グループの議決権割合50％以下に属する場合，純資産価額の80％評価を行うことができる。なお，株式取得者が同族株主以外の株主（いわゆる少数株主）であれば，特例的評価方式による評価を適用できる[33]。
(iii) 評価対象会社が所有する取引相場のない株式（財基通186-3）
　純資産価額の計算上，評価差額に対する法人税等相当額を控除するのは，個

---

[32] 国税庁HP質疑応答事例（財産評価）国外財産の評価－取引相場のない株式の場合(1)（https://www.nta.go.jp/shiraberu/zeiho-kaishaku/shitsugi/hyoka/15/12.htm）。
[33] 尾崎三郎監修『三訂版　詳説自社株評価Q&A』（清文社，2013年）247頁。

人事業者が個々の事業用資産を直接所有している場合と株式の保有を通じて会社の資産を間接的に保有している場合との両者の事業用資産の所有形態を経済的に同一条件のもとに置き換えたうえで評価の均衡を図るためとされている。そのため，評価対象会社が所有する株式発行会社の株式の評価においては，その均衡を考慮する必要はないことから，評価対象会社が所有する取引相場のない株式の評価を純資産価額方式で計算するにあたっては[34]，評価差額に対する法人税等相当額を控除しないことに留意する。

【図6－12】 評価対象会社が所有する非上場株式（純資産価額）の評価

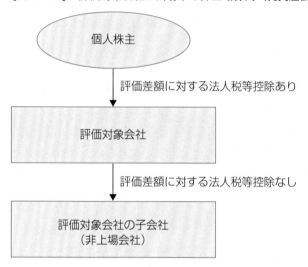

(iv) **課税時期前3年以内に取得した不動産（財基通185）**

　評価対象会社が課税時期前3年以内に取得または新築した土地等・家屋等の価額は，通常の相続税評価額ではなく，課税時期における通常の取引価額に相当する金額によって評価する。なお，これら土地等または家屋等に係る帳簿価額が課税時期における通常の取引価額に相当すると認められる場合には，その

34　併用方式によって評価する際の純資産価額の計算や，株式保有特定会社の株式の「S2」の金額の計算においても本項は適用される。

帳簿価額に相当する金額によって評価することができる。

また，この場合の「取得」には，売買による取得のみならず，交換・買換え・現物出資・合併・会社分割・事業譲受等によって取得する場合も含まれる[35]。そのため，グループ組織再編を活用して不動産を移転するスキームを実行する際には，不動産の評価額の変動による株価への影響については十分留意が必要である。

(v) 繰延税金資産

繰延税金資産は財産的価値を有するものではなく，純資産価額の計算においては，帳簿価額および相続税評価額は計上しない。なお，後述のとおり，繰延税金負債は確実な債務ではないことから，純資産価額計算上の負債には含まれない[36]。

(vi) 同族関係者である被相続人から相当の地代を支払って土地を賃借している場合の借地権の評価

課税時期に被相続人が所有する貸宅地が，相当の地代を収受している場合においては，その貸宅地の価額は，自用地としての価額の20％相当額（借地権の価額）を控除した金額（つまり，自用地価額の80％相当額）により評価される。この場合において，被相続人が同族関係者となっている同族会社にその土地を貸し付けている場合は，被相続人が所有したその同族会社の株式の評価上，上記20％相当の借地権の価額を純資産価額に算入することに留意する[37]。

(vii) ゴルフ会員権（財基通211）

ゴルフ会員権には，ゴルフクラブの規約等により株式の所有を条件に会員になるものや，預託金を支払って会員となるもの等，さまざまなタイプのものがあり，取引相場のあるものとないものに区分される。その評価方法は会員権の

---

35 尾崎三郎監修『三訂版　詳説自社株評価Q&A』（清文社，2013年）264頁。
36 非上場株式評価明細書記載通達第5表2(1)ホ・(3)。
37 国税庁HP法令解釈通達（財産評価個別通達）「相当の地代を収受している貸宅地の評価について」および同法令解釈通達（相続税関係）「相当の地代を支払っている場合等の借地権等についての相続税及び贈与税の取扱いについて」を参照（https://www.nta.go.jp/shiraberu/zeiho-kaishaku/tsutatsu/kobetsu/sozoku/850605/01.htm）。

属性によって異なることに留意する。具体的な評価方法は【図6-13】のとおりである（詳細は財基通211を参照）。

【図6-13】 ゴルフ会員権の評価方法

会員権の属性		評価方法
取引相場あり	取引価格に含まれない返還を受けられる預託金なし	通常の取引価格の70%
	取引価格に含まれない返還を受けられる預託金あり	通常の取引価格の70％＋返還を受けることができる時期に応じて評価した預託金額
取引相場なし	株主会員制	会員権に係る株式の価額
	株主会員制＋預託金あり	会員権に係る株式の価額＋返還を受けることができる時期に応じて評価した預託金額
	預託金制	返還を受けることができる時期に応じて評価した預託金額
プレー権のみ	株式の所有を必要とせず，譲渡できない会員権で返還を受けられる預託金もない	評価しない

(viii) 商法上の匿名組合契約による[38]出資金

評価対象会社が匿名組合方式によるレバレッジド・リース取引[39]を利用して

---

38 商法535条に定められた契約で，当事者の一方（匿名組合員）が相手方（営業者）の営業のために出資をし，その営業から生ずる利益を分配することを約することによって，その効力を生ずるものとされる。匿名組合員の出資は営業者の財産に属し，匿名組合員は営業者の行為につき第三者に対して権利義務を有しない（商法536条）とされている。したがって，匿名組合員の出資した財産はすべて営業者に帰属し，匿名組合員は営業者の財産について何らの持分も有しない。このように，匿名組合は，共同出資による企業形態の一種であって，その特色は，経済的，実質的には共同企業であるが，出資者（匿名組合員）は営業者の背後に隠れ，対外的には営業者の単独企業として現れる点にあるとされている。この制度を利用することによって，出資者からみれば，その社会的地位や法的制限のため，自ら営業者となることを好まず，またはなることができない場合，投資の有利性と秘密性を享受でき，また，営業者からみても，自己の営業として資本関係を秘密にし，その資本を消費貸借によって調達することとした場合における支払利息

いる場合，帳簿上は出資金もしくは未払金が計上されているが，帳簿価額と時価（相続税評価額）には大きな開きがある場合があるため，純資産価額による評価に際しては注意が必要である[40]。

　匿名組合員の有する財産は，利益配当請求権と匿名組合契約終了時における出資金返還請求権が一体となった債権的権利であり，その価額は営業者が匿名組合契約に基づき管理しているすべての財産・債務を対象として，課税時期においてその匿名組合契約が終了したものとした場合に，匿名組合員が分配を受けることができる清算金の額に相当する金額により評価する。すなわち，匿名組合のすべての資産・負債を対象として，純資産価額により評価を行うこととなる。清算金の額を算出するにあたっては，財産評価基本通達の純資産価額方式を準用して評価するが，匿名組合には，法人税が課税されないことから，法人税等相当額を控除できないことに留意する[41]。実務上は，当該リース取引を扱う販売業者を通じて，匿名組合の財産状況を確認することになる。

(ix) **譲渡損益調整勘定**

　譲渡損益調整勘定は，平成22年度税制改正で導入されたグループ法人税制により，完全支配関係にある内国法人間の譲渡損益調整勘定資産[42]の譲渡による損益を繰り延べるために計上される勘定科目である。資産に計上された譲渡損益調整勘定については財産的価値はなく，また，負債として計上されたものは

　の負担を免れ，自由な経営をすることができるというメリットがあるとされている。（平20.6.26裁決，裁決事例集75号594頁）
39　会計上はオペレーティング・リース取引に分類される。
40　なお，類似業種比準方式の計算においては，評価対象会社の匿名組合への出資に係る最終分配金額は，経常的利益として，「1株当たりの年利益金額」に含まれることに留意する（平20.6.26裁決，裁決事例集75号594頁）。
41　国税庁HPに過去に登載されていた質疑応答事例参照（http://www.nta.go.jp/shiraberu/zeiho-kaishaku/shitsugi/hyoka/08/06.htm）。
42　譲渡損益調整資産とは，固定資産，土地（土地の上に存する権利を含み，固定資産に該当するものを除く），有価証券，金銭債権および繰延資産で政令で定めるもの以外のものをいう（法法61の13①）。この譲渡損益調整資産から除かれる政令で定める資産は，①売買目的有価証券，②譲受法人で売買目的有価証券とされる有価証券および③譲渡直前の帳簿価額が1,000万円未満の資産とされる（法令122の14①）。

確実な債務とは言えないことから，純資産価額の計算にあたっては，帳簿価額および相続税評価額はともに計上しないこととなる[43]。

(x) 営業権

相続税基本通達によれば「財産には，法律上の根拠を有しないものであっても経済的価値が認められているもの，例えば，営業権のようなものが含まれること」（相基通11の2-1(2)）と規定されている。そのため，税務上の株価評価においては，有償取得したものか自己創設となるかにかかわらず，営業権の価値を算定することが必要となる。

営業権評価の算定式は，以下のとおり[44]（財基通165）。

$$\text{平均利益金額} \times 0.5 - \text{標準企業者報酬額} - \text{総資産価額} \times 0.05 = \text{超過利益金額}$$

$$\text{超過利益金額} \times \text{営業権の持続年数（原則として10年）に応ずる基準年利率による複利年金現価率} = \text{営業権の価額}$$

なお，非適格株式交換・株式移転に該当する場合，営業権を認識する必要があるかどうかという点について，専門家の間でも見解が分かれていることに留意が必要である[45]。また，認識する場合の評価方法についても，通達等で明記されたものはなく，統一的な見解は存在していない[46]。

43　尾崎三郎監修『三訂版　詳説自社株評価Q&A』（清文社，2013年）311頁。

44　ただし，医師，弁護士等のようにその者の技術，手腕または才能等を主とする事業に係る営業権で，その事業者の死亡と共に消滅するものは，評価しないこととされている（財基通165）。

45　非適格株式交換・株式移転における営業権の認識の必要性について，稲見誠一・佐藤信祐『実務詳解　組織再編・資本等取引の税務Q&A』（中央経済社，2012年）612頁以下では営業権を認識すべきとしている一方，澤田眞史監修『平成24年2月改訂〈Q&A〉企業再編のための合併・分割・株式交換等の実務Ⅰ』（清文社，2012年）1330頁では，時価評価の対象となる営業権は「営業権のうち独立した資産として取引される慣習のあるものに限られる」との見解が示されている。

46　稲見誠一・佐藤信祐『実務詳解　組織再編・資本等取引の税務Q&A』（中央経済社，2012年）613頁。

③ **負債の評価上の留意点**
(i) **負債として扱われないもの（財基通186）**

　帳簿上，負債の部に計上されていても，純資産価額の計算上においては，債務として確定したものではないとの理由から，負債に含まれないものがあることに注意しなければならない。具体的には，以下のものが負債に含まれないことになる。

- 貸倒引当金
- 退職給与引当金（平成14年改正法法附則 8（退職給与引当金に関する経過措置） 2 項および 3 項の適用後の退職給与引当金勘定の金額に相当する金額を除く）
- 納税引当金その他の引当金（平成12年以後において会計上計上されている退職給付引当金を含む）
- 準備金

(ii) **負債として扱われるもの（財基通186）**

　帳簿上，負債の部に計上されていなくとも，課税時期において負債に含まれるものがあることから，純資産価額の計算上負債に含めることに注意しなければならない。具体的には，以下の負債を含めることになる[47]。

- 課税時期の属する事業年度に係る法人税額，消費税額，事業税額，道府県民税額および市町村民税額のうち，その事業年度開始の日から課税時期までの期間に対応する金額（課税時期において未払いのものに限る）
- 課税時期以前に賦課期日のあった固定資産税の税額のうち，課税時期において未払いの金額
- 課税時期において，株主総会等の決議により定めた効力発生日が到来し，確定している剰余金の配当のうち未払の金額
- 被相続人の死亡により，相続人その他の者に支給することが確定した退職手当金，功労金その他これらに準ずる給与の金額（弔慰金等は除く）

47　尾崎三郎監修『三訂版　詳説自社株評価Q&A』（清文社，2013年）310頁。

- 年金方式により支払われる死亡退職金については、課税時期から各支払時期までの期間に応ずる基準年利率による複利現価の額の合計額
- 上記2つの場合において、評価対象会社が生命保険金を受け取る場合は、同金額を生命保険金請求権として資産の部に計上し、死亡退職金を負債に計上し、差益がある場合は、その保険差益について課されることとなる法人税額等について負債に計上する。この場合、この法人税額等はこの保険差益の38％相当額として差し支えない。

④ **評価差額に対する法人税等相当額**

(i) 評価差額に対する法人税等に相当する金額（財基通186-2）

　純資産価額の計算上、課税時期における相続税評価額による純資産価額から、相続税評価額ベースでの資産の含み益（これを「評価差額」という）部分の金額に課税させる法人税等に相当する金額を控除することとなっている。評価差額に対する法人税等相当額の具体的な算式は以下のとおり。

```
評価差額に対する法人税等相当額＝（A－B）×38％※
　A＝課税時期における相続税評価額による純資産価額
　B＝課税時期における帳簿価額による純資産価額
　※　法人税等の割合
```

　算式にある法人税等の割合は財産評価基本通達186-2に明記されているが、この割合は法人税率等の税制改正により比較的頻繁に変更されるので留意が必要である。特に、近年は法人税率の引き下げ傾向にあるため、毎年の税制改正に伴い本通達における法人税等の割合の変更の有無を必ずチェックすることが重要である。

(ii) 現物出資等受入れ差額（財基通186-2）

　評価差額に対する法人税等相当額を計算するにあたり、評価対象会社の資産の中に、現物出資、合併により著しく低い価額で受け入れた資産、株式交換または株式移転により著しく低い価額で受け入れた株式（総称して「現物出資等受入れ資産」という）がある場合には、現物出資、合併、株式交換、株式移転

の時における現物出資等受入れ資産の相続税評価額と現物出資等受入れ資産の帳簿価額との差額（「現物出資等受入れ差額」という）を，帳簿価額に加算する。これにより，現物出資等受入れ差額に対する法人税等相当額の控除はされない。

なお，財産基本通達186-2において，以下の３点については取扱い上の注記がなされている[48]。

(a) 合併の場合において，現物出資等受入れ資産の合併時の相続税評価額で計算した額が，被合併法人の帳簿価額を超えるときは，その被合併法人の帳簿価額をそのまま現物出資等受入れ資産の価額として計算する。

(b) 現物出資等受入れ資産の課税時期の相続税評価額で計算した額が，現物出資，合併，株式交換，株式移転の時の相続税評価額より低い場合には，課税時期の相続税評価額と受入帳簿価額との差額を現物出資等受入れ差額とする。

(c) この取扱いは，処理の簡便性に配慮し，課税時期における総資産価額に占める現物出資等受入れ資産額（相続税評価額で計算した額）の割合が20％以下の場合には適用しない。

5 特例的評価方法

株式取得者が支配株主以外の株主である場合には，その株式の発行会社の規模にかかわらず，特例的評価方法の適用が認められている。特例的評価方法とは，具体的には配当還元方式を指す。

配当還元方式（財基通185～186-3）

配当還元方式は，その株式を所有することによって受け取る１年間の配当金額を，一定の利率（10％）で還元して元本である株式の価額を評価する方法で

---

[48] 尾崎三郎監修『三訂版　詳説自社株評価Q&A』（清文社，2013年）303頁。

ある。具体的な算式は，以下のとおりである。

【図6−14】 配当還元価額の算定式

$$\text{配当還元価額}_{\text{(円未満切捨)}} = \frac{\text{年配当金額}}{10\%} \times \frac{\text{1株当たりの資本金等の額}}{50\text{円}}$$

※ 年配当金額が2円50銭未満となる場合は、2円50銭とする。

＜配当還元方式における留意点＞
① 年配当金額（財基通183・188-2）

類似業種比準方式の配当金額と同様，直前期末以前2年間におけるその会社の剰余金の配当金額（特別配当，記念配当等の名称による配当金額のうち，将来毎期継続することが予想できない金額を除く）の合計額の2分の1に相当する金額を，直前期末における発行済株式数（1株当たりの資本金等の額が50円以外の金額である場合には，直前期末における資本金等の額を50円で除して計算した数によるものとする）で除して計算した金額とする。ただし，その金額が2円50銭未満のものおよび無配のものにあっては2円50銭とする。

② 組織再編による年配当金額への影響

過去に株式交換や株式移転による組織再編を行っている場合，特に完全子会社となる会社の株主数が50人以上の際に，完全親会社側の資本金等の増加額は完全子会社の簿価純資産額に交換による取得割合を乗じた金額となることから，資本金等の額が大きく増加してしまうことがある。その結果，上記で計算した年配当金額が2円50銭を下回ることから，年配当金額の計算上はこれを2円50銭に切り上げるために，配当還元価額が原則的評価額を上回るほどに高い評価になってしまうことがある[49]。

---

49 この現象は，平成18年の会社法施行により生じることとなったもので，それ以前に完全子会社となる会社の株主数が50人以上の株式交換・株式移転を行っている場合，突如として配当還元価額が高騰してしまったという問題が発生している。そのため，配当

この問題が生じた場合の解決策としては，完全子会社が無償の自社株買いを行うことが考えられる[50]。これにより，税務上，完全親会社は完全子会社株式を無償で譲渡したものとして取り扱われるので，その譲渡損は資本金等の減額として処理されることから，完全親会社側の資本金等の額を減少させることができる[51]。

③ 原則的評価額を上回る場合（財基通188-2）

配当還元価額が，原則的評価方式で算出された価額を上回る場合には，原則的評価方式の定めにより計算した金額で評価する。

④ 資本金等の額がマイナスの場合

自社株買いを行った場合，資本金等の額から取得した自己株式に対応する資本金等の額を控除するため，資本金等の額が負の値となるケースがある。

しかし，仮に資本金等の額が負の値となったとしても，その結果算出された株価（1株当たりの資本金等の額を50円とした場合の株価）に，同じ資本金等の額を基とした負の値（1株当たりの資本金等の額の50円に対する倍数）を乗ずることにより約分されるため，結果として適正な評価額が算出されることとなる[52]。よって，特段の調整を行うことなく，配当還元価額を計算すればよい。

⑤ 配当優先株式の評価

配当について優先・劣後のある株式を発行している会社の株式を，①類似業

還元価額算出における「1株当り年配当額が2円50銭未満のものは2円50銭とする」という規定については実務界でも批判は多く，早急な規定の改正を期待したい（税理士法人トーマツ編『第7版 Q&A事業承継をめぐる非上場株式の評価と相続税対策』（清文社，2013年）567頁以下参照）。

50　税理士法人プライスウォーターハウスクーパース編『事業承継・相続対策の法律と税務（四訂版）』（税務研究会出版局，2013年）457頁参照。

51　平成27年度税制改正により，外形標準課税の資本割の課税標準が，「資本金等の額」または「資本金＋資本準備金」のいずれか大きいほうとなった。そのため，無償の自社株買いにより税務上の資本金等の額が大幅に減少しても，会計上の資本金および資本準備金には変化がないことから，外形標準課税の節減にはならないことに留意。

52　国税庁HP　その他法令解釈に関する情報（財産評価）平成18年12月22日　類似業種比準方式の計算の（参考2）を参照（https://www.nta.go.jp/shiraberu/zeiho-kaishaku/joho-zeikaishaku/hyoka/030704/04.pdf）。

種比準方式により評価する場合には，株式の種類ごとにその株式に係る実際の配当金（資本金等の額の減少によるものを除く）によって評価し，②純資産価額方式により評価する場合には，配当金の多寡は評価の要素としていないことから，配当優先の有無にかかわらず，純資産価額方式の定めにより評価する[53]。

また，1株当たり配当金額を評価の要素とする配当還元価額方式においては，株式の種類ごとにその株式に係る実際の配当金によって評価する。

⑥ 無議決権株式の評価

同族株主が無議決権株式を相続または遺贈により取得した場合には，原則として，議決権の有無を考慮せずに評価するが，一定の条件を満たす場合に限り[54]，原則的評価方式により評価した価額から，その価額に5％を乗じて計算した金額を控除した金額により評価するとともに，当該控除した金額を議決権のある株式の価額に加算して申告することを選択することができる。

なお，同族株主に該当するか否かの判定は，持株割合ではなく議決権割合により行うことから，同族株主グループに属する株主であっても，中心的な同族株主以外の株主で議決権割合が5％未満の役員でない株主等は，無議決権株式の所有の多寡にかかわらず同族株主に該当しないこととなるので，その株主等

---

[53] 国税庁HP。その他法令解釈に関する情報（財産評価）平成19年3月9日　配当優先の無議決権株式の評価を参照（http://www.nta.go.jp/shiraberu/zeiho-kaishaku/joho-zeikaishaku/hyoka/070309/01.pdf）。

[54] 以下のすべての条件を満たす場合を指す。

　イ　当該会社の株式について，相続税の法定申告期限までに，遺産分割協議が確定していること。

　ロ　当該相続または遺贈により，当該会社の株式を取得したすべての同族株主から，相続税の法定申告期限までに，当該相続または遺贈により同族株主が取得した無議決権株式の価額について，調整計算前のその株式の評価額からその価額に5％を乗じて計算した金額を控除した金額により評価するとともに，当該控除した金額を当該相続または遺贈により同族株主が取得した当該会社の議決権のある株式の価額に加算して申告することについての届出書が所轄税務署長に提出されていること。

　ハ　当該相続税の申告にあたり，評価明細書に，調整計算の算式に基づく無議決権株式および議決権のある株式の評価額の算定根拠を適宜の様式に記載し，添付していること。

が所有する株式は配当還元方式を適用して評価することに留意する[55]。

---

[55] 国税庁『相続等により取得した種類株式の評価について』（平成19年2月26日付，文書回答事例）を参照。

第2部

基本的な事業承継対策

　株式承継において，株価対策は重要な課題の1つである。しかしながら，単に株価引下げのみを目的とするようなスキームを実行した場合，税務当局により経済合理性のない租税回避行為と認定されてしまうリスクが高い。そのため，経営力強化など事業上の意義が十分ある事業承継スキームを活用することが重要である。
　第2部では，スキーム設計上の一般的な留意点について概観したのち，経営力強化と自社株対策を両立させる基本的な方策について解説していく。

【図表】　事業承継対策の要諦

通常は業績が上がると株価が上昇する ⇒ 事業発展と事業承継の両立が困難に！
業績が拡大しても株価が上昇しにくい体制へ ⇒ 事業発展と事業承継を両立させる！

第7章 事業承継スキーム設計上の留意点

本章では，事業承継スキームの検討に際して留意すべき点について述べる。一般に，事業承継スキームを検討するに際しては，以下の点に留意することが重要である。

1 株主構成

(1) あるべき株主構成の検討

事業承継対策実行後のあるべき株主構成を描くことは，最も重要な検討課題である。

大きくは，同族経営を維持していくのか，あるいは同族経営を脱し所有と経営を分離するのかといった方針を明確にしなければならない。同族経営を維持する場合は，同族関係者内での持株比率について，将来の紛争の火種を極力残さないような構成とすることが重要である。

少数株主といえども，株主にはさまざまな権利がある。たとえば，6か月（これを下回る期間を定款で定めた場合にあっては，その期間）前から引き続き株式を有する株主[1]であれば1株しか保有していない株主であっても，株主代表訴訟（責任追及等の訴え）を提起することができる（会847①）。また，議

決権の100分の３（これを下回る割合を定款で定めた場合にあっては，その割合）以上の議決権を有する株主または発行済株式（自己株式を除く）の100分の３（これを下回る割合を定款で定めた場合にあっては，その割合）以上の数の株式を有する株主は，会計帳簿閲覧権もある。株主構成の検討にあたっては，少数株主の権利にも留意すべきである。

┌─ 改正会社法ワンポイント② ─────────────────────────

責任追及等の訴えの原告適格の拡大

1 組織再編後の旧株主による責任追及等の訴え

　改正会社法では，組織再編の効力前に原因となる事実が生じた取締役等の責任に係る責任追及等の訴えが組織再編の効力発生前に提起されていなくとも，その事実が生じた時点で株主であった者（公開会社の場合，その事実が生じた時点で６か月の継続保有を要する）は，組織再編により対価として交付された株式を保有しているときは，株式交換完全子会社，株式移転完全子会社，吸収合併存続会社に対して，責任追及等の訴えを提起することを請求できるものとされた（会847の２）。

2 特定責任追及訴訟（多重代表訴訟）制度の創設

　特定責任追及訴訟制度とは，最終完全親会社の株主が，子会社の役員等に対して，当該子会社に代わって特定責任追及の訴えを提起することができるというものである（会847の３）。従来の株主代表訴訟制度では，親会社の株主が子会社の取締役等の責任を追及することができなかったが，持株会社制が普及する中，持株会社の株主保護の観点から新設された制度である。

　「特定責任」とは，当該子会社の発起人等（設立時取締役，設立時監査役，役員等もしくは清算人）の責任の原因となった事実が生じた日におい

1　ただし，公開会社でない会社の場合,「６か月前」という要件はなく，単に株主であればよい（会847②）。

て，最終完全親会社等およびその完全子会社等が保有する当該子会社株式の帳簿価額の合計が，最終完全親会社等の総資産額の5分の1を超える場合における当該発起人等の責任をいう（会847の3④）。これは，濫用的な訴訟提起を防止するため，重要性の高い子会社の取締役等の責任に限って，親会社株主による責任追及を認めたものとなっている。

「最終完全親会社等」とは，株式会社の完全親会社等であって，その完全親会社等がないものをいう（会847の3①）。

「完全親会社等」とは，次に掲げる株式会社をいう（会847の3②）。

① 完全親会社（特定の株式会社の発行済株式の全部を有する株式会社その他これと同等のものとして法務省令で定める株式会社をいう（会847の2①）。

② 株式会社の発行済株式の全部を他の株式会社およびその完全子会社等[2]または他の株式会社の完全子会社等が有する場合における当該他の株式会社（完全親会社を除く）

次のいずれかの要件を満たす株主は，当該子会社に対し，役員等の特定責任にかかる責任追及等の訴えの提起を請求することができる（会847の3①）。

① 6か月前[3]から引き続き株式会社の最終完全親会社等の総株主[4]の議決権の100分の1[5]以上の議決権を有する株主

② 最終完全親会社等の発行済株式（自己株式を除く）の100分の1[6]以上の数の株式を有する株主

---

[2] 「完全子会社等」とは，株式会社がその株式または持分の全部を有する法人をいう（会847の3②二）。

[3] これを下回る期間を定款で定めた場合はその期間。なお，公開会社でない最終完全親会社等においては，6か月という継続保有期間の制限はない（会847の3⑥）。

[4] 株主総会において決議をすることができる事項の全部につき議決権を行使することができない株主を除く。

[5] これを下回る割合を定款で定めた場合，その割合。

ただし，特定責任の訴えが，当該株主もしくは第三者の不正な利益を図り，または，当該子会社もしくは最終完全親会社等に損害を加えることを目的とする場合，あるいは，当該特定責任の原因となった事実によって当該最終親会社等に損害が生じていない場合には，特定責任追及の訴えの提訴請求をすることはできない（会847の3①一・二）。

　なお，当該子会社が，特定責任追及の訴えの請求の日から60日以内に特定責任追及の訴えを提起しないときは，当該請求した最終完全親会社等の株主は，自らを原告として，当該子会社のために，特定責任追及の訴えを提起することができる（会847の3⑦）。

(2)　組織再編に伴う株主構成の変化

　事業承継スキームの一環として，株式交換や合併等により組織再編を活用する場合は，交換比率や合併比率等により，現在の株主構成が変化する点に留意が必要である。

　たとえば，【図7－1】のように，各株主が甲社と乙社の株式を保有していたとする。そして，両社を株式交換により，甲社を完全親会社，乙社を完全子会社に再編する場合，甲社と乙社の株価が同じでないために，出来上がりの甲社の株主構成は次男家のほうが多くなってしまうという結果となる。交換比率とは，2つの株式を等価交換するための比率であることから，交換後も各株主が保有する財産価値に変化はないのであるが，交換後は従前のイメージとは異なる株主構成となったり，支配権の移動が起こることもありうることに注意が必要である。

　組織再編により株主構成に変化が生じる場合，株主によっては株価評価の方法が変わるケースもあることにも留意しなければならない。たとえば，同族株主でありながら，特例的評価方法（配当還元価額）を適用できていた者が，組

6　これを下回る割合を定款で定めた場合，その割合。

【図7-1】 株式交換による株主構成の変化

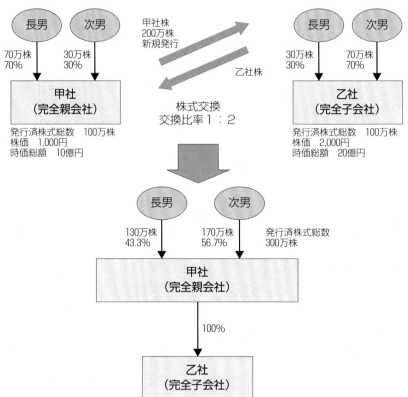

織再編の結果,議決権割合が上昇したことで,原則的評価方法の適用を余儀なくされることもありうる。

このように,株主構成(正確には議決権割合)の変化は,企業の支配権や株価評価に大きな影響を与えることもあるため,事業承継スキームの設計においては,細心の注意が要求される。

2 株　価

(1) 株価への影響

　組織再編の結果として，株式の相続税評価額が下がることは珍しくない。あるいは，相続税対策の一環などとしても，株式評価の低減効果も視野に入れた組織再編を行うこともあろう。いずれにせよ，組織再編により，財務構造や収益構造に変化が生じることから，当然に株式の価値は変化することとなる。したがって，組織再編の態様ごとに，どの程度株価が変化するかを注意深くシミュレーションすることが重要である。特に，グループ会社を有する場合，財産評価基準上の株式保有特定会社に該当するかどうかにより，株価が大きく変化することに留意しなければならない。そのため，たとえば株式保有特定会社に該当しないような資産構成を検討することも重要である。

(2) 株価が変化するタイミング

　株価が変化するタイミングについても注意が必要である。新設会社の場合，「開業後3年未満の会社等」に該当し，3年を経過するまでの間は純資産価額方式で評価されることとなり，類似業種比準価額で評価できない。そのため，設立後，3年を経ないと株価の低減効果が出ない場合もあったり，あるいは再編前よりも株式の評価額が上昇してしまうことにもなりかねない点に留意しなければならない。

　これと似たことだが，評価対象会社に合併があった場合，類似業種の判定基準となる業種の変更があると，2事業年度を経過するまで類似業種比準方式が適用できないと解されており[7]，その間は純資産価額方式で評価することになるため，再編後から2〜3年を経ないと株価の低減効果が現れないこととなる。

　こうしたことから，組織再編を活用したスキームの場合，株価効果を試算す

7　第6章131頁参照。

るには，再編してから3年経過後の株価を試算することが多い。その場合には，組織再編後3年間の企業収益の見通しをどのように想定するかも重要である。類似業種比準方式を使用しようとする場合は，市場株価の変動も考慮し類似業種の株価をよく見極めなければならない[8]。さらに，内部留保の多い海外子会社を保有している場合，為替レートによっても同子会社の株価が大きく変化するため，為替レートの変動についても見極めが必要となる。とはいえ，市場株価や為替レートの将来見通しを確実に言い当てることなどできないため，組織再編後の株価試算にあたっては，多様な要素を組み込んだシナリオを設定して複数の数値をシミュレーションすることになる。

③ 税負担

(1) 法人税関連（グループ法人税制・企業組織再編税制）

スキーム実行に際して，法人税，所得税，贈与税，不動産取得税，登録免許税等，さまざまな課税負担が生じる可能性がある。グループ内の組織再編であれば，グループ法人税制や組織再編税制などを活用して，できるだけ課税が繰延べできるスキームを採用することが一般的である。

ただし，グループ法人税制は，将来完全支配関係が崩れた際には繰り延べられていた課税が一気に発生する可能性があるため注意しなければならない。たとえば，同族以外の役員や従業員持株会[9]へ株式を譲渡して完全支配関係が崩れた時点で，繰り延べられていた損益が税務上実現する。財団法人や一般社団法人へ寄附した場合も同様に完全支配関係が崩れることに留意が必要である[10]。

---

8 類似業種の株価の変動による株価へのインパクトは大きい。たとえば，平成25年中はアベノミクス効果により市場株価がおよそ1.5倍に上昇したのに合わせて，国税庁の公表する業種株価も総じて同程度の上昇を示した。業種株価は，類似業種比準価額のベースとなるものだけにその変動の影響は軽視できない。

9 完全支配関係の判定においては，従業員持株会の保有比率は5％未満であれば除かれる。詳細は第4章82頁参照。

10 財団法人や一般社団法人へ寄附される株式は，無議決権株式が利用されることが多いが，完全支配関係は，議決権数ではなく発行済株式数により判定されるため，無議決

その点，組織再編税制のほうが将来の株主構成の柔軟性を確保しやすい。たとえば，組織再編における同一の者による完全支配関係の継続の判定は，組織再編実行時においてその見込みがあれば足りるのであり，その後の状況の変化により，同一の者による完全支配関係が崩れたとしても問題はないと解される[11]。

(2) 不動産関連（不動産取得税，登録免許税）

不動産の移動が伴うスキームの場合，不動産取得税と所有権移転登記に伴う登録免許税等の税金がかかる点に留意しなければならない。特に，不動産取得税は税率が高いため[12]，移転する不動産の価額が大きい場合，その負担は多額となる可能性がある。ただし，スキームによっては不動産取得税がかからない可能性もある。たとえば，会社分割の一環として不動産が移転する場合，不動産取得税の非課税要件[13]を満たせば，不動産取得税はかからないこととなる。また，合併による場合は無条件に不動産取得税は発生しない。このように，スキームによって税負担は大きく変わる可能性がある。

(3) 個人関連（株式譲渡益課税，贈与税・相続税）

自社株対策の一環として，自社株を譲渡もしくは贈与することも考えられる。原則として，個人が株式を譲渡した場合は，譲渡益に20.315％[14]の課税（申告分離課税）が生じる。ただし，自社に株式を譲渡した場合（会社からみれば自

　　権株式であってもこれら法人に寄附されると完全支配関係が崩れてしまうことに注意しなければならない。
11　もっとも，組織再編実施後の税務調査において，同一の者による完全支配関係が崩れていた場合は，当該組織再編実行時にはその完全支配関係の継続が見込まれていたという証拠書類を残しておくことが肝要である。本論点の詳細は，稲見誠一・佐藤信祐『実務詳解　組織再編・資本等取引の税務Q&A』（中央経済社，2012年）87頁以下参照。
12　不動産取得税の税率は，第4章80頁参照。
13　会社分割における不動産取得税の非課税要件は，第4章80頁参照。
14　原則は所得税15％，住民税5％の合計20％だが，平成25年から平成49年までは復興特別所得税として各年分の基準所得税額の2.1％を所得税と併せて納付することになるため，合計20.315％となる。

社株買い）は，みなし配当による課税（総合課税）が生じ，最大で50％近い税負担になることもあるので留意が必要である[15]。

また，株式を個人に贈与した場合は，受贈者側で贈与税が発生する。受贈時の贈与税の負担については，暦年課税とするか相続時精算課税制度を活用するかによっても大きく変わってくるため，慎重なプランニングが求められる。

自社株対策を行い，一定の株価低減効果が見込めるとした場合，最終的な相続税負担額についてもシミュレーションしておくことが重要である。一連の対策によって，はたして納税資金が確保できるか見通しをつけておくことが必要である。相応に株価が低減したとしても，納税資金を確保する術がなければ，対策としては不十分といえる。

4 資金調達

昨今，メガバンクを中心に金融機関もファイナンスを活用した自社株対策スキームを積極的に提案しているのが実情である。実際に，ファイナンスを活用することで多様かつ効果的なスキーム構築が可能となる。スキームとしては，グループ法人税制や税制適格組織再編を活用することによって，一時的な課税が発生せず，かつ，借入れが必要となっても借入額相当のキャッシュがそのままグループ内にとどまるようなスキームが採用されることが多い[16]。

ただし，自社株買いやMBOのように，株式を買い取るスキームの場合，調達した資金がグループ外（株主）に流出してしまうこととなる。その場合の融資に関しては，基本的には対象会社による収益弁済の実現可能性が審査されることとなろう。この種の資金調達は，10年前後の長期借入金によることが多いが，スキームの設計にあたっては，一定の返済期間の中で借入金を完済するこ

---

15 相続開始後3年以内の自社株買いについては，みなし配当課税は発生しない。詳細は第11章243頁参照。
16 その場合，グループとしての純有利子負債は増加しないこととなる。そのため，金融機関の与信判断上も，通常の融資とは異なり，特別な考慮がなされることが多いようである。

とができるかどうかの精緻なキャッシュフロー・シミュレーションが重要となる。その前提として，スキーム実行後の事業計画の策定はもちろん，場合によっては事業構造の変革も含めた検討が必要となる。

⑤　許認可の取扱い

　組織再編を用いたスキームの場合，事業上必要な許認可の移転にも注意しなければならない。許認可は行政法上定められているものであり，会社法の規定による組織再編とは拠って立つ法律体系が異なる。そのため，たいていの許認可は組織再編により自動的に移転しない。そこで，許認可に関わる行政当局に対し，許認可移転の手続きについて事前に詳細に確認することが肝要である。
　たとえば，建設業関連，酒税関係，運輸関係，医薬品関係，自動車整備関係などの許認可においては，許認可の移転手続きに数か月から1年以上かかるケースもあり，慎重な検討が求められる。

⑥　事業上の意義

　単なる株価対策ではなく事業上の意義のあるスキームであることが重要である。事業上の意義として一般に追求されるものとしては，権限・責任の明確化によるガバナンス体制の強化，グループ内連携の強化，グループ内資源配分の最適化などである。実際に，後継者が社長に就任すると同時に，新社長を支える経営幹部層も刷新するなどして，新たなガバナンス体制を構築するケースは多い。また，グループとしての一体感を醸成し，グループ経営を強化するためのグループ組織再編も合わせて行うことも珍しくない。

第8章

持株会社制移行

近年，中堅企業を中心に最もよく行われている事業承継スキームは，持株会社制移行であろう。持株会社制移行が人気なのは，事業上の意義が大きいほか，結果として株価低減にも寄与するケースが多いためである。

本章では，事業承継対策の一環として，持株会社制を活用する際のポイントについて解説する。

1 事業承継対策としての持株会社制活用の意義

(1) 事業上の意義

持株会社制により，経営と執行を分離することでガバナンス体制を明確化できるほか，非同族役員を社長に据えることもやりやすくなり，社員の士気向上にもつなげることができる。合わせて，持株会社に従業員持株会を設置して，社員の経営参画意識の向上と福利厚生の充実を図ることもある。

グループ会社が複数あり，それぞれに少数株主が存在している場合，あるいはグループ内での株式持合いなど資本関係が複雑になっている場合，持株会社が各社の完全親会社となることで，グループ法人税制やグループ組織再編の活用により，グループ内での経営資源の有効活用がしやすくなる。たとえば，持

株会社をファイナンスカンパニーとするCMS（キャッシュ・マネジメント・システム）を導入することで，グループ内の余剰資金を持株会社に吸い上げてグループ全体の借入金を削減するといったこともやりやすくなる。また，グループが保有する不動産を持株会社に集約させることで，資産管理や投資管理業務を一本化するほか，拠点の統廃合を進めやすくすることを狙うこともある。

後継者が複数おり，主要な事業も複数ある場合は，分社化と合わせて持株会社制に移行するケースもある。この場合，それぞれの会社が自立的に事業を営む一方で，グループとしての一体感の醸成や経営資源の共有も図りやすいといったメリットがある。

(2) 自社株対策としての効果

持株会社制に移行することで，結果的に株価が低減するケースが多い。なぜ株価が下がるかといえば，基本的には持株会社は事業会社と違い，多額の利益を上げる必要がなく，持株会社制移行前と比較すると，利益水準が大幅に下がるためである。ただし，持株会社が株式保有特定会社に該当する場合には，株価低減効果はほとんどないことに留意が必要である。

2　持株会社制移行の背景となるグループ経営における問題点

前述のとおり，持株会社制移行はグループ経営上の問題点を解決するための契機として活用することが期待できる。ここで，一般によく見られるグループ経営上の問題点についてみておく。

(1) グループ指針の欠如

グループ全体で共有すべき経営理念・価値観やビジョン・経営目標などがない場合，グループ各社が自社の都合を最優先に考えて，独自にバラバラな戦略を立ててしまい，結果としてグループとしての総合力が十分に発揮できていな

い。特に，近年は，M&Aによって外部の企業をグループに迎え入れるケースも多くなってきており，シナジー効果を早期に実現するためにも，グループとしての経営方針を共有することは重要である。

(2) ガバナンス不全

グループとして，株主あるいは親会社によるガバナンスが十分に機能していない。たとえば，グループ内で株式を持ち合っている場合，株主からのガバナンスが効きづらい状態となっている。このような場合，グループの中で経営不振の会社があっても，責任の所在が曖昧になりがちである。

また，親子間の資本関係が整理されている場合でも，人的なしがらみでガバナンスが効きづらい場合もある。たとえば，オーナー企業の場合，先代の経営幹部が子会社の社長となっているため，現社長も人的な関係からガバナンスを効かせづらいということもあり得る。

このようにガバナンスが効きづらいグループ体制となっている場合は，持株会社制への移行を機に，あるべき組織体制へと構造改革をしていくことが有効である。

(3) 全体最適が不十分

グループ経営の効率性という観点では，ヒト・モノ・カネといった経営資源の活用がグループ全体で効率的に行われていない。たとえば，グループ内で既に不動産や設備等の固定資産を所有しているにもかかわらず，各社の判断で重複した投資が行われてしまうことがある。また，グループ内の余剰資金を活用していないため，外部からの借入金で賄ってしまい，金利コストを余分に支払っていることは珍しくない。こうした場合，持株会社で経営資源の一元管理を行うことにより，重複投資の回避や資金効率の向上が期待できる。

【図8－1】 一般によく見られるグループ経営上の問題点

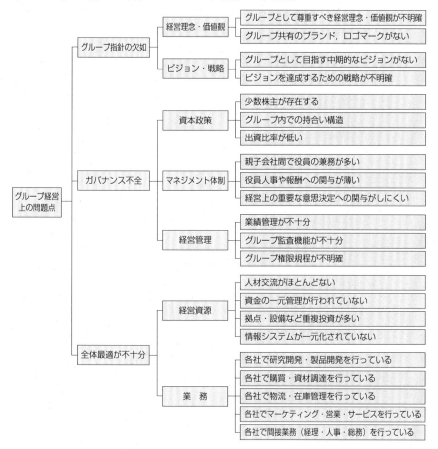

3 持株会社制のメリット・デメリット

(1) メリット

① 経営上の観点

　経営上の観点からは，グループ内で分権化を進めたいのか，集権化を進めたいのかにより，期待されるメリットが分かれる。

分権化を進めるケースの典型は、分社化も同時に行う「分社・持株会社制」への移行である。事業を分社化して独立させることにより、事業ごとの権限と責任が明確となり、親会社への依存体質の解消や意思決定の権限移譲を進めやすくなる。さらに、その結果として、組織の活性化や経営スピードの向上、事業特性に応じた業績管理制度や人事制度導入なども期待できよう。

集権化を進めるケースの典型は、事業上の連携があまり取れていないグループ会社を、持株会社の下に結束させようとするケースである。この場合に期待されるメリットは、グループ経営の効率化、いわばグループ全体最適の追求である。これまでグループ各社が、よく言えば自立的に、悪く言えば好き勝手に経営を行ってきたものを、持株会社がグループの司令塔となることで、グループの全体最適を追求しやすくなる。

全体最適の追求には、グループの経営資源を最適に配分することのほか、より大きな視点で、グループの事業構造そのものを効率化するという2つの観点がある。最適な経営資源の配分とは、ヒト・モノ・カネをグループ内で必要とされる分野に重点的に配分していくことを指す。そのためには、持株会社がグループとして目指すべき姿を明らかにしたビジョンとそれを実現するための戦略を策定し、その方針に基づいてグループの経営資源を配分・投下していくことが必要となる。グループの方向性を決めていく司令塔として持株会社が機能することで、経営資源の最適配分が実現できる。

また、グループの事業構造の効率化とは、グループ内で重複する事業の統合や、間接部門の集約化、戦略的なM&A・アライアンスの推進などが挙げられる。

② 資本政策上の観点

資本政策上の観点では、本書のテーマである事業承継対策のほか、持株会社制移行の過程で、グループ会社間の株式持合いを解消したり、グループ会社の少数株主を整理することも考えられる。

また、持株会社制移行により、税コストを低減する効果を発揮することも期待できる。たとえば、持株会社制移行により、子会社が完全子会社化されるこ

【図8−2】 持株会社制のメリット

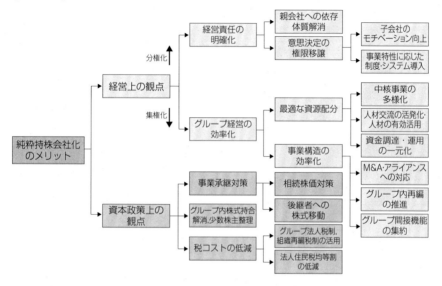

とで，グループ法人税制や企業組織再編税制が使えるようになり，グループ内での資産譲渡や組織再編において課税を繰り延べられるようになる。そうすると，グループ内での経営資源の配分や事業再編がより円滑に行えることになろう。

　さらに，これは特に小売業や外食産業に多いケースであるが，持株会社制移行により，法人住民税の均等割が低減する結果となることもある。法人住民税の均等割とは，事業所の所在地の都道府県および市町村に対して毎年一定額の納税が課せられている地方税であり，その税額は，税務上の資本金等（資本金および資本積立金の合計額）の額または「資本金＋資本準備金」の額のいずれか大きい額と従業員数により決められている。そのため，後述する抜け殻方式により持株会社制に移行する場合，事業を承継する新会社の資本金等の額または「資本金＋資本準備金」の額のいずれか大きい額を小さくすることができれば，一事業所にかかる均等割額が大きく減少することもありうる。たとえば，分社前，資本金等の額が「資本金＋資本準備金」の額よりも大きい額で，その

額が10億円超の会社が，分社後，当該額が10億円以下となると，市町村民税は41万円から16万円へと25万円も減少することとなる（該当する事業所の従業員数が50人以下の場合）。これが，1事業所だけであれば大した効果ではないが，小売業や外食産業など数十店舗や100店舗を超える多店舗展開している企業ともなると，その効果は年間数千万円にものぼることもある。均等割は赤字で

【図8－3】 法人住民税の税率

課税標準		税率			
		資本金等の額※4	道府県民税	市町村民税	
				従業者数	
均等割※1	―	1千万円以下	20,000円	50人以下	50,000円
				50人超	120,000円
		1千万円超〜1億円以下	50,000円	50人以下	130,000円
				50人超	150,000円
		1億円超〜10億円以下	130,000円	50人以下	160,000円
				50人超	400,000円
		10億円超〜50億円以下	540,000円	50人以下	410,000円
				50人超	1,750,000円
		50億円超	800,000円	50人以下	410,000円
				50人超	3,000,000円
法人税割※1・※2	法人税額	―	3.2%	―	9.7%
利子割※3	利子額	―	5.0%	―	

※1 表の数値は標準税率であり，都道府県，市町村によって上表とは異なる税率が適用される場合がある。
※2 2以上の道府県，市町村に事務所または事業所を有する法人は，課税標準である法人税額を従業者の数に基づいて分割し，その分割した法人税額により，道府県・市町村ごとの法人税割額を算定する。
※3 利子割は利子等の支払を受けるときに源泉徴収されるが，申告により道府県民税法人税割額から税額控除される。
※4 平成27年4月1日以降に開始する事業年度においては，資本金等の額が資本金および資本準備金の合計額に満たない場合は，資本金および資本準備金の合計額を税率区分の基準とする。なお，欠損てん補等がある場合，資本金等の額から無償減資・資本準備金の取り崩し額を控除するとともに，無償増資の金額を加算する。

あっても必ず徴収される税金であり，その節税効果は必ずしも無視できない。

(2) デメリット・留意点

「持株会社制に移行したものの，うまくいかない」という声は多い。実際，持株会社制に移行してから数年で持株会社制をやめてしまう例もある。しかし，だからといって持株会社制はうまくいかないものと決め付けてはいけない。重要なことは，持株会社制の設計に際して自社グループにおいてどのようなデメリットが生じうるのかをあらかじめ想定し，そうした事態が生じないよう仕組みや仕掛けを講じておくことである。

① 経営上の観点

持株会社制によるデメリットは，経営上の観点からいえば，分権化もしくは集権化が行き過ぎている場合に生じてくる。特に，これまで1社内で複数の事業を行っていたものを分社化して持株会社制に移行する場合，分社した子会社に大幅に権限を与えることが多いのだが，その際にデメリットが発生しやすいことには注意が必要である。

典型的には，持株会社がグループの司令塔として子会社をきちんと束ねることができず，グループ各社がそれぞれ勝手に経営を行うことで，グループ全体の戦略の方向性が見えなくなってしまうこということがある。そのようなケースでは，グループとしての意識が希薄化していくために，グループの求心力も失われ，ヒト・モノ・カネ・情報といった経営資源がグループで共有されにくくなるといったことも生じやすくなる。そのため，グループ各社がそれぞれの判断で投資を行うようになり，グループ全体として見たときに重複投資が発生したり，逆に本来投資すべき分野に十分な投資が行われなかったりといった事態も発生する。

また，分社することで間接部門の人員が分散し，法務やコンプライアンス対応などが疎かになると，グループ各社で不祥事が発生しやすくなることも考えられる。もっとも，分社後は，各社が自立的に経営を行い，ゆくゆくはIPO（株式上場）やMBOなりでそれぞれがグループから独立していくような姿をイ

メージして分社・持株会社制に移行するのであれば，前述のような事象は必ずしもデメリットとはいえないのだが，そのような目的で分社・持株会社制に移行することは特異なケースであろう。

逆に，グループの一体運営を意図して集権化を強め過ぎた場合には，いちいち持株会社の承認を得ないと物事が進まないといったような持株会社の官僚組織化が典型的な弊害といえるだろう。あるいは，持株会社のスタッフが事業の最前線から乖離することで，事業の目利き力が低下する一方で，強大な投資権限を持つことで，収益性の低い事業投資を乱発して結果的にグループ全体の投資効率を下げてしまうなどというお粗末な事態を引き起こしている例もある。

② 資本政策上の観点

資本政策上の観点からは，持株会社制移行に際して含み益の実現等による税負担が発生したり，相続税法上の株価が高騰してしまうようなケースもある。ただし，これらはスキームを設計する段階であらかじめ試算すればわかる問題であり，通常は想定外のデメリットとはならない。

【図8-4】 持株会社制移行のデメリット

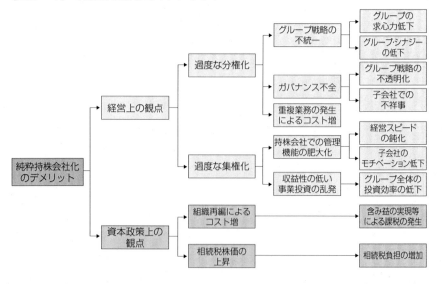

4 持株会社制の検討ステップと着眼点

　一口に持株会社といっても，オーナー家の資産管理会社のようにほとんど事業会社の経営に関与しないものから，グループ全体の戦略立案や資源配分を司るグループ本社のようなものまで，実にさまざまである。そこで，前述のような持株会社制のメリット・デメリットを念頭に置いたうえで，持株会社制移行の狙いを明確にし，持株会社制の中身を設計していくことが必要となる。具体的には，以下のような流れで検討していく。

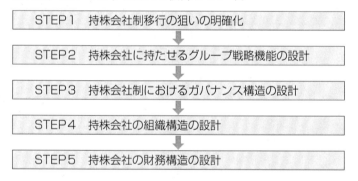

　このように，5つの検討ポイントに留意して網羅的に持株会社制の中身を設計することが重要である。こうした検討なしに，単に形だけ持株会社制に移行し，持株会社では何も行っていないようなケースも散見されるが，事業上の意義が見当たらない場合，株価対策を主目的としたものととらえられ，税務上のリスクを負うことに注意しなければならない。特に最近は，組織再編行為に対する税務当局の目は厳しさを増しており，真に事業上の意義を追求した対策であることが求められる。

【図8−5】 持株会社制設計のフレームワーク

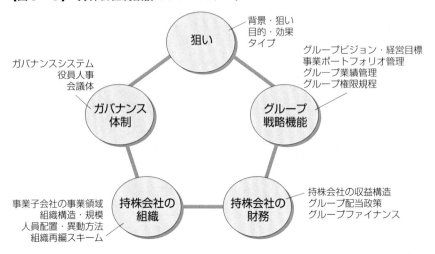

STEP 1　持株会社制移行の狙いを明確にする

　持株会社制移行の目的は，分権化の推進と集権化の推進に大別することができる。それぞれの方向性によって，どのような狙いを謳うことが多いか，またそうした狙いを追求する企業の特徴について以下に述べる。

① 分権化の推進の観点

(i) 各事業の自主性・機動性の向上

　分社化を合わせた持株会社制移行においては，通常，各事業の自主性を高め，機動力を高めることが目的の1つとされる。こうした狙いを追求する企業の特徴としては，複数事業を営んでおり経営スピードが遅い企業や経営者人材を育成したい企業などが典型である。

(ii) 監督と執行の分離による経営責任の明確化

　この点も，通常，分社・持株会社制移行により追求される狙いの1つであり，前述の自主性・機動性の向上と対になるものである。すなわち，各事業の自主性を高め裁量を多く与える代わりに，事業の経営責任を明確化することがセットで行われる。そして，持株会社が監督機能，事業会社が執行機能を担うこと

【図8-6】 持株会社制移行の狙いと企業の特徴

方向性	持株会社制移行の狙い	この狙いを追求する企業の特徴
分権化の推進	✓各事業の自主性・機動性の向上	・複数事業を営んでおり、経営スピードが遅い企業 ・経営者人材を育成したい企業
	✓監督と執行の分離による経営責任の明確化	・部門トップの権限と責任があいまいな企業 ・経営者人材を育成したい企業
	✓各事業の特性に合わせた経営体制の確立	・社内に特性やビジネスモデルが異なる複数の事業を抱える企業
	✓M&Aや新規事業開発の推進	・本業が成熟化しており、成長のために新分野への進出を模索する企業
集権化の推進	✓グループ全体のシナジー追求と企業価値向上	・グループ各社の自立性が高く、共有化すべき機能や経営資源が分散している企業グループ
	✓事業ポートフォリオ管理の推進（成長分野への集中投資による事業構造転換）	・複数事業やエリアに事業展開しており、事業の成長性や収益性にバラつきのある企業
	✓グループ・ガバナンス体制の強化	・グループ内に複数企業があるが、各社の自立性が高く統制が取れていない企業

を明らかにすることで、その実効性が高まることになる。こうした狙いを追求する企業の特徴としては、部門トップの権限と責任が曖昧な企業や経営者人材を育成したい企業などが典型である。

(iii) **各事業の特性に合わせた制度導入や経営スタイルの確立**

分社・持株会社制により、各事業の特性に合わせた制度の導入や経営体制の確立を狙いとする。たとえば、事業ごとに人事制度や給与水準を変えることを目的とすることなどが該当する。こうした狙いを追求する企業の特徴としては、競争環境やビジネスモデルが異なる複数の事業を社内に抱える企業が典型である。

(iv) **M&Aや新規事業開発の推進**

グループの事業構造の転換を図るために、持株会社がさまざまな事業に投資をしていくことが該当する。持株会社は投資家のような立場で、事業運営は各事業子会社に委ねられることが多い。こうした狙いを追求する企業の特徴としては、本業が成熟化しており、成長のために新分野への進出を模索する企業が

【図8-7】 上場企業における持株会社移行の狙い（例）

ヤマトホールディングス
グループ全体の「意思決定・監督機能」とデリバリー事業等の「執行機能」を明確に分離し，分社化することで，経営のスピードを高め，より株主の視点に立った事業評価や**経営資源の配分**を行うなど，グループ体制を強化し，企業価値を向上させることが目的

オンワードホールディングス
①ブランド・ポートフォリオを構築し，オンワードグループとしての**成長戦略の推進**，②監督機能と執行機能の分離を行い，ガバナンス体制を強化すると共に，各事業会社の責任と権限を明確にし，戦略的意思決定の迅速化を図ることが目的

キリンホールディングス
より競争力を持ったダイナミックなグループ経営の実現に向け，純粋持株会社体制に移行することで，**成長分野への大胆な資源配分**，グループ内のシナジー拡大，各事業の自主性・機動性の向上等の実現が目的

シチズンホールディングス
経営体制の確立，変化に対応できる柔軟な経営体制の確立，**ポートフォリオマネジメントに基づく選択と集中**，グループとしてのシナジー効果の追求により，グループの競争力強化と成長促進を図ることが目的

出所：各社の公表資料より作成。

典型である。

② 集権化の推進の観点

(ⅰ) グループ全体のシナジー追求と企業価値向上

　グループ会社間の連携を深め，経営資源を共有化するなどグループ各社のシナジー効果を発揮してグループの企業価値の向上を目指すものである。こうした狙いを追求する企業の特徴としては，グループ各社の自立性が高く，共有化すべき機能や経営資源が分散している企業グループが典型である。

(ⅱ) 事業ポートフォリオ管理の推進

　持株会社がリードして，事業構造の転換により成長戦略を推進していくことを狙いとするものである。複数事業やエリアに事業展開しており，事業の成長性や収益性にバラつきのある企業が，この狙いを追求する企業の典型である。

(ⅲ) グループ・ガバナンス体制の強化

　グループ企業がそれぞれの戦略によりバラバラな方向を向いて経営しているものを，グループとしてのベクトルを合わせて，グループ企業の管理・監督を強化してグループ内の統制を強めることを狙いとするものである。グループ内に複数企業があるが，各社の自立性が高く統制が取れていない企業が，この狙いを追求する企業の典型である。

③　持株会社の経営タイプ

　「持株会社はこうあるべき」といった唯一の決まった形はなく，持株会社制において狙う目的によって，持株会社のタイプも変わってくる。たとえば，子会社への事業関与度の強さと財務的な管理度合いの強さによって，持株会社のタイプを4つに分類することができる。持株会社制の設計にあたっては，その目的と合わせて持株会社のタイプについてもイメージを持っておくと，その後の検討が進めやすくなる。

(ⅰ) リーダー型

　持株会社が積極的に子会社の事業戦略の立案や遂行に関与し，かつ財務上も厳しく管理していくイメージである。このような持株会社タイプを採用するのは，製造部門や販売部門を機能子会社として分社して持株会社制に移行するようなケースが典型である。持株会社は，分社前の本社機能そのものであり，分社した子会社は分社前の1事業部門というイメージである。この場合，子会社は，持株会社が描く戦略に従って，事業における各機能のオペレーションを担うこととなる。

(ⅱ) 投資家型

　事業運営に関しては子会社の経営者に任せてあまり関与しないが，財務的な目標管理は厳しく行うような持株会社のタイプで，いわば投資ファンドのよう

【図8-8】 持株会社の経営タイプ

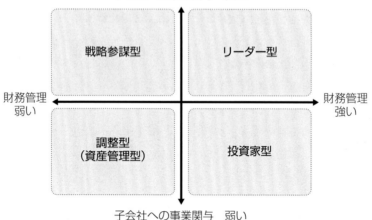

なイメージである。子会社は，毎期設定される経常利益率・額や配当額など，財務面を中心とした目標の達成を求められることとなる。そして，目標の達成度合いが芳しくない経営者は，ドライに交代させられる。こうした持株会社のタイプが採用されるのは，多角化を目指して持株会社が買収を繰り返していくような戦略を取るケースが典型である。持株会社自身に子会社の事業分野に対する知見がない場合に採用されると考えればよい。

(iii) 戦略参謀型

　子会社の事業には積極的に関与するが，財務的な目標管理は厳しく行わない持株会社のイメージである。複数のグループ企業を有する企業集団において，各社の経営陣を尊重して自立的に経営を行わせてきた経緯がある中で，持株会社制移行を契機として，グループ内でのシナジー効果を発揮していこうとするようなケースにおいて典型的に見られるタイプである。グループ各社の経営陣への配慮や遠慮から，財務管理は厳しく行わないことから，ガバナンスとしては緩い統治スタイルといえる。

(iv) 調整型（資産管理型）

　子会社への事業運営には積極的に関与せず，かつ，財務管理も厳しく行わな

いという，いわば資産管理会社的な持株会社である。典型的には，オーナー企業におけるオーナー家の資産管理会社が該当する。持株会社としては，子会社株式と不動産しか保有せず，常勤役員や専任の従業員すらいないという例も珍しくない。このタイプの持株会社においては，持株会社の機能設計は極めて簡素なものとなる。

STEP2　持株会社に持たせるグループ戦略機能の設計

　原則として，持株会社は，中長期的観点からグループビジョン，経営目標の設定・見直しや，M&A，新規事業投資などの実行機能を持つ。中でも，どの事業にグループの経営資源を優先的に投入するかという事業ポートフォリオ管理が重要であり，持株会社は，いわばグループの機関投資家としてグループ企業価値最大化を目指して投資活動を行う。

　そのため，経営資源配分の根拠となる業績評価基準の設定ならびにモニタリング，業績評価を行うことも重要となる。上場している持株会社においては，業績評価基準には株主価値（市場株価）と連動したキャッシュフローベースの評価指標を用いることが望ましい。BSC（バランスト・スコアカード）のような多面的かつ網羅的な業績管理制度が導入されるケースも多い。また，不採算事業については撤退基準を設定することも重要である。

STEP3　持株会社制におけるガバナンス構造の設計

　持株会社制移行を機にグループのガバナンス強化を目的にすることは多く，ガバナンス構造の設計は重要なテーマとなる。持株会社制におけるガバナンスにおいては，持株会社が子会社の経営の「監督」を行い，子会社が経営の「執行」に専念することで，グループ全体のガバナンスを強化するというのが原則である。

① 持株会社制における役員構成のあり方

　ガバナンス強化のポイントは，監督と執行の役割を明確に分担することである。監督者と執行者（プレーヤー）が同一人物では，監督機能はどうしても緩

みがちとなる。そのため，持株会社制においては，グループの役員構成のあり方が重要となる。すなわち，監督と執行責任を明確化するため，持株会社と子会社の取締役は兼務しないことが原則となる。

とはいえ，中堅・中小企業の場合，経営者人材が限られていることも事実であり，持株会社の役員と子会社の役員を完全に兼務させないことは現実的ではなかろう。そこで，持株会社と子会社の役員は，できるだけ兼務しないという原則は念頭に入れつつも，持株会社発足時しばらくは兼務もやむなしとする。そして，時間をかけて子会社の経営を任せられる人材を育成していき，徐々に兼務を解消していく，といったプロセスを経ることが望ましい。オーナー家による「所有と経営の分離」を意識する場合は，オーナー家は持株会社の役員に専念し，プロパー社員が子会社の経営者になる形を目指すことが多い。

また，持株会社の取締役やスタッフが子会社の監査役を兼務することも，持株会社による監督機能を高めるうえで有効である。持株会社の監査役が，子会社の監査役を兼ねることもガバナンス上は問題ない。ただし，会社法上，子会社の取締役が持株会社の監査役を兼務することは認められていないため[1]，注意が必要である。

なお，規模の小さな子会社や取締役を任せられるだけの人材が揃っていないような子会社においては，取締役会を設置しない会社（いわゆる取締役会非設置会社）とすることも可能である。取締役会設置会社の場合は，取締役は3名以上必要であるが，取締役会非設置会社の場合は，取締役は2名以下でも構わない。取締役は社長1名のみとし，幹部社員を執行役員とするアレンジもありうる。取締役会を設置しない場合，会社法上3か月に1回以上の開催が求められている取締役会を行う必要はない代わりに，重要な意思決定は株主総会で行われることとなる。ただし，株主総会といっても，株主は持株会社のみとなるため，機動的な対応が可能である。

---

1 監査役は，株式会社もしくはその子会社の取締役もしくは支配人その他の使用人または当該子会社の会計参与（会計参与が法人であるときは，その職務を行うべき社員）もしくは執行役を兼ねることができない（会社法335②）。

【図8－9】 取締役会設置会社と取締役会非設置会社の比較

	取締役会設置会社	取締役会非設置会社
取締役の員数	3名以上	1名以上
監査役の設置	必要。ただし，非公開会社で会計参与を設置した場合は不要	任意（設置しなくてもよい）
代表取締役の選定	必要	任意（選定しない場合は取締役全員が代表権を持つ）
代表取締役の選定方法	原則として取締役会	定款，定款の定めに基づく取締役の互選，または株主総会
株主総会の権限	法定事項のほか，定款で定めた事項に限り，決議することができる	法定事項のほか，会社の組織・運営・管理その他一切の事項について決議することができる（取締役会がないため，重要な事項は株主総会で決議する）
株主総会の招集時期	公開会社　2週間前まで 非公開会社　1週間前まで	1週間前まで。ただし，定款により短縮可能
株主総会の招集通知の手段 （書面や電磁的方法による議決権行使を認めない場合）	書面	どんな方法でもよい。口頭でも可

コラム　グループビジョンのフレームワーク

　グループとしてのビジョンを掲げていない企業グループが，持株会社制への移行を機に，グループビジョンを策定するケースは多い。その場合，持株会社の経営陣やスタッフだけで策定するのではなく，グループ会社のメンバーも入れたビジョン策定プロジェクトを組成して取り組むことが望ましい。

　P.F.ドラッカーは，「グローバル企業のトップマネジメントにとって最も重要な仕事となるのが，短期と長期のバランスである。同時に，顧客，株主（特に年金基金その他の機関投資家），知識労働者，地域社会など利害関係者間の利害のバランスをとることである。」（P.F.ドラッカー「ネクスト・ソサエティ」9頁（ダイヤモンド社，2002年））と述べているが，これは企業としてのビジョンを策定するうえでの指針となる。すなわち，ビジョンそのものは中長期的なものであり，それを明確にすること，そして，ビジョンでは，顧客，株主，従業員，地域社会などのステークホルダーに対して，どのような価値を提供する存在となるのかを明確にすること，これらこそが経営者の仕事であると解釈することができるのである。

　そこで，グループビジョンの策定においては，下記の【図表】のようなフレームワークで検討するとよい。中心のグループビジョンは，グループが中長期的に

【図表】　グループビジョンのフレームワーク

定性目標	従業員	地域社会・顧客	株　主
定量目標	財務目標	グループビジョン	販売目標
ポートフォリオ戦略	事業ポートフォリオ	投資ルール	組織・人員体制

検討の切り口

> 目指す姿をできるだけ簡潔な表現で表したものを指す。そして，それを実現するための戦略（ポートフォリオ戦略），ステークホルダーへの提供価値（定性目標），結果としての定量目標により，グループビジョンに肉付けしていくとよい。
>
> 　定性目標としては，地域社会・顧客，従業員，株主に対してどのような価値を提供する企業グループを目指すのかを掲げるのがよい。また，定量目標としては，財務的な目標値のほか，販売目標など事業運営上，重要な指標を掲げることも珍しくない。ポートフォリオ戦略とは，グループとして将来的に目指す事業やエリアの構成割合を明示した事業ポートフォリオ，それを実現するための投資計画や組織・人員体制などのグループ経営資源の配分を明らかにしたものを指す。

②　親子会社間のコンフリクト（利益相反）解消のポイント

　持株会社はグループの全体最適を追求する一方，子会社は自社の業績拡大のため部分最適を追求することになる。そのため，持株会社と子会社との間でコンフリクト（利益相反）が発生してしまうことは，持株会社制においては宿命ともいえる。

　その点を踏まえると，持株会社制の本質は，全体最適の指揮・決定権を持株会社が握るという点にあるといっても過言ではない。つまり，持株会社制では，全体最適が優先されるようにガバナンスが機能しなければならない。そのためには，親子会社間のコンフリクトは，親会社の権限で解消できるような仕掛けをしておくことが重要である。

(i)　仕掛けその1：ビジョン，戦略の明確化

　グループとしてどういう方向に進もうとしているのか，どの事業に資源を集中投下していくのかといった方針であるグループビジョンやグループ経営戦略を明確にすること。そうした方針が明確であれば，全体最適を追求する大義名分にもなる。

(ii)　仕掛けその2：権限の明確化

　子会社で意思決定できる範囲を明確にし，部分最適のために全体最適が犠牲にならないようにすること。そのためには，重要な経営資源であるヒト・モ

【図8-10】 持株会社制におけるガバナンス構造イメージ

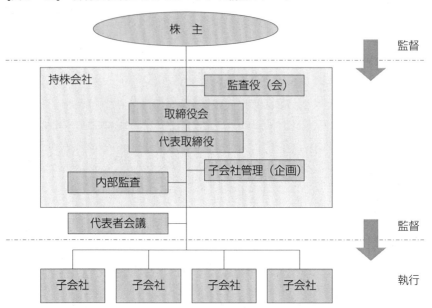

ノ・カネの投資・配分についての意思決定権限は，ある程度持株会社が掌握しなければならない。たとえば，一定額以上の投資，配当政策，役員人事については持株会社がコントロールすることが重要である。

(ⅲ) 仕掛けその3：取締役の構成

持株会社にとって重要な意思決定は，取締役会で行われる。そこで，子会社の取締役を兼務する取締役が，持株会社の取締役会メンバーの過半数に満たないようにしておくことが重要である。特に，子会社の利益代表者である子会社社長が，持株会社の取締役会の過半数を占めることは望ましくない。

もっとも，絶対権力者であるオーナーが存在するオーナー企業であれば，仮に子会社の取締役が過半数を占めたとしても，オーナーの意向に反する決定が取締役会でなされるリスクはさほどないものと思われるが，サラリーマン社長が持株会社のトップとなるようなケースでは，持株会社の役員構成への配慮は重要となる。

また，ガバナンスの実効性をより高めるには，持株会社の取締役に子会社の役員を牽制できるような「番頭格」人材の配置が重要である。仕組みによる支配だけではなく，人的支配も組み合わせることで，ガバナンスの効力はより高まるのである。

STEP 4　持株会社の組織構造の設計

　持株会社の組織は，持株会社と子会社の担うべき機能に基づいて設計される必要があるため，まずは両者の役割・機能を明確に定義することから始めなければならない。

　持株会社が有する組織としては，経営企画，経理・財務，広報・IR，総務，法務，内部監査などが一般的である。また，シェアードサービス機能は別会社化するケースと持株会社内に保有するケースがある。ここでシェアードサービス機能とは，経理・財務，人事，情報システム等，定型的な間接業務を集約的に行うことをさす。

　資材購買，物流，顧客サポートなど複数の事業子会社にまたがったほうが効率的な資源活用となる場合は，機能別子会社として別会社化することもある。その場合，事業子会社は，設計，生産，マーケティング，販売など当該事業の競争優位性を左右するビジネスプロセスに特化し，資源を有効活用できるような組織とすることとなる。

【図8－11】　持株会社と子会社の機能分担（例）

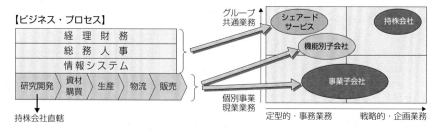

STEP 5　持株会社の財務構造の設計

　純粋持株会社の場合，自らは事業を営まない一方，株主に対してはグループを代表して配当責任を負う。そのため，持株会社は配当可能利益をいかに確保するかが課題となる。そこで，設計にあたっては，【図8－12】にあるように，まずは持株会社で必要な税引後当期利益を設定し，逆算で，税引前当期利益，経常利益，営業利益，売上高を設定していくこととなる。そして，その売上高を構成するための収入モデルを設計していくこととなる。

　持株会社の収入源としては，子会社からの配当金，不動産賃貸収入，子会社への貸付金利息，事務代行手数料，経営指導料などが一般的である。中には，持株会社に商流を通すことで，一定の取引マージンを収受するケースもある。子会社からの配当政策は，配当性向（30～50％程度が多い）や1株当たり配当額をベースに設定するケースが多いが，自社株対策を考慮する場合は，あえて配当を吸い上げないことも珍しくない。

　また，財務バランスの設計においては，特に自社株対策を兼ねる場合は，税務上の株価への影響も考慮して持株会社の資産・負債を設定することとなる。

　持株会社がCMS（Cash Management System）を導入して，グループの資金調達・運用を一元的に行い，金融収支の改善および事務効率の向上を図ることも多い。さらに，持株会社はグループのメインバンクとして，子会社格付けを実施して金利差をつけるなど，資金面からもガバナンスを効かせられる仕組みを構築するケースもある。

【図8−12】 持株会社の収益構造設計の流れ

1	必要配当額の設定	従来の配当額などをもとに設定
2	税引後当期利益の設定	必要配当額などから逆算して設定
3	税引前当期利益・経常利益の設定	税引後当期利益から逆算して設定
4	営業外損益・販売管理費の設定	営業外損益は財務バランスをもとに設定。販売管理費は持株会社の機能や組織構造、人員体制などから設定
5	営業利益・必要売上高の設定	営業外損益・販売管理費から逆算して設定
6	持株会社の収入モデルの設計	必要売上高を満たすよう持株会社の収入構造を設計する

【図8−13】 持株会社のP/Lイメージ

【持株会社の代表的な財源】
- 受取配当金
- 経営指導料
- 商品取引に伴うマージン
- 事務代行手数料
- 不動産賃貸料
- 受取利息　等

持株会社P/Lイメージ

サービス費用 (外注費, 人件費)	受取配当金
維持費用 (人件費, 賃貸費)	
グループ管理費用 (外注費, 人件費)	サービス収入
当期利益 (配当原資)	受取利息

CMS（キャッシュ・マネジメント・システム）とは、持株会社にて必要資金を一括して調達する一方、子会社の余剰資金をすべて持株会社に集約して効率的に資金運用する仕組み

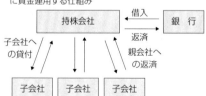

5 持株会社制移行スキーム

　持株会社制に移行するには，基本的に株式移転（株式交換）による方法と会社分割（抜け殻方式）による方法の2つのスキームがある。どちらのスキームを採用するかは，母体となる企業の営む事業内容，許認可の有無，持株会社に保有させたい資産の内容，課税関係，株主への影響等により決まってくる。以下では，スキームを選択するうえでのポイントを整理する。

(1) 株式移転・株式交換スキーム

　株式移転による方法では，既存の会社の親会社として持株会社が新規に設立されることとなる。株式移転スキームを採用するメリットは，事業に許認可がある場合でも許認可の移転手続きが不要であること，また既存の会社の事業運営に大きな影響が生じにくく再編手続きが比較的スピーディーに行えるといった点が挙げられる。

　一方，デメリットとしては，持株会社は空っぽの状態で設立されることとなるため，持株会社に資産・負債を持たせるには別途手続きが必要となる点である。そのため，持株会社に他のグループ会社株式や不動産を持たせたい場合には，現物分配や会社分割等の手法を活用して資産等を移管する手続きを行わなければならない。その際に留意すべきは，不動産移転に伴うコストである。不動産を持株会社に移転する場合には，不動産取得税[2]と所有権移転登記に伴う登録免許税がかかる。不動産の価額によっては，数千万円から1億円を超える税コストがかかることも珍しくない。

　また，外国子会社株式を持株会社に移転する場合，子会社の所在地国におけるキャピタルゲイン課税の有無にも留意しなければならない。たとえば，アジア圏では中国とベトナムにおいて，現地での課税が発生する可能性が高い。特

2　80頁で述べたとおり，会社分割の場合は一定の要件を満たすと不動産取得税は非課税となる。

【図8-14】 持株会社制移行スキーム

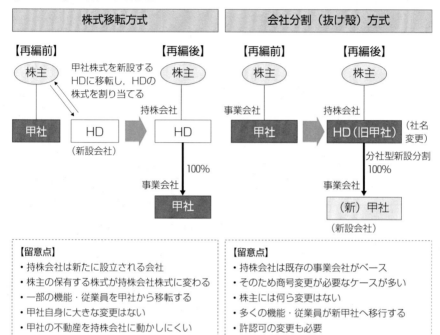

　に，自動車部品メーカー等，中国進出の歴史が古く内部留保も蓄積されている場合，多額の課税が発生する可能性があるため，慎重な検討が必要となる。

　既存の会社が上場企業の場合は，持株会社が上場企業となるため，再び上場審査を受ける必要があり，実務上は手間とコストがかかってしまう。そのため，上場企業が持株会社制に移行する場合は，会社分割（抜け殻）スキームが利用されることが一般的である。

　なお，株式交換を活用ケースは，すでにあるグループ会社を持株会社にするような場合である。この場合は，持株会社は空っぽの会社ではないため，既存の資産等を活用することができるメリットがある。

(2) 会社分割（抜け殻）スキーム

会社分割による方法では，既存の会社から事業を分社して子会社化し，元の会社が持株会社となる。事業の大半を分社してしまい，既存の会社が抜け殻のようになることから，「抜け殻方式」とも呼ばれる。この場合，既存の会社は商号を変更し，新会社が従来の商号を引き継ぐことが多い。

抜け殻方式のメリットは，持株会社は既存の会社がベースとなることから，不動産やグループ会社株式を移転させる必要がない点にある。また，株主にとっては保有する株式には変更がなく，上場企業の場合は再上場手続きは不要である。

一方，デメリットは，事業にかかる許認可がある場合，許認可の移転に時間がかかることがある。また，従業員も新会社に移籍することになるため，社会保険等の変更手続きが必要となる点も留意が必要である。

【図8－15】 株式移転スキームと会社分割スキームの比較

	メリット	デメリット・留意点
株式移転スキーム	✓本件再編による本業への影響は少なく，現場に負荷や混乱を与えるリスクは少ない ✓許認可の移転手続きが不要	✓不動産移転コスト（登録免許税等）がかかる ✓持株会社が株式保有特定会社にならないよう，中長期的な視点も入れた財務バランスの設計が必要 ✓税務上の資本金等の額が増加することにより，法人住民税の負担が増加したり，配当還元価額が高騰するケースがある
会社分割スキーム（抜け殻方式）	✓不動産移転コスト（登録免許税等）がかからない ✓株主が保有する株式に変化はない（いわば会社の名称が変わるだけ）	✓主要事業を新会社へ移管するため，移管手続きに手間がかかる（たとえば，社名変更，口座変更等に伴うお客様や仕入先等への案内等） ✓従業員の転籍等，労働承継手続きが必要 ✓許認可の移転手続きが必要

6 株式交換・株式移転の実務上の留意点

　ここで，持株会社制移行スキームの1つである株式交換・株式移転の実務上の留意点について解説する。なお，もう1つの代表的なスキームである会社分割の実務上の留意点については，第9章にて解説する。

(1) 会社法上の留意点
① 簡易株式交換
　完全親会社は，交付する財産の金額が純資産額の5分の1以下である場合に簡易株式交換に該当し，株主総会決議を省略できる（会796③）。ただし，反対株主が完全親会社の総株式数の6分の1を超えた場合や完全親会社が譲渡制限会社であり譲渡制限株式を割り当てる場合は株主総会を省略できないことに注意。一方，完全子会社には簡易株式交換の制度はない。

　なお，株式移転には簡易組織再編の制度はない。

② 略式株式交換
　親子会社間の株式交換において，親会社が子会社の90％以上の議決権を保有している場合，その子会社が完全親会社になるか完全子会社になるかにかかわらず，子会社側の株主総会決議を省略することができる（会784①）。ただし，①子会社が完全子会社になる場合でその子会社が公開会社であり，その株主に対し譲渡制限株式が交付される場合，または，②子会社が完全親会社となる場合でその子会社が全株式譲渡制限会社であって株式の交付を行う場合には略式株式交換に該当せず，株主総会決議を省略することができない。特に①の場合は，株主総会の特殊決議が必要となる。

　なお，株式移転には略式組織再編の制度はない。

> **改正会社法ワンポイント③**
>
> ### 組織再編等の差止請求の新設
>
> 　改正前の会社法では，略式組織再編において，法令もしくは定款に違反する場合，または対価が著しく不当である場合で，株主が不利益を受けるおそれがあるときは，株主に差止請求が認められていた。
>
> 　改正会社法では，①全部取得条項付種類株式の取得（会171の３），②株式併合（会182の３），③略式・簡易組織再編以外の組織再編（会796の２・805の２）に関しても，法令もしくは定款に違反する場合で，株主が不利益を受けるおそれがあるときに，株主に差止請求が認められた[3]。また，新設された特別支配株主による株式等売渡請求においても，法令に違反する場合，売渡株主への通知・書面備置義務等に違反する場合，対価が著しく不当である場合に差止請求が認められた（会179の７）。

③　反対株主の株式買取請求

　合併，会社分割，株式交換，事業譲渡の場合，反対株主による株式買取請求は，効力発生日の20日前の日から効力発生日前日までの間に，その株式買取請求に係る株式の数を明らかにして行わなければならない。そのため，スケジュール上は株主総会の日程に影響を受けることはない。

　一方，株式移転の場合，株主総会決議の日から２週間以内に株主に対し株式移転をする旨等につき通知または公告が必要であり，反対株主による株式買取請求はこの通知または公告をした日から20日以内にその株式買取請求に係る株式の数を明らかにして行わなければならない。したがって，スケジュールは株主総会の日程に影響を受けることに留意する。

---

[3]　ただし，略式組織再編のように対価が著しく不当であることは差止請求の対象とされていない。また，簡易組織再編には差止めが認められていない。

> **改正会社法ワンポイント④**
>
> **略式組織再編・簡易組織再編等における株式買取請求権の排除**
>
> 　改正会社法では，従来，株式買取請求権が認められていた合併存続会社，吸収分割承継会社，株式交換完全親会社および事業譲渡譲受会社の株主にも，簡易要件を満たす場合，株式買取請求権を認めないこととなった（会469①二・797①但書）。
>
> 　また，略式組織再編および略式事業譲渡における特別支配株主[4]にも，株式買取請求権は認められないこととなった（会785②二括弧書・797②二括弧書・469②二括弧書）。

> **改正会社法ワンポイント⑤**
>
> **株式買取請求の効力発生日の統一**
>
> 　従来，組織再編や事業譲渡等における反対株主による株式買取請求において，買取りの効力が発生する時点は，その買取請求の起因により代金支払時もしくは組織再編の効力発生日とそれぞれ定められていたが，改正会社法では，株式買取請求の効力が発生する時点は，組織再編等の効力発生日（新設合併，新設分割，株式移転においては設立会社の成立日）と統一された。

④　債権者保護手続き

　株式交換・株式移転の場合，債権者の利害に大きな影響を与えるケースは限られるため，原則として債権者保護手続きは不要であるが，以下に該当する場合は債権者保護手続きが必要となる。

4　特別支配会社とは，ある株式会社の総株主の議決権の10分の9（ないしこれを上回る割合を当該株式会社の定款で定めた場合にあっては，その割合）以上を他の会社が有している場合の当該他の会社をいう。100％子会社を通じて合計で10分の9以上を保有している場合も含まれる（会468①，会規136）。

(i) 完全子会社の新株予約権付社債の新株予約権が株式交換・株式移転により完全親会社の新株予約権に転換される場合の完全子会社の新株予約権付社債権者
(ii) 株式交換において交換対価が完全親会社の株式以外の場合の完全親会社の債権者
(iii) 完全子会社の新株予約権付社債を承継する株式交換に該当する場合の完全親会社の債権者
(iv) 株式交換において完全親会社の資本金もしくは資本準備金以外の勘定科目を増加させる場合の完全親会社の債権者

⑤ 子会社による親会社株式の取得

　完全子会社となる会社が自己株式を保有している場合，株式交換により，完全子会社が完全親会社の株式を取得することになる。会社法135条1項によれば，原則として子会社は親会社の株式を取得することは禁止されているが，株式交換により子会社が親会社株式を取得することは例外として認められているため（会135②五），法的には問題ない。ただし，このようにやむなく取得した親会社株式について，子会社は相当の時期にこれを処分しなければならない（会135③）。ここでいう「相当の時期」はどの程度の期間を指すかについて実務上統一的な見解は見当たらないが，「遅滞なく」というほどの迅速さは要求されておらず，できるだけ早い時期に処分することが望ましい。

　子会社が取得した親会社株式の処分方法としては，完全親子会社関係が成立している場合は，現物配当（税務上は現物分配）や会社分割を利用して親会社に取得させる方法が実務上は簡便である。

　なお，株式交換前に完全親会社となる会社が保有している完全子会社となる会社の株式に対しては，完全親会社株式の割当ては行われない（会768①三）。

(2) 税務上の留意点

① 非適格株式交換・株式移転

　非適格株式交換・株式移転に該当する場合，完全子会社の資産を時価評価し，

含み損益の計上が必要となる。ただし，時価評価の対象となる資産は，完全子会社のすべての資産ではなく，固定資産（営業権含む），土地（土地の上に存する権利を含み，棚卸資産の土地を含む），有価証券（売買目的有価証券および償還有価証券を除く），金銭債権および繰延資産（これらのうち，含み損益が資本金等の額の2分の1または1,000万円のいずれか少ない金額に満たないものを除く）に限られていることに留意。

なお，完全支配関係がある法人間の非適格株式交換・株式移転について，非適格株式交換等にかかる完全子法人等の有する資産は時価評価制度の対象から除外されるため，完全子会社の資産の時価評価は不要となる。

また，非適格合併等と異なり，非適格株式交換・株式移転では，みなし配当が生じない[5]ほか，繰越欠損金の引継制限はない。

② **適格株式交換・株式移転のための共同事業要件**

株式交換・株式移転前に当事者間で50％超の資本関係がない場合，適格株式交換・株式移転に該当するには，共同事業要件を満たす必要がある。この場合，完全親会社による株式継続保有要件（完全支配関係継続要件）と完全子会社となる会社の株主による株式継続保有要件の2つをクリアしなければならないことに留意が必要である（ただし，後者は完全子会社の株主数が50人以上であればこの要件は課せられない）。つまり，株式交換・株式移転後に，完全親会社もしくは完全子会社となる会社の株主が，それぞれの対象株式を譲渡する見込みがある場合は適格要件を満たさなくなる。たとえば，完全親会社が上場企業の場合，完全子会社となる会社の株主が割当てを受けた完全親会社の上場株式を売却して現金化することが予定されていると，この要件に抵触してしまうので注意しなければならない。

これら株式継続保有要件が税務上ネックとなることが往々にしてあることから，特に株式交換を実行したい場合は事前に株式譲渡等により50％超の資本関係を構築してから，グループ内再編の一環として株式交換を行うことが安全で

5　法人税法24条1項各号に掲げるみなし配当事由に該当しないため。第4章88頁参照。

ある。

7 自社株対策上の留意点

(1) 株式保有特定会社への該当性

　持株会社制に移行する場合，株式移転スキーム，会社分割スキームのいずれを採用しても，持株会社が財産評価基準における株価算定上の会社区分で「大会社」となることは珍しく，多くの場合「中会社」もしくは「小会社」となる。この場合，株価計算上は，類似業種比準法による株価と時価純資産法による株価との折衷価格を採用する。持株会社は，それ自体が事業を行わないため，従来よりも利益水準が低くなることから，類似業種比準法による株価が低くなることが多く，株価低減効果が生じることになる。

　ところが，財産評価基準における株式保有特定会社に該当する場合の株価計算は，純資産価額方式のみで計算することになるため，基本的に株価低減効果は生じない。そこで，株式保有特定会社に該当させないためには，総資産のうち株式以外の資産を50％超とすることが必要であり，持株会社の財務構造を設計する際には，株式保有特定会社への該当性にも留意する必要がある。たとえば，グループの不動産を持株会社に集約し，一括管理することにより，グループ経営効率化と株価低減効果の両方の効果を狙う，ということも一般によく行われている。

(2) 株価効果発現までの期間

　株価効果が発現するのは，持株会社制移行から3年経過後である。なぜなら，株価計算上，新設会社の場合の株式評価は，設立後3年間は類似業種比準方式を使用できず，純資産価額方式のみが適用されることになるからである。そのため，株式移転スキームの場合の株価効果の発現は，会社を設立してから3年経過後となる。

　また，会社分割スキームも同様に株価効果の十分な発現は3年経過後である。

会社分割により新規設立される子会社の株価は，設立後3年間は純資産価額方式が適用されるほか，分割会社である持株会社は基本的に事業内容が変わるため，合併と同様，2事業年度を経過するまで類似業種比準方式が適用できないと解されているためである[6]。よって，持株会社および子会社双方で類似業種比準価額が適用できるようになる3年経過後が，株価効果発現の時期となる。

---

6 第6章131頁参照。

第9章

分社化

　中堅・中小企業であっても，1つの会社で複数の事業を営んでいる場合は，分社化を考えることも珍しくない。特に，兄弟など後継者が複数存在する場合には，分社化によってそれぞれの後継者が承継する事業を切り分けるということもよくある話だ。ただし，実務上は分社化というのはそれなりに大変な部分も多く，経営面だけでなく，株式の承継という点でも検討すべき課題は多い。ここでは，分社化を考えるうえで留意すべき点について，経営面および事業承継の両面から解説する。

① 分社化の背景と分社単位

　一般に，分社化を検討し始める背景には，企業内での事業特性の違いや事業承継，新規事業開発に対するニーズがある（図9-1）。どのような問題意識があり，分社化によって何を実現したいのかを明確にすることが検討の出発点となる。それによって，分社のスキームや分社後の各社の事業内容，財務バランスや組織設計等のすべてが決まってくるからである。そのため，実務的な検討に着手する企画スタッフや外部専門家は，後述する分社化のメリット・デメリットも踏まえて，まずは現状の問題認識と分社化の狙いを整理することから

始めることが肝要である。

　分社化の検討にあたって，最も重要な課題は，どの単位で会社を分けるかという点である。分社単位としては，製品，市場，事業機能，拠点・組織といった切り口が考えられる。分社によって，各事業の業績が明確になり，また自立的な運営が可能になることから，基本的には，今後伸ばしていきたい事業部門の強化に結び付くように，自社の経営戦略に基づいて分社の単位を決定することになる。

【図9－1】 分社化の背景と分社単位

一般的な分社化検討の背景	
区分	状況・ニーズ
事業特性の違い	事業ごとの収益性が大きく異なる
	事業ごとの収益性が不透明
	事業ごとに市場の競争環境が大きく異なる
	事業ごとに人事制度や給与水準を変えたい
事業承継・経営承継	後継者が複数存在する
	経営者人材が不足している
	高業績のため株価上昇が心配
新規事業開発	立ち上げた新規事業が軌道に乗ってきた
	新たに別ブランド事業を立ち上げたい

分社の切り口	
分社の切り口	会社単位（例）
製品	製品群A
	製品群B
市場	家庭用
	業務用
事業機能	製造
	商品企画・販売
拠点・組織	中部
	関東

2 分社化のメリット・デメリット

分社化のメリットとデメリットについて、経営上の観点と資本政策上の観点から整理すると【図9－2】・【図9－3】のようになる。

(1) メリット

経営上の観点に挙げている「組織の活性化」、「経営管理の高度化」、「柔軟な事業の展開」、「リスクマネジメント」はいずれも分社化のニーズとしてはポピュラーなものである。特に、会社を分けることによって、事業別の採算性を明確化するとともに、分社した会社の経営者に大幅に権限を委譲することで、経営スピードの向上や従業員のモチベーションアップを図るというのが最も基本的な分社化のニーズといえる。

また、資本政策上の観点では、分社化によって、後継者ごとに事業を承継しやすくなることや、相続税株価が大きく引き下がるケースもある。

いずれにせよ、分社化によって何を実現したいのか、その目的を明確に定め

【図9－2】 分社化のメリット

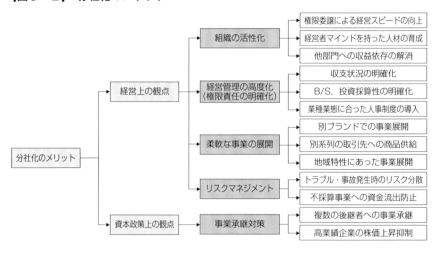

【図9－3】 分社化のデメリット

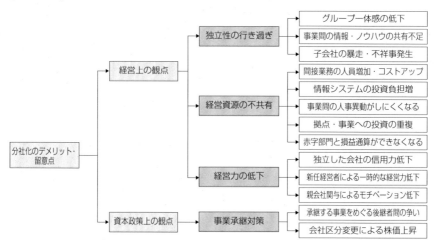

ることが重要である。実際問題として，分社化にあたっては，これまで1つの会社で共有していた有形・無形の財産を分けなければならない。そのため，分社化の協議の中では事業部門間で利害が対立し，検討が暗礁に乗り上げてしまうような場面も出てくる。そうした際でも，何のための分社化なのか，何を重視するのかといった分社化にあたっての軸が明確になっていれば，大局的な判断を見失わずに済む。

(2) デメリット・留意点

分社化のデメリットとしては，大きく言えば，会社を分けることで事業間の連携が取りにくくなり，経営面で不効率が生じるおそれがあるということである。また事業承継の面では，分社した会社の業績に格差が大きい場合は，承継する事業に対する不満が出て後継者間での争いに発展することなども考えられる。

ただし，こうした分社化のデメリットは，予め想定することが可能であり，懸念される事項に対しては計画的に対策を講じることで，ある程度問題の発生を防ぐことはできる【図9－4】。よって，分社化にあたっては，検討段階で

各社の担当者を交えた綿密なプランニングが重要となる。

【図9－4】 分社化のデメリット・留意点に対する対応（例）

分社化のデメリット・留意点		対応例
独立性の行き過ぎ	グループ一体感の低下	経営理念・ビジョンの共有，人材交流
	事業間の情報・ノウハウの共有不足	会議体の設定，共同開発など共同プロジェクト
	子会社の暴走・不祥事発生	親会社・監査役等による管理
経営資源の不共有	間接業務の人員増加・コストアップ	1つの会社での間接業務の集中処理
	情報システムの投資負担増	同一システムの利用・導入
	事業間の人事異動がしにくくなる	出向による計画的な人材交流
	拠点・事業への投資の重複	情報の共有化による投資管理の一元化
	赤字部門と損益通算ができなくなる	繰越欠損金の活用，連結納税制度の導入
経営力の低下	独立した会社の信用力低下	グループ会社による保証，資本上のつながり
	新任経営者による一時的な経営力低下	経営者・役員教育の実施
	親会社関与によるモチベーション低下	権限規程の明確化と規程どおりの運用
事業承継対策	承継する事業をめぐる後継者間の争い	事前の承継する事業についての明確化
	会社区分変更による株価上昇	分社前の緻密な株価シミュレーション

③ 分社化のパターン

　実務上，分社化においては，会社分割スキームを使うことが一般的である。会社分割には，【図9－5】に示すとおり，4つのパターンがある。分社と同時に新会社を設立する「新設分割」と既存の会社に事業を吸収させる「吸収分割」の2種類に加え，現行の会社の兄弟会社とする「分割型分割」と現行の会社の子会社とする「分社型分割」の2種類があり，それぞれの組み合わせにより4つのパターンに分けることができる。

　事業承継対策として，兄弟で事業を承継させたい場合には，基本的には分割型分割を活用することとなる。株価対策も視野に入れる場合は，高収益事業を分社型分割によって子会社化することが多い。また，分社後に株主構成を変化

させることを意図する場合は，一旦，分社型分割によって子会社化したうえで，その子会社株式を後継者が買い取るといったスキームを取ることも考えられる。どのスキームを採用するかによっても税負担が異なることもあり，スキームの検討にあたっては，多角的な検討が必要となる。

【図9−5】 会社分割の4つのパターン

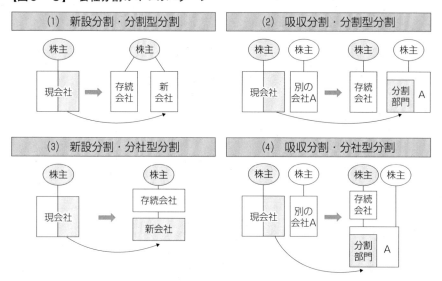

4 会社分割における実務上の留意点

会社分割にあたって実務上検討すべき事項は，【図9−6】に示したように，会社法，税務，会計，独占禁止法，金融商品取引法，人事・労務，事業面など，非常に多岐にわたる。以下で，実務上特に留意すべき主なポイントについて解説を加える。

【図9-6】 会社分割における実務上の検討事項（例）

切り口	No	主な検討事項
会社法	1	分割に合わせて定款の変更が必要となるか？
	2	分割の対価をどうするか？
	3	簡易分割に該当するか？（分割会社側の株主総会決議を省略できるか？）
	4	略式分割に該当するか？（承継会社側の株主総会決議を省略できるか？）
	5	分割会社・承継会社双方の株主総会において，特別決議を得られるか？
	6	債権者保護手続き（官報公告＋個別通知）を省略することができるか？
	7	主要な債権者（大口取引先，金融機関等）の同意を得ることができるか？
	8	労働承継法に従い，同意の取付けが必要となる従業員はいるか？（出向か転籍か？）
	9	効力発生日をいつにするか？
税務	10	税制適格分割に該当するか？（課税の繰延べが可能か？）
	11	税制非適格分割に該当する場合，株主に対するみなし配当課税はどの程度になるか？
	12	税制非適格分割に該当する場合，分割会社における譲渡益課税はどの程度になるか？
	13	不動産が移転する場合，登録免許税の支払を考慮しているか？
	14	合理的に分割比率を設定しているか？
	15	分割会社の繰越欠損金の引継ぎが可能か？
会計	16	企業結合タイプはどれか？（取得か共通支配下の取引か）
	17	承継会社における純資産の部の引継ぎをどうするか？
	18	抱合株式の消滅差損益，のれんはどの程度発生するか？
	19	債権債務の相殺により純資産が増減するか？
	20	連結財務諸表上，どのような影響があるか？
独占禁止法	21	公正取引委員会への事前相談および事前届出は必要ないか？
	22	企業結合審査の対象となるか？
金融商品取引法 証券取引所	23	金商法上の「重要事実の公表」に該当するか？
	24	証券取引所ルールの「不適当な合併等」に該当しないか？
	25	証券取引所への適時開示および証券保管振替機構への通知が必要か？
	26	地方財務局へ臨時報告書（有価証券報告書提出会社の場合）の提出が必要か？
	27	有価証券通知書または有価証券届出書の提出が必要か？
	28	地方財務局へ大量保有報告書の提出が必要か？
人事・労務	29	雇用保険，健康保険，企業年金等の引継ぎに支障がないか？
	30	分割後の役員人事をどうするか？
	31	分割後の組織をどうするか？
	32	分割後の人事制度をどう統一するか？
事業	33	どのようなシナジー効果が期待できるか？
	34	分社する事業単位をどうするか？
	35	分割対象とする資産・負債をどうするか？
	36	分割する「事業」が債務超過ではないか？（移転する資産・負債のバランスがうまくとれるか？）
	37	分割対象となる資産に根抵当権等が設定されていないか？
	38	分割後も「債務履行の見込み」があるか？（双方の会社でキャッシュフローが確保できるか？）
	39	分割により承継会社の株主構成がどのように変化するか？
	40	分割後の資金の流れ，業務の流れに支障がないか？
	41	許認可の移転は可能か？ 移転手続きはどの程度の時間が必要か？
	42	取引先との契約上，「支配権移転条項」が盛り込まれているものはないか？

(1) 会社法上の留意点
① 分割対象物

　旧商法では、分割対象は「有機的一体となった営業」であることが求められていたが、会社法では「事業に関して有する権利義務の全部または一部」となり事業性の要件が不要となった。そのため、事業用資産の一部のみの分割（たとえば、特定の不動産や株式等）も認められるものと考えられ[1]、分割対象物の選択は企業側の裁量が大きく認められている。分割対象物の明細は分割計画書等に記載され、株主総会での承認を受ける必要がある。

　事業承継対策上は、株価への影響も考慮して、分割対象とする資産・負債を設定することも重要である。たとえば、不動産、関係会社株式、借入金を分割対象資産とするかどうかはよく議論になるところである。

　また、分割型分割の場合、承継対象資産・負債の差額、つまり純資産相当額が、分割会社の純資産の減少となる一方、承継会社の純資産の増加となる。そのため、兄弟会社化して後継者がそれぞれの会社の株式を保有するような資本関係に再構築する場合、分割前後によって、対象会社の純資産が大きく変動する可能性があり、その結果、株価も大きく変動する可能性がある点には留意が必要である。

改正会社法ワンポイント⑥

分割型分割における準備金計上の不要化

　改正前は、分割型分割においては、剰余金の配当について分配可能額による財源規制はないが、配当により減少する剰余金の額に10分の1を乗じた額を資本準備金または利益準備金に計上しなければならない規定（会445④）を除外する旨は明確ではなく、分割型分割であっても一定額を準備金に計上しなければならないものと解されていた[2]。改正会社法では、

1　相澤哲・葉玉匡美・郡谷大輔編著『論点解説　新・会社法　千問の道標』（商事法務、2006年）668～669頁。

財源規制の適用除外と平仄を合わせて，分割型分割では剰余金の配当に際して準備金の計上を要しないこととされた（会812①）。

② 簡易分割

分割会社および承継会社ともに，簡易分割に該当する場合は，株主総会決議を省略することができる。分割会社は，分割する資産の帳簿価額が分割会社の総資産の5分の1以下である場合に簡易分割に該当する。承継会社は，交付する財産の金額が，純資産額の5分の1以下である場合に簡易分割に該当する。ただし，反対株主が承継会社の総株式数の6分の1を超えた場合や承継会社が譲渡制限会社であり譲渡制限株式を割り当てる場合は株主総会を省略できないことに注意が必要である。

③ 略式分割

親子会社間の吸収分割において，親会社が子会社の90％以上の議決権を保有している場合，子会社側の株主総会決議を省略することができる。ただし，子会社が承継会社の場合で，子会社が譲渡制限会社で譲渡制限株式を交付する場合は株主総会を省略できないことに注意。ただし，完全子会社が完全親会社に無対価で資産等を分割する場合は，完全子会社側での株主総会決議は省略できる。

④ 債権者保護手続きの省略

分割会社が重畳的に債務を引き受けて，分割会社の株主に剰余金の配当等を行わない（旧商法でいう物的分割，税法でいう分社型分割に該当する）場合は，承継会社に債権が承継される「承継債権者」には特段の不利益がないと考えられるため，分割会社における債権者保護手続きを省略することができる[3]。

---

2 齋藤隆行『プロ必携平成26年改正会社法逐条完全解説』（早稲田経営出版，2014年）276頁。

3 会社法では人的分割を株式等を対価とする物的分割において当該対価を剰余金の配当等で分配する場合と整理し（会758八等），分割計画等に剰余金の配当等の定めがある場合にはすべての債権者に対して債権者保護手続きが必要と規定している（会789①二等）。無対価での会社分割は，剰余金の配当等がなく人的分割の定義に当てはまらない

また，物的分割において，分割会社に対して引き続き債権を有する「残存債権者」は，分割会社に対して債務の履行を請求することができるため，そもそも債権者保護手続きの対象となっていない。

　一方，人的分割における残存債権者および物的分割における承継会社側の債権者に対する債権者保護手続きは，これら債権者に不利益となる可能性があるため省略することはできない。

> **改正会社法ワンポイント⑦**
>
> **分割会社に知れていない債権者の保護**
>
> 　改正会社法では，分割会社に知れていない債権者も，分割会社および承継会社に対して財産の価額を限度として債務の履行を請求することができることとされた（会759②③・764②③）。

> **改正会社法ワンポイント⑧**
>
> **詐害的な会社分割における債権者保護**
>
> 　近時の詐害的会社分割の影響により，改正会社法では，残存債権者による直接請求制度が新設された。これは，分割会社が残存債権者を害することを知って会社分割をした場合[4]，残存債権者は承継会社に対して，承継した財産の価額[5]を限度として，当該債務の履行を請求する[6]ことができるというものである（会759④・764④）。ただし，吸収分割承継会社が吸収分割の効力発生時に残存債権者を害すべき事実を知らなかった場合[7]，残存債権者は債務の履行を請求することはできない。

ことから，物的分割と同様の法的規律で，残存債権者に対しては債権者保護手続きが不要と解される（大江橋法律事務所編『実務解説平成26年会社法改正』（商事法務，2014年）171頁，金子登志雄『親子兄弟会社の組織再編の実務（第2版）』（中央経済社，2014年）203頁）。

(2) 税務上の留意点
① 繰越欠損金の引継ぎ

　会社分割においては合併類似適格分割型分割に該当しない場合には、繰越欠損金を引き継ぐことはできない。合併類似適格分割型分割とは、以下のすべてに該当する適格分割型分割をいう。

（ⅰ）分割会社の分割前に営む主要な事業が承継会社において分割後も引き続き営まれることが見込まれること

（ⅱ）分割会社の分割直前に有する資産・負債の全部が承継会社に移転すること

（ⅲ）分割会社を分割後直ちに解散することが分割の日までに分割会社の株主総会等において決議されていること

　また、一定の場合に、承継会社の繰越欠損金についても利用制限[8]が生じるため、注意が必要である。

② 法人住民税（均等割）と事業税（資本割）

　会社分割により、承継会社の資本金等（資本金および資本積立金の合算）の額が大きく増加することに伴い、法人住民税の均等割と事業税の資本割の負担

4　分割会社が残存債権者を害することを知って会社分割をしたかどうかの立証責任は残存債権者が負うものと解される。分割会社が自らの資産・負債の状況を知らないということは考えにくいため、債務超過である事案や会社分割により債務超過となるような事案においては比較的立証は容易と思われる（大江橋法律事務所編『実務解説平成26年会社法改正』（商事法務、2014年）177頁）。

5　財産の価額から債務の価額を差し引いた残額ではなく、当該財産自体の価額を意味すると解される（大江橋法律事務所編『実務解説平成26年会社法改正』（商事法務、2014年）175頁）。

6　この請求は、裁判上の手続きによらず、承継会社に対して履行を請求すれば足りる。

7　吸収分割承継会社が残存債権者を害することを知らなかったかどうかは、吸収分割承継会社側に立証責任があると解される（大江橋法律事務所編『実務解説平成26年会社法改正』（商事法務、2014年）179頁）。

8　承継会社の繰越欠損金の利用が制限される要件：繰越欠損金を有する承継会社と特定資本関係会社との間で適格分割が行われ、かつ、その特定資本関係がその承継会社の分割の日の属する事業年度開始の日の5年前の日以後に生じている場合において、この適格分割がみなし共同事業要件に該当しない場合に、承継会社の繰越欠損金の利用が制限される。

が増加するケースがある。そのため，会社分割のスキーム検討にあたっては，税務上の資本金等の増加の税務上の影響を試算しておくことが重要である。

　161頁でも触れたが，小売流通業や外食産業など多店舗展開している会社の場合，分社化によって法人住民税の均等割の負担が大きく減少するケースもありうる。

③ 不動産取得税・登録免許税

　会社分割により承継会社が不動産を取得した場合は不動産取得税が課せられるが，一定の要件[9]を満たした場合は不動産取得税が非課税となる。また，不動産の所有権移転に伴う登録免許税もかかる。これらの税額は合計で固定資産税評価額の5〜6％にも及ぶため[10]，合わせて数千万円から1億円以上となることも珍しくない。そのため，スキーム検討段階で税務上の影響を試算しておくことが重要である。

(3) 事業上の留意点

① 許認可

　事業運営上，必要な許認可がある場合，その取得に要する期間や取得手続きについては事前に監督官庁へ具体的に確認しておくことが重要である。分割効力発生日と同時に，承継会社に許認可が付与されないと事業上重大な支障が生じることから，そのようなことが起こらないように慎重なプランニングが必要となる。許認可の申請から取得まで時間を要する場合は，事前に分割準備会社を設立し，許認可申請を先行して行うことが一般的である。

② 財産の移転手続き

　会社分割は合併と同じく，権利義務の承継は包括承継とされ，個別の財産や権利義務につき個別の移転行為を要しない。ただし，権利の移転について第三者への対抗要件の具備を要するものについては，対抗力を備えるための手続きが必要であることに留意しなければならない。たとえば，不動産については所

9　不動産取得税の非課税要件は，第4章80頁参照。
10　不動産取得税および登録免許税の税率は，第4章80〜81頁参照。

有権移転登記が必要であるし，動産については引渡しが必要となる。資産ごとの第三者対抗要件の具備については，法的には【図9－7】に記載したような手続きが必要となる。ただし，売掛金については，内容証明郵便による確定日付のある通知まで行うと取引先に対して大げさな印象を与えてしまうことから，実務上は書面での通知のみで対応するケースもある。

【図9－7】 財産移転に伴う第三者への対抗要件

承継する財産	財産移転に伴う第三者への対抗要件
売掛金	債務者に対しては債権譲渡の通知で対抗できるが，第三者へ対抗するには分割会社の確定日付による債権譲渡通知もしくは得意先の確定日付による承諾が必要。日付は譲渡日以後であることが必要。具体的には，公証人役場で確定日付をとるか，内容証明郵便により確定日付のある通知を行う
受取手形	分割会社から承継会社へ裏書譲渡することで足りる
動 産	会社分割により所有権は移転するが，第三者に対抗するには譲渡日に引渡しが必要（民法178）。現金，無記名証券，製品，仕掛品，貯蔵品，機械装置などの動産とみなされる財産についても同様に引渡しが必要
不動産	会社分割により所有権は移転するが，第三者に対抗するには個別に所有権移転登記が必要（民法177）。不動産についている抵当権，地上権についても移転登記が必要。根抵当権については元本確定前に債務引受が行われた場合，債務者の変更登記が必要。なお，工場財団を組成している工場建屋は，工場財団移転登記手続きも併せて必要となる
知的財産権	特許権など登録により移転の効力を生じる知的財産権については，承継会社において移転手続きとして登録が必要

③ 契約上の地位の移転

契約上の地位の移転については，会社分割の場合は包括承継により自動的に引き継がれるため，基本的には契約の更改は必要ない。ただし，契約書上，会社分割による契約移転行為自体が契約解除権または損害賠償請求権を付与するとの条項が盛り込まれている場合は，契約相手方に対して事前に会社分割を計

画していることを伝え，契約の承継手続きについて確認しておくことが必要となる。

④　グループ会社間取引価格

　これまでは社内の部門間の収益費用の付替え処理で済んでいたものが，分社後は取引関係が生じることとなる。たとえば，社内の事業別収支の把握のために行われていた本社経費の配賦は，分社後はリアルな業務委託料の授受に変わる。

　実務上厄介なのは，製造部門と販売部門を分社化するようなケースである。その場合は，製造会社と販売会社との間で製品売買が行われることとなり，適正な売買価格の設定を製品ごとに行う必要が生じる。そのため，製造会社では適正な製造原価計算を行わなければならない。きちんとした原価計算制度がない場合，分社に合わせて制度を導入しなければならず，分社にあたっての業務負荷が増大することも考慮が必要となる。

5　労働契約承継手続きに関する留意点

　会社分割では労働契約承継法に基づき，分割対象事業に主として従事している労働者に関して，分割前後で労働条件が維持されることを前提として，労働者の同意を得ずに当然に労働契約を承継させることができる。これは個別に労働者の同意を取ることが必要とされている事業譲渡とは大きな違いである。ただし，労働契約承継法では一連の労働者保護手続きが制定されており，その手続きを実施していない場合，会社分割の瑕疵として分割無効の原因となる可能性もあるため，注意が必要である。

(1)　労働契約承継法の趣旨

　労働契約は，会社分割に際し包括的に承継される権利義務の一部とされるため，移籍に関し個々の労働者の同意は必要ないものとされている。また，承継される労働者の範囲は，分割計画書（または分割契約書。以下「分割計画書

等」）に記載されることにより，強制的に決定される。このため，会社の意思だけで労働者の帰属が決められてしまうことから，労働者の権利保護を目的として，会社分割法制とともに平成13年より施行されている。

(2) 労働者のタイプと転籍の関係

　労働契約承継法によれば，分割対象事業に主として従事しているか否か，分割計画書等に記載されているか否かにより，当然に労働契約が承継されるかどうかが定められている。

　分割対象事業に主として従事しており，分割計画書等に承継されることが記載されている場合，その労働者は当然に承継会社に承継されることとなり，異議を申し出る権利も与えられない。一方，分割対象事業に主として従事しているが，分割計画書等に承継されることが記載されていない場合，その労働者は承継会社に承継されないことを意味しているが，異議を申し出た場合は承継会社に承継されることになる。

　分割対象事業に従として従事しており，分割計画書等に承継されることが記載されている場合，その労働者は承継会社に承継されることを意味しているが，異議を申し出た場合は承継会社に承継されないことになる。一方，分割対象事業に従として従事しており，分割計画書等に承継することが記載されていない場合，当然に承継会社に承継されないこととなり，異議を申し出る権利も与えられない。

　なお，分割対象事業に全く従事していない労働者については，分割計画書等

分割対象事業の従事	分割計画書等への記載	労働契約の取り扱い	異議を申し出た場合
主として従事	記載されている	承継する	－
	記載されていない	承継しない	承継する
従として従事	記載されている	承継する	承継しない
	記載されていない	承継しない	－
全く従事していない	記載されている	個別同意が必要	－
	記載されていない	承継しない	－

に記載されたとしても，当然には承継されず，民法625条に基づく個別の同意が必要とされる。

(3) 労働条件の承継

労働契約承継法が適用されるに際して，労働契約は包括的に承継されるため労働条件はそのまま維持されることが原則となっている。そのため，分割後に給与水準の引下げなど労働条件を悪化させることを前提として会社分割を行う場合は，労働契約承継法は適用されず，労働契約の承継にあたっては，労働組合および労働者の同意が必要となることに留意が必要である。なお，労働条件維持の一環として，年次有給休暇の日数，退職金額等の算定，永年勤続表彰資格等に係る勤続年数は通算される。また，社宅の貸与制度，社内住宅融資制度等の福利厚生は，労働協約や就業規則に規定され制度化されているものは労働条件として維持されることが原則である。

(4) 労働契約承継法における手続き

STEP 1 　分割会社における労働者全体の理解と協力

分割会社において，労働者の理解と協力を得るように努めることが求められている。具体的には，労働者の過半数で組織する労働組合がある場合はその労働組合，そうした労働組合がない場合は労働者の過半数を代表する者との協議が必要である。この協議は次に説明する分割対象事業の労働者に対する個別協議の開始までに行われなければならない。

分割会社は，最低限次のような事項について労働者に説明をし，理解と協力を得るよう努めなければならない。ただし，本協議によって労働者の理解と協力が得られなかった場合でも，経営陣が妥当だと判断した会社分割の実行が必ずしも妨げられるわけではない。

① 会社の分割を行う背景および理由
② 効力発生日以後における分割会社および承継会社の債務の履行に関する事項

③ 労働者が承継される事業に主として従事しているか否かの判断基準
④ 労働協約の承継に関する事項
⑤ 分割にあたり労働組合あるいは労働者との間に生じた労働関係上の問題を解決するための手段

STEP 2　個別の労働者に対する事前協議

　分割対象事業に従事している労働者に対して，分割会社は次のような事項について個別に協議をすることが必要である。この事前協議は，分割承認の株主総会の2週間前の日の前日，株主総会が不要な場合は分割契約が締結された日（新設分割の場合は分割計画書が作成された日）から起算して2週間を経過する日（以下「通知期限日」）までに行われなければならない。

　この協議をまったく行わなかった場合，会社の分割無効の原因となりうるとされるため，留意が必要である。なお，協議の程度は，通常の人事異動における説明と同程度でよいものと解釈されている。これは会社分割においては労働者の個別の同意までとる必要はないためである。

① 分割後，その労働者が勤務することとなる会社の概要
② その労働者の労働契約が承継されるか否か（その労働者が主として分割対象事業に従事しているか否かの考え方を十分に説明し，本人の希望を聴取することが必要）
③ 労働契約が承継される場合，あるいは承継されない場合にその労働者が従事することを予定する業務内容，就業場所その他の就業形態

STEP 3　労働者・労働組合への通知

　分割会社は，分割対象事業に主として従事している労働者および分割対象事業に従として従事する者で分割契約書に労働契約が承継される記載がある労働者に対して，通知期限日までに，次のような事項について通知をしなければならない。

① その労働者の労働契約が承継会社に承継される旨の分割計画書等におけ

る記載の有無
② その労働者が分割対象事業に主として従事しているか，従として従事しているが労働契約が承継会社に承継されると記載されている者か否か
③ 分割会社から承継会社に承継される事業の概要
④ 分割後の分割会社および承継会社の名称，住所，事業内容および雇用を予定している労働者の数
⑤ 分割の効力発生日
⑥ 効力発生日以後，分割会社または承継会社においてその労働者に予定されている業務内容，就業場所その他の就業形態
⑦ 分割後の分割会社および承継会社のそれぞれがその負担すべき債務の履行の見込みに関する事項
⑧ 異議の申し出ができる労働者に対しては，異議の申し出を行うことができる旨，異議の申し出を受理する部門の名称および所在地または担当者の氏名，職名および勤務場所，異議申出期限日（分割承認の株主総会が必要な場合は，通知期限日から株主総会の前日までの間で分割会社が定める日。株主総会が不要な場合は分割の効力発生日の前日までの間で分割会社が定める日）

また，分割会社と労働協約を締結している労働組合に対しても，通知期限日までに，次の事項を通知しなければならない。
⑨ 労働協約を承継会社が承継する旨の記載が分割計画書等に記載があるか否か
⑩ 分割会社から承継会社に承継される事業の概要
⑪ 分割の効力発生日
⑫ 効力発生日以後の分割会社および承継会社の名称，住所，事業内容および雇用を予定している労働者の数
⑬ 分割後の分割会社および承継会社のそれぞれがその負担すべき債務の履行の見込みに関する事項
⑭ 承継会社に承継される労働者の範囲（範囲の明示によってはその労働者

の氏名が明らかとならない場合にはその労働者氏名）
⑮　承継会社が承継する労働協約の内容

STEP 4　労働契約の承継に対する労働者の異議申し出

　上記の通知がなされた日から異議申出期限日までの間（少なくとも13日間）に，分割計画書等において，分割対象事業に主として従事しているにもかかわらず労働契約が承継されないことになっている労働者，および分割対象事業に従として従事しており労働契約が承継されることになっている労働者は異議を申し出ることができる。これらの労働者が異議を申し出た場合，当然に前者の労働者は労働契約が承継され，後者の労働者は承継されないことになる。会社は，労働者が異議を申し出たことを理由として解雇その他不利益な取扱いをしてはならないとされているので留意が必要である。

6　自社株対策上の留意点

　ここでは，分社型分割により承継会社を子会社化する場合と，分割型分割により承継会社を兄弟会社化する場合に分けて留意点を述べる。

(1)　分社型分割により子会社化する場合

　分社型分割における会計上の動きの特徴は，分割会社の純資産の部には変動がないことである。分割会社から資産・負債が承継会社に分割されるが，その差額相当額が「子会社株式」として分割会社の資産に計上されるため，結果として分割会社の純資産の部には変動がないのである。
　それでも，分社型分割により，税務上の株価算定ルールに則って，税務上の株価が大きく変動する可能性がある。たとえば，大会社区分に該当し，類似業種比準価額で高株価となっている会社を分社型分割により高収益事業を子会社化することで，分割会社の類似業種価額が大きく引き下がるというのが典型的なケースである。

ただし，このスキームで株価が低減するには，①分割会社が株式保有特定会社に該当しないこと，②分割会社の会社区分をできるだけ大きくすることの2つがポイントとなる。

分割会社が株式保有特定会社に該当しないためには，株式以外の資産をできるだけ保有することが重要である。そのため，分割会社に不動産を集約して保有させることが多いが，不動産だけで足りない場合は，その他の資産についても事業上の必要性などの合理的な理由のもとに分割会社に集約できないかを検討することとなる。

また，分割会社の会社区分を大きくするには，分割会社の売上高と従業員数をできるだけ残しておくことが必要となる。一方で，高収益部分を承継会社に承継させたほうが株価効果は高まるため，この点はトレードオフの関係にあり，設計上の妙が要求される。

なお，株主は分社後も分割会社の株式をそのまま保有することになるため，経営承継上は会社を分けても，株式承継上は同じ会社の株式を保有することとなる。そのため，分割会社と承継会社の株式もそれぞれの後継者で分けて保有したい場合には，分社後に株式の売買・贈与が必要となる点に留意が必要である。

【図9－8】 分社型分割における財務バランスの変化

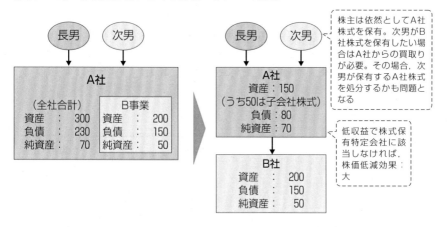

(2) 分割型分割により兄弟会社化する場合

　分割型分割における会計上の動きの特徴は，分社型分割とは異なり承継会社株式が分割会社の資産に計上されることはなく，結果として，分割する資産・負債の差額に相当する額が，分割会社の純資産から減少することとなる（図9-9）。そのため，分割会社は，基本的に株式保有特定会社には該当せず，純資産も減少することから，高収益部門を分離した場合には大幅に株価が下がる可能性が高い。

　一方，高収益部門を引き継ぐ承継会社は，それなりの純資産を引き継ぐ一方で利益水準も高いことから，株価は高いものになりがちである。そのため，兄弟会社のように分社化して，兄弟で事業承継する場合，現実問題として，株式の承継に際しては多額の税金がかかるなど，悩ましい問題に直面することが多い。

　そこで，税務上の株価へのインパクトを十分考慮して，承継する資産・負債を切り分けることも重要な検討課題となる。たとえば，承継会社が新設の場合，開業後3年未満の会社に該当する間は純資産価額が適用されるため，承継会社の純資産をなるべく厚くしないように分社すれば，株価が低くなり株式の譲渡や贈与を行いやすくなる[11]。

11　もちろん，租税回避行為と認定されないように当該会社分割の事業上の意義等の合理的な理由を明確に説明できるようにしなければならない。

【図9-9】 分割型分割における財務バランスの変化

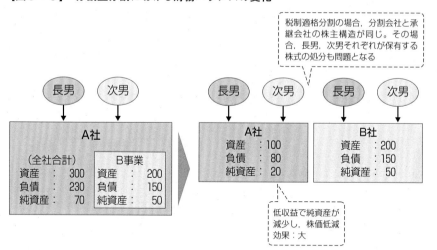

第10章

持株会の活用

　持株会というと上場企業や上場を目指す企業のものというイメージが強いが，近年，事業承継対策として非上場企業であっても積極的に活用を模索する企業も増えている。そこでここでは，特に非上場企業において持株会を検討・活用する際に押えておくべきポイントを中心に解説していく。

1 持株会のメリット・デメリット

(1) 会社にとってのメリット

① 相続対策や少数株主からの株式の買取りとしての受け皿

　非上場企業の場合，持株会を活用した相続対策や少数株主からの株式の買取りの受け皿とするために持株会を設置することが最も多い理由である。自社株買いは，みなし配当により株主への課税負担が重い点や実行に際して株主総会が必要な点などから，株式を買い取る方法としては使いにくい面がある。しかも，売り手株主が同族関係者の場合には，株価が原則として純資産価額によって評価されるため，会社の買取金額が多額になって負担が大きい点も自社株買いが使いにくい理由の1つである。その点，持株会への譲渡の場合には，みなし配当は発生しないほか，株主総会も不要な上，同族関係者から持株会が買い

取る価格も配当還元価額でよいなど、少数株主からの株式の買取りが容易でその受け皿として活用しやすい。
② 安定株主の確保
　通常、持株会は自社の役員や従業員等の会社関係者が会員となって組成されるため、会社に対しては友好的な株主となる。その意味で、持株会の設置は安定株主を確保することにつながる。
③ 会員の福利厚生の一助となる
　一般に株式の配当率は、銀行の定期預金の利率に比べれば運用利回りは良い。安定的な配当がある前提でいえば、利回りの良い社内預金のように福利厚生施策の1つといえる。
④ 会員の経営参画意識が高まる
　会員は、毎期の事業報告書を通じて会社の経営状態を知ることができるほか、株主総会の議案に対して特別の指示を与える権利と機会も持つことから、経営参画意識が高まるといったメリットがある。

(2) 会社にとってのデメリット・留意点
① 会員数を維持していく努力が必要
　非上場企業の場合、株式の流動性が乏しいため、会員がメリットを感じられるような手立てを講ずることにより、一定の会員数を確保できるよう継続的な努力が必要となる。具体的には、魅力ある配当率や奨励金の付与による経済的メリットを享受できるようにすることが一般的である。
② 会員に議決権の行使について意見を表明する機会を与える必要がある
　持株会の運用上の留意点ということになるが、会員が株主総会での議決権の行使について理事長に対して特別の指示ができるよう、株主総会の議題を周知する等の措置を講ずる必要がある点に留意が必要である。

(3) 会員にとってのメリット
① 財産形成の一助となる
　安定的な配当がある場合，一般的には銀行預金と比して，かなり有利な資産運用が可能となる。奨励金の付与を行う場合も多く，相応の経済的メリットを享受できる。
② 会社の経営状態を知ることができる
　持株会に加入することによって，自分の勤める会社の株主の立場になる。したがって，従業員の立場では通常見ることのできない毎期の事業報告書を通じて会社の経営状態を知ることができる。
③ 議決権行使についての意見表明により経営に参画することができる
　会員は，株主総会の議案を確認し，議決権の行使について，自らの意見を表明することができる。自らの意見は，理事長を通じ，議決権の不統一行使により，株主総会での決議に反映される可能性もある。こうした点から，会員は自らが経営に参画していることを実感することができる。

(4) 会員にとってのデメリット・留意点
① 入会時にまとまった資金負担が生じる
　非上場企業の場合，株式を市場から買い付けることができないため，月々の積立てではなく，株式の供給があったつど，臨時的に会員を募集し，入会時にまとまった金額を拠出するケースが多い。なぜ月々の積立てではなく臨時拠出が多いかというと，積立ての場合はいつ株式が供給されるかわからないため，株式供給までの間，積立資金の管理・運用を行う必要があり，持株会側にとっては事務負担が大きくなるからである。臨時拠出の場合，会員1人当たりの拠出金額が過度に大きくならないように，会員にとって魅力ある持株会制度となるように設計して，入会希望者を増やしていくことが望ましい。
② 会社倒産時に株式の財産価値を失う
　会員の立場からすると，自分の勤める会社が倒産した場合，給与収入だけでなく，持株会に信託している金融資産まで失うことになり，会員の被る金銭的

なダメージはより大きくなる。これらのリスクについても、会員募集時には十分に説明する必要がある。

【図10－1】　持株会のメリット・デメリット

	会社側	従業員（会員）側
メリット	・オーナー家の相続対策や少数株主からの株式買取りの受け皿として活用できる ・持株会に一定割合の株式を保有してもらうことで安定株主の確保につながる ・安定的な配当などにより従業員への福利厚生の一助となる ・毎期の事業報告などを通じて会員の経営参画意識の向上につながる	・配当や奨励金等により銀行預金などよりも有利な財産形成が可能となる ・毎期の事業報告等を通じて会社の経営状態について知ることができる ・議決権の行使について意見を述べ、経営に参画することができる
デメリット・留意点	・配当や奨励金等により一定の会員数を維持できるよう継続的な努力が必要 ・会員の議決権の行使について意見表明できるよう株主総会の議題の周知をする必要がある	・入会時にまとまった資金負担が生じる ・会社が倒産した場合、株式の財産価値を失うこととなる

2 持株会の設計上の留意点

非上場企業における持株会の設計に際して,特に留意すべきポイントについて解説する。

【図10－2】 持株会の設計上の主な検討事項

```
1  設立する持株会の種類 （従業員持株会,役員持株会,取引先持株会等）
2  持株会の法的性格 （民法上の組合が主流）
3  持株会が保有する株式数,株式の種類 （普通株式,種類株式),議決権比
   率
4  持株会の目的 （福利厚生,経営参画等）
5  持株会への入会資格,対象者の範囲 （従業員の範囲,会社の範囲等）
6  持株会の運営方式 （理事長への管理信託,理事長の選任方法,理事会の運
   営等）
7  取引価格ルール,株価の算定方式
8  配当金の取扱い （再配当,現金分配）
9  株式購入資金の調達方法
10 奨励金の有無と程度
11 株式の供給方法 （株式譲渡,第三者割当増資）
12 退会時の処理方法
13 事務体制,事務委託内容,各種書式・法定書類の作成
14 税務処理 等
```

(1) 持株会の種類

持株会とは,従業員や役員,取引先等の会員が,会社の株式の取得を目的として運営される組織である。一般に,持株会には以下の4つの類型がある[1]。

① 従業員持株会

会社および子会社の従業員が,当該会社の株式取得を目的として運営す

---

1 日本証券業協会「持株制度に関するガイドライン」1頁。

る組織をいう。
② 役員持株会
会社および子会社の役員が，当該会社の株式取得を目的として運営する組織をいう。
③ 拡大従業員持株会（グループ従業員持株会）
非上場会社の従業員が，自社と密接な関係を有する上場会社の株式取得を目的として運営する組織。また，同一銘柄の株式を取得対象株式とする拡大従業員持株会を設立することができる二以上の会社の従業員が共同して一の拡大従業員持株会（グループ従業員持株会）を設立することもできる。
④ 取引先持株会
会社の取引関係者が，当該会社の株式取得を目的として運営する組織をいう。

なお，日本証券業協会の「持株制度に関するガイドライン」（以下「持株制度ガイドライン」という）によれば，従業員持株会は，実施会社1社につき1組織とするとされているが，非上場企業の場合，必ずしも同ガイドラインにすべて準拠しなければならないというわけではなく，1社に複数の従業員持株会を設立することも法律上問題はない。

(2) 持株会の法的性格

組織の法的性格としては，持株制度ガイドラインでも規定されているように，民法667条1項に基づく民法上の組合とすることが一般的である[2]。民法上の組

---

2 民法上の組合以外の組織形態としては，「任意団体」や「法人格のない社団」というケースもある。前者の場合，法人格を持たず，税務上は個人に課税されることとなり，会員は配当控除を受けることができる。個々の会員と信託銀行との間で信託契約を結び株式の購入・管理を行う。後者の場合，法人格は持たないが，社会的に1つの社団とみなされる。税務上は法人とみなされ，法人税が課税される。会員の配当は雑所得となり，配当控除は受けられない。なお，取引先持株会は，証券取引法が金融商品取引法に改正された平成18年6月以前は，証券取引法上のみなし有価証券の規制の対象外とするために，法人格のない社団として設計されていたが，金融商品取引法においては「集団投資

合の場合，法人格を持たず，税務上は直接個人に課税されることとなり，会員は確定申告をすれば配当控除を受けることもできる。

(3) 持株会の目的

　従業員持株会における目的としては，持株制度ガイドラインでは，「従業員持株会は，実施会社及び実施会社の子会社等の従業員による取得対象株式の取得，保有の促進により，従業員の福利厚生の増進及び経営への参加意識の向上を図ることを目的とする」[3]と規定されている。非上場企業の従業員持株会の場合も基本的には同じだが，持株制度導入の目的は，あくまでも会社の利益ひいては株主の利益となることが適法性の根拠であり，安定株主の確保という目的は，法律的には二次的ないし隠れた目的でしかない[4]。

　なお，役員持株会の場合は，「福利厚生の増進」といった目的はなく，経営者意識の向上が主たる目的となる。

(4) 会員の範囲

　会員の範囲をどのようにするかというのは重要な検討課題となる。持株会に保有してもらいたい株式数と会員1人当たりの拠出金額等を考慮して必要な会員数を想定し，入会率なども踏まえて会員資格を定めることが肝要である。

　また，会員には子会社等[5]の従業員や役員等も含むことができるが，本章③

　スキーム持分」の適用除外として取引先持株会も規定されたため，現在では民法上の組合とすることも問題ないと思われる。太田洋監修『新しい持株会設立・運営の実務』（商事法務，2011年）175頁参照。
3　「持株制度に関するガイドライン」4頁。
4　新谷勝『新しい従業員持株制度』（税務経理協会，2008年）10頁。
5　持株制度ガイドラインの定義によれば，子会社等とは，金融商品取引法第2条に規定する定義に関する内閣府令6条3項各号に掲げる当該他の会社をいう。具体的には，以下のとおり。
　① 会社が他の会社の総株主等の議決権の100分の50を超える議決権を保有する場合における当該他の会社（次号において「被支配会社」という）
　② 被支配会社が他の会社の総株主等の議決権の100分の50を超える議決権を保有する場合における当該他の会社

(1)にて後述する金融商品取引法(以下「金商法」という)上の開示規制等に該当しないように,会員とすることができるグループ会社の範囲には注意が必要である。

① 従業員

　従業員持株会の会員は,持株制度実施会社および当該実施会社の子会社等の従業員に限られる。臨時従業員や派遣従業員等は規約により参加の可否を定めることができるが,従業員の長期的な福利厚生という持株会の目的を勘案すると,除外したほうがよいと考えられる。

② 役員

　役員は,会社法上の忠実義務(会355)や自己取引の制限(会356)に違反するおそれがあるため,従業員持株会の会員からは除外されることが一般的である。

　持株制度ガイドライン(2頁)によれば,役員とは,「取締役,会計参与,監査役若しくは執行役又はこれらの者と同等以上の支配力を有するものと認められる者(相談役,顧問その他いかなる名称を有する者であるかを問わない。)をいう」とされる。

　また,執行役員に関しては,持株制度ガイドライン(5頁)によれば,「取締役又は執行役を兼任していない執行役員については,規約の定めにより,従業員持株会の会員資格を認めることができる」とされている。一方,執行役員は会社法上は「役員」ではなく重要な使用人と位置付けられているが,金商法上は役員の定義は必ずしも会社法とは同様ではなく,執行役員が役員持株会に加入できることとしても,金商法の規制には抵触しないものと解されている[6]。

　よって,相談役や顧問といった肩書の役員待遇の者,監査役や執行役員まで役員持株会の会員に含めるかどうかは,実施会社の実情に応じて規定すればよい。

---

　③ 前号に掲げる会社が他の会社の総株主等の議決権の100分の50を超える議決権を保有する場合における当該他の会社

6　太田洋監修『新しい持株会設立・運営の実務』(商事法務,2011年)153頁。

③ 取引先

　持株制度ガイドライン（15頁）によれば，取引先持株会の会員は，「実施会社の取引関係者（当該会社の指定する当該会社と取引関係にある者をいう。法人か個人かを問わない。）に限るもの」とされる。ここで取引関係者といえるためには，ある程度の継続的取引関係が必要であると考えられる[7]。なお，取引先持株会の実施会社が純粋持株会社である場合，子会社において取引関係があれば，ここでいう取引関係者に該当するものと思われるが[8]，どの程度の支配関係のある子会社との取引関係まで認められるかは，慎重な検討が必要となる。

(5) 入退会の手続き

　持株会への入会は，規約の定めにより，随時または一定の期間を設けて受け付けることができる。非上場企業の場合，株式は日常的に流通していないため，随時入会ではなく，募集時期のみ可能とすることが一般的である。

　退会については，退職した場合や死亡した場合など，会員資格を喪失した場合に自動的に退会となることが一般的である。これにより，会員の相続等による分散を防ぐことができる。また，理事長へ退会の申し出を行った場合には，いつでも退会が可能とすることが原則である。

(6) 退会時の価格・会員間の流通価格

　非上場企業の持株会においては，一般に会員の退会時における株主持分の精算については，制度の安定的な運営を考えると，会員の株式取得価格をもって買戻価格とすることが望ましい。そもそも非上場企業の持株会は，一般の株式投資のようなキャピタルゲイン（売買益）を得ることを目的としたものではなく，配当益（インカムゲイン）を目的としたものであり，そのため株式取得によるリスクを負担しない内容の貯蓄型の持株制度であるといえる[9]。

7　太田洋監修『新しい持株会設立・運営の実務』（商事法務，2011年）172頁。
8　太田洋監修『新しい持株会設立・運営の実務』（商事法務，2011年）43頁。
9　新谷勝『新しい従業員持株制度』（税務経理協会，2008年）235頁。

非上場企業の従業員持株制度において，従業員が退職時に，会社または持株会に対して取得価額と同額で保有する株式を売り渡すことを強制する契約を締結している例は珍しくないが，そうした契約が有効か否か裁判で争われた例は多い[10]。学説上は，従業員持株制度が従業員福祉の制度である以上，株式保有期間の留保利益をまったく反映しない売買価格の定めの有効性には疑問がないではないとする見解[11]や，こうした約定が合理的であるというためには，従業員がキャピタルゲインを事前に放棄することを正当化するだけの理由を必要とするという見解[12]など慎重な意見が多いが，多くの裁判ではこうした売渡強制契約の効力は有効とされている。裁判例は，従業員の事前の了解，制度維持の必要性のほか，比較的高率の剰余金の配当が従業員福祉に寄与したこと，株式の時価算定の困難性等を理由にその売買価格の定めに違法性はないとする[13]。

仮に持株会への入会時の価格と退会時の価格に変動があると，持株会の運用が硬直的となる。実際，入会時によりも株価が下がっている場合，退職により会員が減っても新たな入会希望者が現れずに，対応に苦慮しているケースは珍しくない。非上場企業の場合は，直接的な市場株価がないために，企業努力が株価に必ずしも直接的に反映されないこともあり，株価上昇を会員のモチベーション向上につなげるのも難しい。

(7) 株式取得の方法・取得価格

非上場企業の場合，株式取得方法は，①既存株主からの取得，あるいは②第三者割当増資（自己株式の処分を含む）による新株取得が考えられる。

株式の取得時の価格については，税務上の取扱いに留意が必要である。オーナー株主から持株会が取得する場合は，一般に，配当還元価額であれば，贈与

10　神戸地裁尼崎支部判昭和57・2・19下民集33巻1〜4号90頁，名古屋高裁判平成3・5・30判例タイムズ770号242頁，最高裁判平成21・2・17判例時報2038号144頁等。
11　江頭憲治郎『株式会社法（第6版）』（有斐閣，2015年）245頁。
12　新谷勝『新しい従業員持株制度』（税務経理協会，2008年）243頁。
13　江頭憲治郎『株式会社法（第6版）』（有斐閣，2015年）245頁。

税のリスクはないと考えられている[14]。配当還元価額よりも低い価格で取得する場合は，譲渡価格と配当還元価格との差額のうち，贈与税の基礎控除額（110万円）を超える部分については贈与税の課税がなされる[15]。

　第三者割当増資の場合は，一般に増資時のプレミアムが時価のおおむね10%相当額以上の場合，「有利な発行価額」とされ，そのプレミアムの額につき，給与所得税が課税されるが，持株会は同族関係者以外の株主となるため，税務上は配当還元価額によっていれば問題はない[16]。

　いずれの方法によるにせよ，持株会の流通価格（入退会時の価格）を固定化することとの関連で，持株会が株式を取得する価格は持株会の流通価格とすることが基本となる。

　なお，本章3(1)にて後述のとおり，持株会による株式の取得が，金商法上の有価証券の「募集」や「売出し」に該当してしまう場合は，有価証券届出書もしくは有価証券通知書の提出義務が生じることに注意しなければならない。

(8) 取得対象株式

　持株会における取得対象株式は，実施会社が発行する株式のうち，持株会規約に定めた株式となる。なお，持株制度ガイドライン（5頁）によれば，2種類以上の株式の取得はできないとされているが，非上場会社の持株会においては運用上の工夫は必要となるものの，複数の種類の株式を取得することも設計上は可能である。

① 配当優先株式

　会員の福利厚生，つまり財産形成の一環として，剰余金の配当を優先的に与えることは，会員資格者にとって入会へのインセンティブとなる。

14　牧口晴一・齋藤孝一『事業承継に活かす従業員持株会の法務・税務（第2版）』（中央経済社，2012年）75頁。
15　持株会がオーナー家株主等の原則的評価が適用される株主に株式を売却する場合は，配当還元価額ではなく原則的評価が適用されることに留意する。
16　大森正嘉『新改訂　従業員持株会導入の手引き』（三菱UFJリサーチ＆コンサルティング，2011年）17頁。

入退会価格を固定してキャピタルゲインがでない形とする場合は，投下資本の回収に不十分であるとの批判に対処するうえで，持株会の持株を配当優先株式とすることは有効である。

② **議決権制限株式**

議決権制限株式には，すべての事項につき議決権がない完全無議決権株式と，一部の事項についてのみ議決権があるタイプの株式がある。非上場企業の持株会においては，配当優先と併せて，完全無議決権株式を用いることも珍しくない。

公開会社においては，議決権制限株式は発行済株式総数の2分の1を超えた場合，ただちに議決権制限株式を発行済株式総数の2分の1以下とする措置をとる必要があるが，非公開会社の場合はそのような制限はない。

無議決権株式の税務上の評価方法は，原則として議決権の有無を考慮せず評価する。ただし，同族株主が無議決権株主を相続または遺贈により取得した場合は一定の条件を満たす場合に限り，原則的評価方式により評価した金額から5％を控除することができる[17]。

(9) **拠出金**

拠出金の拠出方法は，下記の2種類があり，①と②を併用する場合もある。非上場企業の場合，基本的に株式は流通していないことから，随時持株会が株式を取得することが前提となる定時拠出方式は望ましくない。非上場企業の持株会においては，臨時拠出方式のみとするほうが，運用上は望ましい。

① **定時拠出方式**

会員があらかじめ申し込んだ金額を毎月の給与や賞与から天引きして持株会に一括交付する方式。

② **臨時拠出方式**

退会者がある場合や既存株主からの売却，第三者割当増資の引受けなどの特

---

[17] 第6章142頁参照。

別の場合に，会員の申し出により臨時に拠出する方式。

　なお，定時拠出方式，臨時拠出方式いずれの場合でも，持株制度ガイドラインでは，1会員1回当たりの拠出限度額を100万円未満と定めている[18]。これは，本章③(1)にて後述するとおり，持株会の会員が有する持分が金商法上の「みなし有価証券」に該当しないための規定である。

(10) 奨励金

　奨励金は，福利厚生の一環として，従業員持株会の会員の持分取得を支援するために支給される。奨励金は，必ずしも設けなければならないものではないが，一般的には拠出額の3～10％とすることが多い。

　奨励金が多額にのぼる場合，株主への利益供与問題や会社への損害に対する取締役の善管注意義務違反問題，株式の取得が会社の計算により行われたとする自己株買い規制違反が問題となりうることに留意を要する。奨励金の額が福利厚生目的に照らして相当なものであるか否かは，奨励金の拠出額に対する割合の高低のみを基準とするのではなく，その拠出総額が，会社の規模，経営・財政状態，従業員の給与・賞与水準，他の福利厚生制度のための支出額，競合他社におけるそれらの状態その他の諸般の事情に鑑み総合的に判断することが相当であると考えられている[19]。

　税務上，奨励金は会員の給与所得となり，会社側では福利厚生費として処理する。

　労働基準法上，奨励金は賃金には該当しないため，割増賃金の計算において考慮する必要はない。また，社会保険料算定の基礎となる標準報酬月額に含める必要もない。

18　「持株制度に関するガイドライン」6頁。
19　太田洋監修『新しい持株会設立・運営の実務』（商事法務，2011年）69頁。なお，株式会社ロックオン（本社：大阪市北区）が，2014年11月17日に福利厚生強化の一環として社員持株会の奨励金を拠出金額の5％から100％へ引き上げ，本新制度を「倍返し制度」とすることを発表するなど，近年，拠出金に対して100％の奨励金を付与する例も散見される。

なお，子会社の従業員に対する奨励金の支給は，当該従業員の所属する会社で支給することが一般的である。
　役員持株会と取引先持株会においては，会員に対する奨励金の支給は禁止されていることに留意を要する[20]。役員持株会については，役員に対する福利厚生目的があてはまらないほか，会社法の役員報酬に関する規制や株主の権利行使に関する利益供与の禁止規制が関係していると考えられているためである[21]。取引先持株会についても，会員の福利厚生の観点が存在せず，株主に対する利益供与に抵触する疑いが強いためであると考えられている[22]。

(11) 配当金

　本章③(1)にて後述する「持株会を一人株主として扱う要件」に基づき，配当金はすべて再投資に充てることが原則となる。ただし，非上場企業の場合は，持株会が随時株式を取得できる状況にはないため，規約上は原則として配当金を再投資に充てるとしつつも，持株会は株式の取得ができない場合は現金にて分配することができる旨を規定しても差し支えないものと考えられる。

(12) 株式の名義・議決権行使

　持株会が取得した株式は理事長名義とし[23]，会員を共同委託者，理事長を受託者とする管理信託財産として管理する。
　持株会における議決権の行使は，理事長が一括して行使する[24]。しかしながら，これは理事長の独断で議決権を行使してよいということを意味しない。会社法上は，議決権の不統一行使（会313）が可能であり，会員は持分に応じた

---

[20] 「持株制度に関するガイドライン」14・16頁。
[21] 太田洋監修『新しい持株会設立・運営の実務』（商事法務，2011年）163頁。
[22] 太田洋監修『新しい持株会設立・運営の実務』（商事法務，2011年）177頁。
[23] 株式の名義を理事長名もしくは持株会名とすることは，持株会が一人株主として取り扱われる要件の1つとなっている。詳細は233頁参照。
[24] 議決権の行使を理事長もしくは持株会が行うことは，持株会が一人株主として取り扱われる要件の1つとなっている。詳細は233頁参照。

議決権の行使ができる。そのため，持株会は，会員が議決権行使について特別の指示を理事長に与えることができるような措置を講ずることが求められる。そのため，会社は株主総会の招集通知自体は理事長に対してのみ発すれば足りると解されているものの[25]，理事長は会員に対して株主総会の招集通知の内容を周知し[26]，各議案に対して賛否の意見を収集する手段を講ずることが必要であろう。

単元未満の株式持分しか有さない会員が指示権を行使した場合，理事長は，賛成または反対の指示の持分をそれぞれ合算し，それが1単元に達したときに限って，それぞれ賛成または反対の議決権を行使し，1単元に達しない部分については議決権を行使しない[27]。

理事長は議決権行使について会員の指示に従わなければならないが，理事長が指示に反する議決権行使をした場合でも，これに経営陣が関与しているなど特段の事情がない限り，議決権行使は有効であり株主総会の決議の瑕疵にはならない[28]。ただし，経営陣の関与の下に理事長が議決権を行使した場合には，当該決議は決議の方法が著しく不公正なものとして，取消事由を構成する可能性が高いと解されている[29]。

また，理事長が会員の指示に従って議決権を行使しなかった場合には，会員に対する善管注意義務・忠実義務の違反を構成するほか，会員に損害が発生すれば，会員は理事長に損害賠償を請求することができる[30]。

なお，議決権の不統一行使は，従業員持株会で排除しても法律上無効となると解される。また，議決権の不統一行使の場合でも，株主総会に出席できるのは理事長のみでよいと解される[31]。

---

25 太田洋監修『新しい持株会設立・運営の実務』（商事法務，2011年）116頁。
26 「持株制度に関するガイドライン」7頁。
27 太田洋監修『新しい持株会設立・運営の実務』（商事法務，2011年）116頁。
28 新谷勝『新しい従業員持株制度』（税務経理協会，2008年）31頁。
29 太田洋監修『新しい持株会設立・運営の実務』（商事法務，2011年）117頁。
30 太田洋監修『新しい持株会設立・運営の実務』（商事法務，2011年）117頁。
31 大森正嘉『新改訂　従業員持株会導入の手引き』（三菱UFJリサーチ＆コンサルティング，2011年）40頁。

(13) 理事会の構成・役員の選任

　持株会の理事会は，持株会の運営に必要な諸規定の制定および改廃，株式の譲渡に関する事項の決定等，持株会運営上の重要な役割を担う[32]。役員構成については，法律上の定めはないが，理事3名以上（うち理事長1名），監事1名というのが一般的な構成である。理事は持株会の業務執行を担い，監事は持株会の会計を監査する。

　理事および監事は，会員の中から，次のような手続きにより選任することが一般的である。なお，役員の任期は，1～2年が一般的である。

① 理事会は，任期満了の2週間前までに次期役員の候補者を推薦し，会員に通知する。
② 候補者に異議のある会員は，書面で理事長に申し出る。
③ ①の通知発信後2週間経過したとき，②の異議が会員数の2分の1以下の場合に，当該候補者は選任されたものとする。②の異議が会員数の2分の1超の場合は，理事会は，直ちに新たな候補者を推薦し，①～③の手続きをとる。

　理事長は，持株会を代表し，持株会規約に定める業務を執行する。理事長は，理事の中から互選により選出されることが多い。

(14) 事務処理[33]

　会社側の主な事務としては，①給与天引き，②奨励金の支給，③従業員持株会の一部または全部の事務負担による便宜の提供などがある。

　持株会側の主な事務としては，①積立金の管理，②自社株の買付けと株券の保管，③株式の配分，④配当金の受領，⑤会員への株式持分の通知，⑥入退会の処理などがある。

---

[32] 理事長が議決権を行使するにあたり，事前に理事会において議決権の行使内容について審議するというルールを設定しているケースもある。
[33] 持株会の事務処理については，大森正嘉『新改訂 従業員持株会導入の手引き』（三菱UFJリサーチ＆コンサルティング，2011年）50頁以下に詳しい。

なお，持株会での事務処理は，会社に委託することが一般的である。その場合の事務経費の負担については，従業員持株会では会社の負担とすることで問題ないが，役員持株会や取引先持株会では奨励金同様，会社が経済的援助を与えてはならないとされており，原則として会員が負担することとなる[34]。

(15) 税務処理
① 配当所得に対する課税

会社は，持株会に対して配当金を支払うことになるが，その際，非上場企業の場合は20.42％の所得税（復興特別所得税を含む）が源泉徴収される。配当所得は，原則として総合課税で確定申告の対象となる。総合課税の対象となった配当所得については，一定のものを除き配当控除の適用を受けることができる。

ただし，1回の配当等の金額が，次により計算した金額以下である場合には，確定申告は必要ない。

$$10万円 \times 配当計算期間の月数^{[35]} \div 12$$

なお，確定申告不要制度を選択した場合，配当所得に係る源泉徴収税額は，その年分の所得税額から差し引くことはできない。また，住民税は，配当額にかかわらず総合課税の対象として申告が必要となる。

会社は，持株会への配当の支払に際して支払調書を作成し，所轄税務署に提出する必要がある。持株会は，会社から受領した配当を各会員へ支払う際に，「信託の計算書」を作成し，所轄税務署に提出する必要がある。ただし，非上場株式の場合，年間の受取配当金が3万円以下の会員については，提出不要となる。

---

34 「持株制度に関するガイドライン」7・14・16頁。
35 配当計算期間が1年を超える場合には，12月として計算する。また，配当計算期間に1月に満たない端数がある場合には，1月として計算する。

【図10-3】 配当の流れと申告の流れ

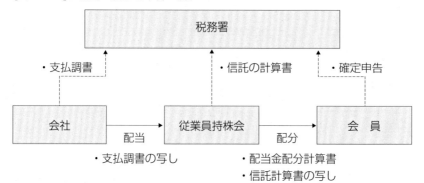

出所:大森正嘉『新改訂 従業員持株会導入の手引き』69頁。

② 譲渡所得に対する課税

非上場株式の譲渡所得は,次の算式により計算する。当該譲渡所得には,申告分離課税により20.315%の所得税(復興特別所得税を含む)および住民税がかかる。

> 譲渡所得 = 譲渡価額 − 必要経費(取得費 + 委託手数料等)

③ 持株会の運営上の留意点

(1) 金商法上の開示規制の適用要否
① 有価証券届出書等の開示義務

金商法上の有価証券の「募集」または「売出し」に該当する場合は,原則として有価証券届出書の提出が必要となる(金商法4①)。ただし,有価証券の発行価額または売出価額の総額が1億円未満の場合,届出は免除されるが(金商法4①五),発行価額または売出価額の総額が1,000万円を超える場合には有価証券通知書の提出が必要となる(金商法4⑥,企業開示府令4⑤)。

なお,募集または売出しにおいて,過去1年以内に行われた同一の種類の有

価証券の募集または売出しの金額を通算して1億円以上となる場合は，有価証券届出書の提出が必要となることに留意する（1年通算規定（企業開示府令2④））。

② 有価証券の「募集」の定義

金商法上の有価証券の「募集」とは，新たに発行される有価証券の取得の申込みの勧誘のうち，(i)多人数向け（50名以上）の勧誘であるもの，または(ii)多人数向けの勧誘以外で，適格機関投資家向け勧誘（プロ私募[36]，特定投資家向け勧誘，少人数向け勧誘（少人数私募[37]）のいずれにも該当しない勧誘であるものをいう（金商法2③一・二）。つまり，適格機関投資家向け勧誘，特定投資家向け勧誘，少人数向け勧誘のいずれかに該当する勧誘は，届出を要しないこととなる。そのため，たとえば，適格機関投資家のみを相手方として50名以上を対象に勧誘が行われる場合であっても，募集には該当せず届出は不要となる。

また，「みなし有価証券」の取得者が，相当程度多数の者（500名以上[38]）となるような持分の取得の勧誘も，募集に該当する（金商法2③三）。そして，みなし有価証券には，集団投資スキーム持分が含まれる。

③ 集団投資スキーム持分への適用除外

持株会においては，会員が金銭を出資し，かかる金銭を充てて取得対象株式を取得するという事業が行われ，かかる事業から生じる収益の配当または財産

---

36 プロ私募とは，適格機関投資家のみを相手方として勧誘を行う場合で，当該有価証券がその取得者から適格機関投資家以外の者に譲渡されるおそれが少ないものをいう（金商法2③二イ）。発行者が，上場株式や株主数が1,000名以上の株式をすでに発行している者である場合は，「適格機関投資家以外の者に譲渡されるおそれが少ない」とはいえないため，50名未満への勧誘であっても募集に該当することに留意する（金商法施行令1の4一イ）。

37 少人数私募とは，多人数向け勧誘，プロ私募，特定投資家向け勧誘以外の場合で，当該有価証券がその取得者から多数の者に所有されるおそれが少ないものをいう（金商法2③二ハ）。ただし，6か月以内に発行された同種の有価証券の勧誘対象者数は通算され，その数が50名以上となる場合は少人数私募とはならず，募集に該当することに留意する（6か月通算規定）。

38 有価証券の場合のような通算規定はない。

の分配を会員が受けることから，持株会において会員が有する権利は，性質上，集団投資スキーム持分に該当する（金商法2②五）[39]。ただし，以下の要件を満たす持株会の会員の有する権利は，集団投資スキーム持分から除外されている。

(i) 従業員持株会または役員持株会にかかる権利

> 株券の発行者である会社またはその被支配会社等の役員または従業員が，当該会社の他の役員等と共同して当該会社の株券の買付けを，一定の計画に従い，個別の投資判断に基づかず，継続的に行うことを約する契約（各役員等の1回当たりの拠出金額が100万円に満たないもの）に基づく権利（金商法2②五ニ，金商法施行令1の3の3五，定義府令6）。

(ii) 拡大従業員持株会にかかる権利

> 株券の発行者である会社の関係会社の従業員が，当該関係会社の他の役員等と共同して当該会社の株券の買付けを，一定の計画に従い，個別の投資判断に基づかず，継続的に行うことを約する契約（各従業員の1回当たりの拠出金額が100万円に満たないもの）に基づく権利（金商法2②五ニ，金商法施行令1の3の3六，定義府令7①一）。

(iii) 取引先持株会にかかる権利

> 株券の発行者である会社の取引関係者（当該会社の指定する当該会社と取引関係にある者をいう）が，当該会社の他の取引関係者と共同して当該会社の株券の買付け（金融商品取引業者に媒介，取次ぎまたは代理の申込みをして行うものに限る）を，一定の計画に従い，個別の投資判断に基づかず，継続的に行うことを約する契約（各取引関係者の1回当たりの拠出金額が100万円に満たないもの）に基づく権利（金商法2②五ニ，金商法施行令1の3の3六，定義府令7①二）。

---

39 太田洋監修『新しい持株会設立・運営の実務』（商事法務，2011年）28頁。

上記のとおり，持株会の会員の有する権利が，集団投資スキーム持分から除外されるためには，①持株会の会員の範囲，②買付方法，③拠出金の限度額の3点に留意しなければならない。

　もし，持株会における会員の有する権利が集団投資スキーム持分に該当する場合，金商法上の開示規制にかかるだけでなく，持株会の会員を募る行為が，集団投資スキーム持分の募集または私募を行うものとして，第二種金融商品取引業の登録が必要となり，持株会において株式に対する投資として会員から集めた金銭の運用を行う行為には，投資運用業の登録が必要となりうる[40]。その意味でも，実務上は，持株会における会員の有する権利が，集団投資スキーム持分に該当しないようにすることが必須である。

④　有価証券の「売出し」の定義

　金商法上の有価証券の「売出し」とは，すでに発行された有価証券の売付けの申込みまたはその買付けの申込みの勧誘のうち，①多人数向け（50名以上）の売付勧誘であるもの，または②多人数向けの売付勧誘以外で，適格機関投資家私売出し（プロ私売出し），特定投資家私売出し，少人数私売出し[41]のいずれにも該当しない売付勧誘であるものをいう（金商法2④一・二）。つまり，適格機関投資家私売出し，特定投資家私売出し，少人数私売出しのいずれかに該当する売付勧誘は，届出を要しないこととなる。

　また，売出しに関しても，募集と同様，「みなし有価証券」の取得者が，相当程度多数の者（500名以上）となるような持分の売付勧誘も，売出しに該当する（金商法2④三）。

⑤　「一人株主」の要件

　持株会が一人株主として認められるためには，次の要件を満たす必要があ

40　太田洋監修『新しい持株会設立・運営の実務』（商事法務，2011年）30頁。
41　少人数私募と同様に通算規定があるが，少人数私売出しの場合は1か月以内に発行された同種の有価証券の売付勧誘対象者数が通算され，その数が50名以上となる場合は少人数私売出しとはならず，売出しに該当することに留意する（1か月通算規定（金商法施行令1の8の3））。

【図10－4】 有価証券通知書等の提出の要否（非開示会社[42]の場合）

区　分	発行（売出）価額の総額		
	1,000万円以下	1,000万円超〜1億円未満	1億円以上
50人以上に勧誘	不要	有価証券通知書	有価証券届出書
50人未満に勧誘[※2]	不要	不要	不要[※1]

※1　平成19年の法令改正により「非開示会社が1億円以上の少人数私募を行う場合の有価証券通知書」は提出不要となった。株主数が1,000名以上の株式をすでに発行している者である場合は，50名未満への勧誘であっても1億円以上の発行（売出）価額であれば，有価証券届出書の提出が必要となることに留意。

※2　少人数私募の場合，6か月以内に発行された同種の有価証券の勧誘対象者数は通算され，その数が50名以上となる場合は少人数私募とはならず，募集に該当することに留意（6か月通算規定）。少人数私売出しの場合，1か月以内に発行された同種の有価証券の売付勧誘対象者数が通算され，その数が50名以上となる場合は少人数私売出しとはならず，売出しに該当することに留意（1か月通算規定）。

る[43]。持株会を一人株主として取り扱うことができれば，持株会への株式の譲渡は，それ自体では基本的に有価証券の募集や売出しに該当しなくなる。

(ⅰ)　株主名簿に「持株会」の名義で登録されていること
(ⅱ)　議決権の行使は「持株会」が行うこと
(ⅲ)　配当金を「持株会」でプールし運用するシステムをとっていること

　持株会が一人株主に該当していない場合，持株会は，会員の持分の売買や会員間の売買の媒介・取次ぎ等を反復継続して行うものと想定されることから，有価証券の売買，売買の媒介・取次ぎ等を業として行うものとして，持株会自身が第二種金融商品取引業等の登録を行う必要が出てくる可能性がある（金商法28②等）。そのため，実務上，この要件を満たすことは必須である。

42　非開示会社とは，有価証券報告書を提出していない会社（提出を免除されている会社を除く）をいう。
43　企業内容等開示ガイドライン5－15。「持株制度に関するガイドライン」第2章17にも同様の規定がある。

(2) 適正な議決権行使が行われていない場合の法的リスク

①(2)会社にとってのデメリット・留意点でも述べたが，持株会における議決権の行使が適正に行われていない場合，法的なリスクが生じうるため，特に留意しなければならない。

議決権の行使が適切に行われていない状態とは，会社が実質的に持株会における議決権の行使をコントロールしている状態が該当する。そのような場合，法的には以下のようなリスクが生じうる。

① 持株会の法人格否認の該当性

持株会に対して法人格否認の法理が適用され，持株会の法人格が否認される可能性がある。持株会に法人格否認の法理が適用されると，持株会が会社の一部門であるとの解釈となり，持株会の支払債務が会社の負担となるほか，自己株式の取得といった問題に発展する[44]。

② 持株会の子会社の該当性

会社が持株会の「財務及び事業の方針の決定を支配している場合」には，持株会が子会社に該当してしまう（会規3①）。持株会が子会社に該当する場合，「子会社による親会社株式の取得」に該当するため，そもそも持株会で株式を取得することができなくなってしまうという問題が生じる[45]。

上記のような法人格否認や子会社の該当性を避けるためには，①持株会が規約と運営細則等を定めた民法上の組合として組織され，②独立して選任された理事等が存在し，③理事等により持株会の運営がなされ，④取得した株式も会社とは独立して管理され，⑤議決権行使の独立性，理事等の議決権行使に対する会員の指示権が認められていること等が重要である[46]。

(3) 持株会の解散手続き

持株会は一般的には民法上の組合であるため，持株会の財産は会員の共有物

---

[44] 参考判例：東京地判平成19年7月3日判例時報1992号76頁。
[45] 新谷勝『新しい従業員持株制度』（税務経理協会，2008年）46頁。
[46] 新谷勝『新しい従業員持株制度』（税務経理協会，2008年）22頁以下。

である(民法668)。そのため,持株会を解散させるには,組合契約に相当する持株会規約に特段の定めがない場合,原則として会員全員の同意が必要と解されている[47]。

しかしながら,持株会規約に解散方法に関する規定がなく,従業員持株会の会員数が多数の場合,組合員全員の同意を取得することは困難である可能性がある。その場合,以下のプロセスにより解散手続きを行うことが望ましい[48]。

① 現行規約の変更

現行規約を変更し,以下の事項を追加する。

(i) 会員総会の手続き(たとえば,各会員1個の議決権,書面決議可能とする)

(ii) 解散手続き(たとえば,会員総会での3分の2以上の賛成で決議するものとする)

② 会員総会による解散決議

会員総会では,持株会の組合財産の処分として,持株会が保有する株式すべてを自社へ譲渡すること,および持株会の解散を決議する。

---

47 鈴木禄弥編『新版注釈民法〈17〉債権8』(有斐閣,1993年)183頁。
48 参考判例:東京地判平成18年6月26日判例時報1958号99頁,判例タイムズ1240号273頁。

第11章

自社株買い

　相続対象となる自社株式を会社が買い取る「自社株買い」も自社株対策の1つである。ただし，自社株買いは，実務上，留意すべき点が多く，意外に用いられるケースは多くない。自社株買いに際して特に留意すべき点は以下のとおりである。

【図11－1】 自社株買いにおける主な検討論点

会社法	・自己株式の取得方法 ・自己株式取得における財源規制
税負担	・みなし配当課税（法人・個人） ・株式譲渡益課税（法人・個人）
株　価	・税務上の買取株価，買取り後の相続税株価 ・反対株主，相続人等からの買取における価格協議
財　務	・買取資金の調達 ・財務諸表への影響（純資産の減少）
経　営	・買取対象株主の選定・株主構成（議決権割合）の変化 ・金庫株の活用方法（消却・処分）

1 実務上の留意点

(1) 会社法上の留意点

非上場会社が自社株を買い取る方法には8つのパターンがある。まず注意しないといけないことは，子会社からの取得を除いて，自社株買いに際しては基本的に株主総会決議が必要であるということである。本来必要な株主総会決議を経ないで会社が自社株を取得しても，法的には無効である。

以下では，【図11-2】のうち，事業承継対策においてよく用いられる1～3および7を中心に留意点を述べる。

【図11-2】 自社株買いの方法

1	原則・ミニ公開買付け (会156～159)	・株主総会での普通決議が必要（価格判明） ・全株主への通知が必要
2	特定株主からの取得 (会160)	・株主総会での特別決議が必要（価格判明） ・原則，売主追加請求のための株主への通知が必要
3	相続人等からの同意による取得 (会162)	・株主総会での特別決議が必要（価格判明） ・売主追加請求のための通知が不要
4	子会社からの取得 (会163)	・取締役会設置会社の場合，取締役会決議でよい ・株主への通知も不要（会157～160不適用）
5	譲渡承認請求の不承認 (会155)	・株主総会での特別決議が必要（価格判明せず） ・裁判所への供託，株券の供託が必要となる
6	反対株主の買取請求 (会116・469・785・797等)	・株主は総会前の通知，総会での反対が必要（例外あり） ・協議が調わない場合は60日以内に価格決定申立が必要
7	相続人等への強制的な売渡請求 (会174)	・定款での定めが必要。かつ相続等から1年以内に請求 ・株主総会での特別決議が必要（価格判明せず）
8	特殊な自己株式の取得	・取得条項付種類株式，全部取得条項付種類株式 ・所在不明株主の買取り，1株未満の端数の買取り 等

① ミニ公開買付け（会156～159）

非上場企業の自社株買いの原則的手法は，ミニ公開買付けといわれる方法で

ある。株主総会で会社が取得する株数，価格等を普通決議により承認を得たうえで，全株主に通知をして自社株の売却を募ることが必要になる。ただし，株主数が少ないときは，次の②の方法によるよりも，手続きはスムーズに行うことができるケースもある。

② 特定株主からの取得（会160）

特定の株主から自社株を取得する場合には，株主総会の特別決議が必要となる。しかも，他の株主に対しても売主追加請求のための通知を出す必要がある。これは，特定株主以外の株主にも自社株を売却する機会を平等に与えるための措置である。そのため，売却を希望する株主が現れた場合は，買取資金がふくらむリスクがあることに留意が必要である。

③ 相続人等からの同意による取得（会162）

特定の株主からの取得のうち，相続等により自社株を取得した相続人等から同意を得て，自社株を取得する場合は，株主総会の特別決議が必要となるが，他の株主に対しての売主追加請求のための通知は原則不要となる。これは，相続人が相続税の納税資金を作るために自社株を売却しようとしても，他の株主から売主追加請求が行われると，納税資金の確保に支障が出るおそれがあるからである[1]。ただし，相続人が株主総会で議決権を行使した場合，その相続人は株主となることを選択したとみなされ，会社法162条の特例は適用されなくなることに留意が必要である。

④ 相続人等への強制的な売渡請求（会174）

会社は，以下のような定款の定めにより，相続で株式を取得した者（相続人）に対し，会社にその株式を売り渡すよう請求することができる[2]。

---

1 相澤哲・葉玉匡美・郡谷大輔編『論点解説 新・会社法 千問の道標』（商事法務，2006年）161頁。
2 相続が発生した後に，定款を変更してこの規定を定め売渡請求することも可能と解されている（相澤哲・葉玉匡美・郡谷大輔編『論点解説 新・会社法 千問の道標』（商事法務，2006年）162頁）。

> 第○条（相続人等に対する売渡しの請求）
> 　当会社は，相続その他の一般承継により当会社の株式を取得した者に対し，当該株式を当会社に売り渡すことを請求することができる。

　この定款の規定は，相続により株式が分散することを防ぐのに有効であり，実際多くの非上場企業の定款に定められている。ただし，この規定を活用するうえでは，以下の3つの点に留意が必要である。
　1点目は，この規定による売渡請求は，会社が相続があったことを知った日から1年以内に行う必要があること（会176①）である。2点目は，この売渡請求に際しては，株主総会の特別決議が必要となること[3]（会175①・309②三）である。3点目は，その株主総会において，売渡請求をされる者（相続人）は株主総会において議決権を行使することができないこと（会175②）である。特に，この点は相続人が他の株主の意向によって株式を承継することができなくなるリスクを孕んでいることに注意しなければならない。そのため，いわゆる「相続クーデター」が発生するリスクを考慮したうえで，この規定を定款に盛り込むかどうか，慎重な検討が必要である。

⑤　財源規制
　自社株の取得は，会社財産を株主へ分配する行為であり，無制限に自社株の取得が行われると会社財産が毀損され，その会社に対する債権を保有する債権者の利益を害することにつながるおそれがある。そのため，会社法では分配可能額として自社株の取得を行うことのできる上限を定めている。分配可能額を超えて自社株の取得を行うと，取締役にはその分配額を弁済する責任が生じる場合がある。よって，自社株の取得を行う際には，常に自社の分配可能額に留意する必要がある。

---

[3] 株主総会の決議によって，売渡請求の対象となる株式の数（種類株式発行会社の場合は株式の種類および種類ごとの数），株式を有する者の氏名または名称を定めなければならない（会175①）。

⑥ 金庫株の性格と活用方法

　会社が買い戻して手許に置いておく自社株のことを金庫株という。金庫株は，株主総会での議決権がなくなるため，他の株主の議決権比率が高くなることに留意が必要である。

　金庫株の活用方法としては，上場企業では，金庫株を対価とした株式交換によるM&Aやストックオプションとしての活用などが挙げられる。非上場企業の場合は，持株会への株式を供給する際に金庫株を使用することが考えられる。

(2) 税務上の留意点
① みなし配当と株式譲渡損益

　自社株買いは，会社財産を株主に払い戻す行為であるため，税務上，一種の配当と同様にみなされ，株式を売却した者に配当課税が生じる。これをみなし配当という。みなし配当は配当所得として，総合課税される点に留意が必要である。したがって，総合課税の場合は配当所得と他の所得が合算され所得金額に対して超過累進税率が適用されるため，一般的に税負担が重くなる。また，資本金等の額と取得原価との差額は，税務上，株式譲渡損益となり，株式譲渡益には他の所得額とは切り離して，一定の税率（原則20％の申告分離課税）のみで課税される。

　なお，みなし配当と株式譲渡損益の関係は，次頁の【図11－3】のようになる。

(i) 資本金等の額 ＞ 取得価額の場合（【図11－3】の※１の場合）

　この場合，資本金等の額と取得価額との差額を株式譲渡益とし，売却価額と資本金等の額の差額をみなし配当とする。よって，配当所得と譲渡所得の両方が生じる。

(ii) 資本金等の額 ＜ 取得価額（【図11－3】の※２の場合）

　この場合，取得価額と資本金等の額との差額を株式譲渡損とし，売却価額と資本金等の額の差額をみなし配当とする。前述のように株式譲渡損益は申告分離課税のため，株式譲渡損が出た場合，他の株式譲渡益と通算ができるのみで，

総合課税の他の所得との損益通算はできない。一方、みなし配当による配当所得は総合課税のため、他の所得と合算して課税される。よって、取得価額よりも売却価額が低い取引にもかかわらず、所得課税がされる場合があることに留意が必要である。

【図11-3】 みなし配当と株式譲渡損益の関係

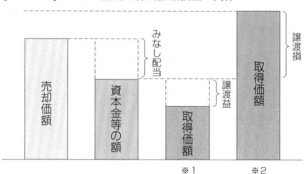

② 買取株価

買取株価については、非上場株式の場合、法人間の場合は法人税法、売主が個人で、買主が法人の場合は、法人税法および所得税法を踏まえた適正な時価で買取りを行う必要がある。仮に個人が適正な時価よりも著しく低い価額での低額譲渡を行った場合、みなし譲渡[4]の規定に基づき、適正な時価で売却したものとみなして譲渡益に課税される可能性がある。また、同族会社の場合は、低額で買取りを行うことにより、結果的に他の同族株主が持つ株式の価値が上がるため、実質的に売主から他の同族株主へ経済的利益の贈与が行われたとみなされて、同族株主に贈与税が課税される可能性がある（いわゆる「みなし贈与」）。このように、買取りをする際には、税務上の適正な時価を踏まえて、売却する株主の課税関係も十分考慮したうえで、買取価格を決めることが肝要である。

---

4 所得税法59条。

(3) 財務上の留意点

① 資金調達

会社に余剰資金が豊富にある場合は問題ないが，手許現預金が少ない場合には，資金調達に留意する必要がある。金融機関等からの借入れで賄う場合は，金利負担が増加するうえに，通常の事業投資のように投資回収のできない資金であるため，慎重に検討する必要がある。

② 決算書への影響

自社株買いを行うと，買い取った自社株の取得原価が貸借対照表の純資産の部にマイナスとして計上され，自己資本比率が下がることになる。当然ながら自己資本比率が低いと金融機関や取引先から財務基盤がぜい弱だとみなされ，事業運営にも支障が生じるおそれがある。特に自己資本比率の低い企業の場合は，自社株買いが自社の自己資本比率にどの程度影響するか，よく確認したうえで実行する必要がある。

2 経営効果と自社株対策

上場企業の場合，自社株買いは配当と同じく株主還元策として株価を維持するために行われることが一般的であるが，非上場企業の場合は特定株主からの依頼により自社株を取得するケースがほとんどであると思われる。そのため，非上場企業の場合，自社株買い自体による経営効果は，買取対象株主の議決権が減少することで経営権の安定に資する点以外には見出しにくいのが実情である。

自社株対策としては，会社側で自社株買いに要する資金を有している場合には，相続人にとっては納税資金対策として活用することもできる。ただし，前述のとおり，みなし配当課税が発生するため，税負担が重くなることが多いので留意が必要である[5]。

---

5 相続または遺贈により非上場株式を取得した場合は，相続税の申告書の提出期限の翌日から3年の間に発行会社に対して，当該非上場株式を売却した場合は，みなし配当課税は発生せず，取得価額と売却価額との差額は全額が譲渡損益となる。

第3部

超高株価企業の事業承継対策

　オーナー個人の持分が100億円を超えるような超高株価企業の場合，自社株対策を施して仮に株価が半分の50億円となったとしても，その株式にかかる相続税は25億円超にものぼる。これでは相続財産に多額の不動産や金融資産等の換金性の高い資産が含まれていない限り，相続人は納税資金対策に苦慮することとなる。そのため，超高株価企業の自社株対策においては，チマチマした方法では根本的な解決策とはならないケースが多い。

　筆者の経験上，超高株価企業における有効な事業承継対策は，下の【図表】のとおり，大きく6つに集約される。

　第3部では，それぞれの対策立案・実行上の留意点について解説する。

【図表】　超高株価企業の事業承継対策

超高株価企業の事業承継対策		対策後,オーナー家の経営権維持	対策実行に際しての資金の必要性
	配当還元価額の活用	○	多額には必要ない
	MBO／MEBO	○ or ×	必要
	M&A	×	不要
	株式公開(IPO)	△	不要
	財団法人の活用	○	不要
	海外移転・海外移住	○	スキームによる

第12章
配当還元価額の活用

　非上場企業でも株主数が100人を超えているようなケースがあるが，そうした会社では，同族株主でも配当還元価額が使えるよう意図的に分散させて株式を承継する方針をとっていることが珍しくない。大規模な非上場企業であっても，配当還元価額で評価できれば，非常に少ない税負担で株式を承継することが可能となる。ここでは，配当還元価額を活用したスキームについて，留意点を解説する。

１　配当還元価額活用上のメリット・デメリット

(1)　メリット〜低い税コストで株式を承継できる

　同族株主であっても，中心的な同族株主に該当しない等の一定の要件を満たすと，配当還元価額により，非常に低い価格で株式を相続または贈与等により承継させることができる。配当還元方式は，配当金額を評価要素とする算定式であるため，計画的かつ低位安定的な運用も可能となる。

(2) デメリット・留意点

① 中心的同族株主は原則的評価での承継となる

中心的な同族株主に該当する場合は，配当還元方式は適用できないため，原則的方式による評価額によっては，株式の承継において多額の税コストがかかることが多い。そのため，中心的な同族株主向けには別途自社株対策を講ずる必要がある。

② 同族内で株式が分散するため，将来同族内での争い等が発生する可能性がある

事業に直接関わらない同族株主が多く存在することとなるなど，将来，同族内で経営に関する争いが生じる可能性がある。たとえ1株であっても，株主代表訴訟を提起する権利があるほか，（単元株制度を採用していない会社の場合）株主総会での議案提出権がある[1]など，経営に揺さぶりをかけようと思えばできてしまう。

③ 株式移転等の組織再編を行っている場合，配当還元価額が高騰するケースがある

第6章5②（140頁）で触れたように，過去に株式交換もしくは株式移転による組織再編を行った結果，税務上の資本金等の金額が膨れ上がっている場合，配当還元価額が高騰してしまうこととなる。そのため，すでに配当還元価額を活用した自社株対策を講じている場合は，多大な影響が生じてしまうことがあるため，留意が必要である。

2 配当還元価額を適用できる取得者

財産評価基本通達では，配当還元方式を適用できる者の範囲を，評価対象会社の株主の株式保有態様により次の4つのケースのいずれかに該当する者と定めている。

---

[1] 単元株制度が設けられていない会社の場合，普通株式1株で1議決権を有することとなる。

しかし，納税者が支配する会社の取引先を利用して形式上の株主を生み出し，納税者が50％未満の議決権割合の同族株主以外の株主としたうえで，配当還元価額とした事例について，最近の裁判例[2]では，議決権割合が形式上50％以下であっても納税者等が実質的に評価対象会社を支配していると認定し，配当還元方式の適用を否定されている例もあるので，財産評価基本通達の適用にあたっては留意が必要である。

ケース1　同族株主のいる会社で同族株主以外の者

株主の1人およびその同族関係者の有する議決権の合計数が評価対象会社の議決権総数の50％以上のグループがある場合において，その同族グループ以外の株主は，たとえ40％所有する株主であっても，その者が取得した株式は，配当還元方式で評価することができる。

なお，1グループだけでは議決権総数の50％以上にならない場合には，議決権総数の30％以上のグループに含まれる株主が同族株主となるので，同族グループ以外の株主は，たとえ25％所有する株主であっても，その者が取得した株式は，配当還元方式で評価することができる。

ケース2　同族株主のいる会社で同族株主でも中心的な同族株主に該当しない者

同族株主であっても株式を取得した後の議決権数が評価対象会社の議決権総数の5％未満で，次の条件を満たすときは配当還元方式により評価できる。

- 評価対象会社の同族株主の中に，ほかに「中心的な同族株主」がいること
- 課税時期現在評価会社の役員（委員会設置会社以外の平取締役は除く）ではなく，かつ，法定申告期限までに役員に就任する予定がないこと

2　出資持分の相続税評価で通達の形式適用を否定する判決（東京地判平成26年10月29日，控訴審判決（東京高判平成27年4月22日）も地裁判決を全面支持）。

このケースの規定を利用すれば，同族株主であっても同族内で株式を分散させて意図的に配当還元方式を適用できるようにする余地がある。同族内の株式承継で配当還元価額を活用するために採られることが多いパターンである。

ケース3　同族株主のいない会社で議決権総数の15％以上のグループに属しても，一定の要件を満たす者

同族株主のいない会社で，議決権総数の15％以上のグループに属する株主であっても，次の3要件を満たす者は，配当還元方式による評価ができる。

- 議決権総数の15％以上のグループに属する株主のなかに1人だけで10％以上の株式を有する「中心的な株主」がいること
- 新たに株式を取得した後でも5％未満であること
- 課税時期現在評価会社の役員（委員会設置会社以外の平取締役は除く）ではなく，かつ，法定申告期限までに役員に就任する予定がないこと

ケース4　同族株主のいない会社で議決権総数の15％未満のグループに属する者

株主の1人およびその同族関係者の有する議決権の合計数が評価会社の議決権総数の30％以上のグループがない場合において，たとえば，独立した株主4人がそれぞれ25％ずつの議決権を有しているときには，この会社には持株比率30％以上のグループがなく，この評価対象会社は同族株主のいない会社となる。

このような同族株主のいない会社では，議決権総数の15％未満のグループに属する株主の株価評価は，文句なしに配当還元方式によることができる。

MEBOにより持株会等に分散して株式を持たせる資本構成に転換する場合，同族関係者の議決権割合を15％未満とすることで，配当還元価額の利用を目指すこともある。

【図12-1】 配当還元価額を適用できる者

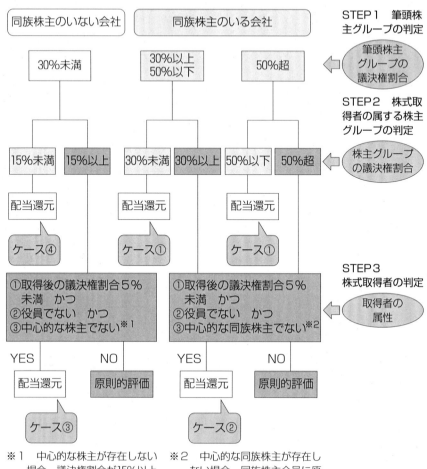

※1 中心的な株主が存在しない場合，議決権割合が15%以上の株主グループに属する株主全員に原則的評価が適用される。

※2 中心的な同族株主が存在しない場合，同族株主全員に原則的評価が適用される。

③ 配当還元価額活用スキーム（例）

(1) 孫への承継

　配当還元価額を活用して孫へ株式を承継させる場合，たとえば，長男一族で中心的な同族株主が存在するとすれば，次男の子（【図12-2】の孫B）へ承継する場合にその次男の子が会社の役員でなく，かつ取得後の議決権割合が5％未満であれば，次男の子を基準に中心的な同族株主を判定すると承継後も議決権総数の25％未満となり，次男の子は中心的な同族株主とならないので，本人から次男の子への承継は配当還元価額を活用することができる。この方法は，種類株式をうまく活用することで有効な対策となりうる。ただし，長男の子（【図12-2】の孫A）への承継は原則的評価額となるため，別途自社株対策は必要となる。

【図12-2】　配当還元価額を活用した孫への承継例

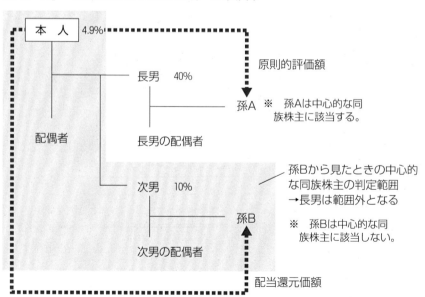

(2) 資産管理会社を活用した中心的な同族株主のコントロール

　歴史の古い企業の場合，同族内の複数の家系でバランスを取りながら株式を承継しているケースがある。その場合，【図12-3】のように資産管理会社を活用して，同族内の株式を一定程度バランスさせていることが多い。たとえば，4つの家系がある場合，各家系で20％前後の株式を保有し，社長を司る一族が議決権割合で25％以上となる，つまり中心的な同族株主となるよう，数％の株式を動かしていくというように，家系間で株式保有割合をコントロールし中心的な同族株主に該当しないようにするなどして配当還元価額を使える家系を創出している例もある。中には，家系内の年長者の年齢や健康状態を考慮して，株式保有割合を調整しているケースもある。

　資産管理会社を利用しているのは，間接保有とすることによって，原則的評価額が抑えられるほか，同族関係者の株式移動に伴う手続き等，直接的な影響を事業会社に与えないようにするといったメリットによる。

【図12-3】　資産管理会社を活用した中心的な同族株主のコントロール

4％分を移転させれば中心的な同族株主がA一族からB一族へ変わる

A一族	B一族	C一族	D一族
28%	24%	24%	24%

↓

資産管理会社　　　　　　　　　非同族株主

80%　　　　　　　　　　　　　20%

↓

事業会社

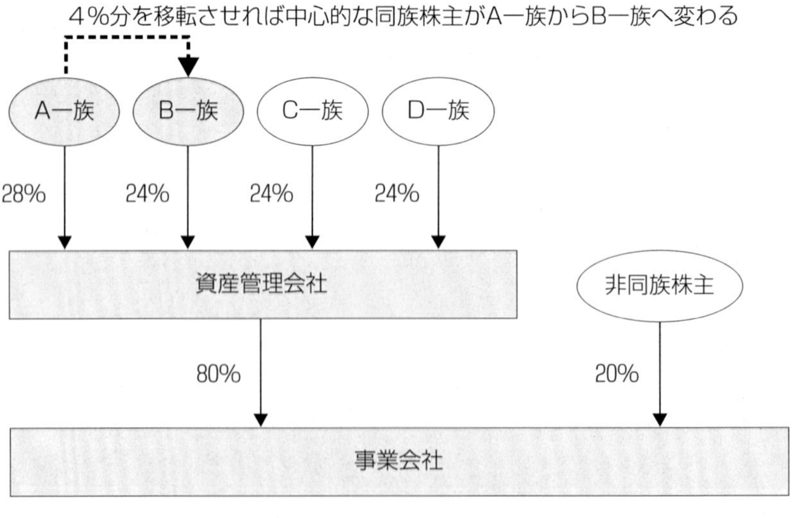

④ 配当還元価額活用スキームの留意点

(1) 株式の分散コントロール

　同族内で株式を分散させていくと，将来的にはネズミ算式に株主が分散していき，株主構成をコントロールしにくくなるおそれがある。気がつくと中心的な同族株主が変わっており，当初想定していた配当還元価額が使えなくなっていたなどというケースも散見される。そのため，同族内での株式の保有に関して一定のルールを設ける，あるいは，完全無議決権株式等の種類株式を活用するなど，株式あるいは議決権が分散しないような仕組みを設定することが重要である。

(2) 原則的評価額への対策

　中心的な同族株主等に該当する株主は，配当還元価額ではなく原則的評価額が適用されることとなるため，想定される相続税負担額によっては，別途株価対策を講じることも検討しなければならない。

第13章

MBO／MEBO

　MBO（Management Buyout）とは，経営陣による自社の買収を意味する。MEBO（Management Employee Buyout）とは，経営陣と従業員による自社の買収を意味する。従業員による株式の取得・保有は通常は持株会を通じて行われる。

　MBOというと，一般には上場企業が非上場化する場合の手法としてよく用いられるため，上場企業が行うものというイメージが強いが，非上場企業においても，事業承継対策の一環としてMBOあるいはMEBOを活用する余地がある。特に，非上場企業であっても株主が分散しているケースなどで検討されることが多い。

　前述のとおり，MBO/MEBOの本質は，経営陣らによる買収であり，重大な利益相反構造を有したストラクチャーとなる。そのため，株式の買取価格の決定を含む本スキーム実行上の意思決定プロセスにおいて，利益相反構造を軽減するための措置を講ずることが重要であることを認識しなければならない。この認識を欠いた安易なプランニングと実行プロセスが散見されるが，そのような進め方は重大な税務リスクおよび法的リスクを内包していると言わざるを得ない。

1 MBO／MEBOのメリット・デメリット

(1) メリット

① 分散した株主を一気に集約できる

　MBO／MEBOでは，一般的に受け皿会社が対象会社の株式のすべてを取得することになるため，分散した株主構成を一気に集約・整理することができる。受け皿会社の株主構成は自由に決めることができるため，ごく少数の株主構成とすることも可能である。

② 株式承継と納税資金対策を同時に解決することができる

　後継者が中心に出資した受け皿会社を活用すれば，後継者を主たる株主とし，かつオーナーは株式の売却により納税資金を確保することができる。その意味で，株式の承継問題を一気に解決することができる方策といえる。受け皿会社において，株式買取資金の調達が可能であれば，自社株が高額であってもスキームの実行可能性が高い。

③ 持株会社制移行によりグループ経営強化の契機にもしやすい

　受け皿会社をグループの持株会社とすれば，グループ経営を強化する体制を実現しやすくなるほか，従業員持株会や一部の社外株主を株主とすることで，グループ・ガバナンスの効果的な運用も可能となる。

④ 持株会をゼロクリアできる

　受け皿会社が株式を取得するため，基本的には既存の持株会は一旦解散することになる。ただし，その後，受け皿会社に新たに持株会を設置することは可能である。そのため，新持株会では，従前の入退会価格にとらわれずに，新たな入退会価格を設定し，改めて会員を募集することができる。

(2) デメリット・留意点

① 株主からの抵抗が予想される

　株主が株式の売却に応じてくれないリスクが考えられる。株主が売却に応じ

ない理由は，会社に対する思い入れや先代から相続した株式は売りたくないといった感情的な理由によるケースや，毎年の配当が生活費となっているため株式がなくなると困るといった経済的な理由によるケースもある。

スキーム上は，株主総会の特別決議が通れば実行可能であることから，仮に少数株主が反対してもスキームを完遂することは可能である。ただし，株式の買取価格をめぐる裁判に発展する可能性もあることに留意しなければならない。

② **資金調達額が多額となるおそれがある**

受け皿会社が調達する株式買取資金が多額となり，重い返済負担がその後の対象会社の経営上の制約となるおそれがある。そのため，後々の経営に支障が出ない範囲での資金調達額に抑えることができるか，将来のキャッシュフロー予測も踏まえた慎重な検討が必要となる。将来の経営を考えると資金負担が重すぎると判断される場合は，買取り対象株式数を限定するなど，スキーム上のアレンジを検討することもある。

2 MBO/MEBOスキーム

MBOのスキームについては第1章3(1)にて触れていることから，ここではMEBOのスキームについて解説する。

基本的なMEBOスキームの流れは，以下のとおりである。

STEP 1　後継者等が中心となり，受け皿会社を設立する

後継者等のオーナー家の者が金銭出資により受け皿会社を設立する。最初から持株会を設立しないのは，株式の買取りが成功するかどうかこの段階では不確実性が残るためである。

受け皿会社を最終的に対象会社と合併させて消滅させる場合は，資本金は少額で構わない。受け皿会社を持株会社として活用していく場合は，従来の対象

会社の資本金や企業の信用力等も考慮して，資本金を設定することになる[1]。

STEP 2　受け皿会社が資金調達し，対象会社の株式を買い取る

　受け皿会社が資金調達を行い，対象会社の株式を買い取る。MBO／MEBOは，対象会社の取締役が，買い手である受け皿会社の取締役を兼ねることになるため，典型的な利益相反取引となる。なぜなら，買い手の立場としては少しでも低い価格で株式を取得したいという動機づけが働くが，一方の対象会社の取締役の立場としては株主の利益を代表して少しでも高い株価で買ってもらえるよう努めなければならないためである。そのため，買取りに際しては，経済産業省によるMBO指針[2]等を参考に，後述するような利益相反構造を軽減するための諸々の措置を講ずることが重要である。

　株式の買取りは，非上場企業の場合，公開買付（TOB）制度がないため，基本的に相対取引となる。具体的には，受け皿会社からの買収提案を対象会社の取締役会で承認後，一斉に株主に対して買取りに応じてくれるよう依頼の文書を発信する。その後速やかに各株主を個別に訪問し，同意を取り付けていくことになる。すぐに同意してくれる株主もいるだろうが，なかなか同意してくれない株主もいる。そうした株主に対しては何度も訪問して説得を繰り返し，諦めずに同意を取り付けるよう努めなければならない。ただし，どうしても同意してくれない場合，全株取得が必要なスキームであれば，最終手段としてスクイーズアウトを実行することになる（後述3(5)参照）。

STEP 3　持株会が会員を募集し，会員が株式購入資金を拠出

　株主から株式を取得し，受け皿会社が対象会社を完全子会社化した時点で，受け皿会社側で持株会を組成する。具体的には，発起人会兼設立総会を経て持

　1　一般に資本金は税務上の取扱い等を考慮し1億円以下とすることが多い。1億円超とする場合でも，会社法上の大会社に該当しないよう5億円未満にすることが多い。
　2　正式名称は「企業価値の向上および公正な手続確保のための経営者による企業買収（MBO）に関する指針」経済産業省（平成19年9月4日）。

株会が発足したのちに，入会者を募集・入会手続きを行い，入会者は株式購入資金を拠出することとなる。

STEP 4　持株会が受け皿会社株主から株式を購入

持株会は株式購入資金の受け入れが完了した時点で，受け皿会社の株主から受け皿会社株式を購入する。これにより，MEBOスキームは完了となる。なお，必要に応じて，受け皿会社と対象会社を合併させて，受け皿会社を消滅させることも可能である。

【図13－1】MEBOスキーム

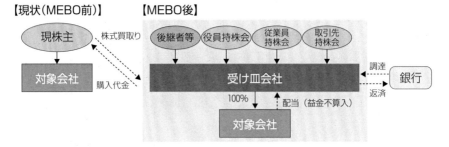

③　実務上の留意点

(1)　受け皿会社の株主構成

MBO/MEBO後の受け皿会社の株主構成は自由に設定することが可能である。それだけに，長期的な視点に立って，戦略的に株主構成を設計したい。

オーナー家は後継者一族だけに株主を集約することが理想である。MEBOの場合，持株会にどれだけの株式を持たせるかがポイントとなる。

オーナー家の保有割合を15％未満とすることで，オーナー家の後継者であっても配当還元価額が使えるようにすることが，もっとも大胆な株主構成の転換といえる。その場合，オーナー家以外で86％以上の株式を保有することとなる。

ただし，1つの持株会だけでそれだけの株式を保有させることは，経営の安定を考えると不安に感じる経営者は多い。そこで，複数の持株会を設置して，バランス良く保有割合を設定することが望ましい。

持株会には，従業員持株会，役員持株会，取引先持株会などが一般的であるが，そのほかにグループ会社の従業員を対象としたグループ従業員持株会や元従業員を対象としたOB/OG持株会なども考えられる[3]。

複数の種類の持株会を設置する場合は，経営の安定やガバナンスの有効性を考慮し，1つの持株会だけで過半数や3分の1以上の株式保有割合とはせず，適度に分散させることも検討に値する。

(2) 全株主からの同意の取付け

基本的なスキームでは，受け皿会社が全株式を取得することになるため，全株主から株式売却の同意を取り付けることが必要となる。特に株主が分散している場合は，全員から同意を取り付けることが困難であることが少なくない。その場合，最終的にはスクイーズアウトにより強制的に買い取ってしまうことも検討しなければならない。あるいは，同意してくれない株主に対しては無議決権株式などの種類株式を交付するスキームを検討することもある。

株主から同意を取り付けるにあたっては，株主の理解と納得が得られるように，丁寧な対応が求められる。株主宛の買取り依頼の文書では，近年の会社の状況，それを踏まえた今回MBO（あるいはMEBO）を行うことの必要性および価格の妥当性や手続きの公正性についてわかりやすく説明することが重要である。

---

[3] 日本証券業協会の「持株制度に関するガイドライン」では，従業員持株会，役員持株会，拡大従業員持株会（グループ従業員持株会），取引先持株会が規定されているが，非上場企業の場合，必ずしもこのガイドラインに準拠する必要はないため，これ以外の種類の持株会を設置しても法的には問題ないと解される。

(3) 株式取得価格の設定

　まず，受け皿会社は株式購入に伴う資金調達が必要となるが，当該資金の返済原資は，対象会社からのキャッシュフローとなる。そのため，対象会社に安定したキャッシュフローが将来的にも期待できること，かつ調達額がそのキャッシュフローの範囲内であることが資金調達の前提条件となる。

　株式の取得価格は，当然のことながら，対象会社株式の時価をもとに決定する。実務上の課題は，その時価をどのような手法により算定するかということであるが，MBO/MEBOはM&Aの一種であり，通常のM&Aで用いられるDCF法や類似会社比較法（倍率法）などが用いられることが一般的である。基本的に税務上の株価をそのまま用いることはほとんどないが，スキーム上，同族株主間の取引となるようなケースでは，税務上の株価も考慮して税務リスクを排除できる価格を設定する必要があることに留意する。特に，税務リスクとしては，個人株主から法人株主への譲渡における低額譲渡への該当性に留意する必要がある[4]。

　また，繰り返しになるが，MBO/MEBOは利益相反取引であるため，取引価格の決定プロセスも価格の公正性を確保するには重要なポイントである。最低限，第三者機関による鑑定評価は必要であり，できれば買い手側（受け皿会社），売り手側（対象会社）双方で第三者機関による鑑定評価を取得し，双方による交渉を経て，取引価格を決定することが望ましい（図13-2および図13-3）。そうしたプロセスを経て決定された価格は客観性が高いことから，税務上も客観的な交換価値を示す適正な時価として認識される可能性が高い。

---

[4] 個人から法人への譲渡における低額譲渡については第5章③(2)②参照。

【図13－2】　MBOにおける公正な取引価格の検討プロセス

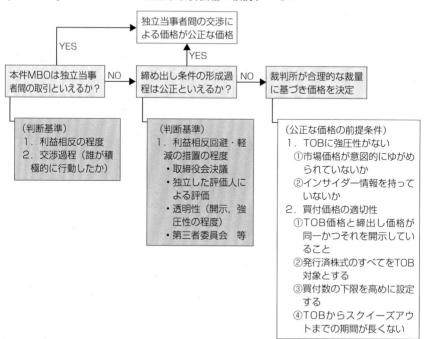

(4) 利益相反構造の軽減策

　前述のとおり，MBO／MEBOは重大な利益相反取引となるため，利益相反構造の回避・軽減のための対応が必要である。特に，反対株主が出現してスクイーズアウトを実施しなければならない場合，当該株主から裁判所に対して価格決定申立てが提起される可能性が高い。その場合，裁判所は単に買取価格の水準だけでなく，利益相反構造の軽減策の実行状況も含めた一連の手続きの公正性についても判断の材料にするものと思われる[5]。

　利益相反構造の軽減においては，経済産業省のMBO指針等も踏まえ，具体的には以下のような対応が考えられる（図13－3および図13－4）。

---

[5]　水野信次・西本強『ゴーイング・プライベート（非公開化）のすべて』（商事法務，2010年）121頁。

- 買取りに際しては，受け皿会社が対象会社に対して株式買取り提案（買収提案）を行い，対象会社は特別利害関係人を排除して当該提案の受入れについて検討を行う。
- 受け皿会社側での買収提案の内容については，対象会社の取締役や株主に事前に漏れることがないように情報管理を厳格に行うことが重要である。特に株主に対しては，最初から出来レースで行われたかのような印象を持たれないよう留意する。
- 可能であれば，対象会社側で買収提案を受け入れるかどうかの検討に際して，第三者委員会を設置してMBO/MEBOの是非や条件について諮問することが望ましい。
- 前述のとおり，買取価格の判断にあたり，第三者評価機関による算定書を取得する。可能であれば，買い手側（受け皿会社）と対象会社側双方で別の評価機関を起用して各々算定書を得ることが望ましい。
- スキームの設計・実行に際しては，弁護士や財務アドバイザー（FA）など独立したアドバイザーを買い手側と対象会社側でそれぞれ起用する。
- 対象会社の意思決定にあたっては，特別利害関係人を除くすべての取締役および監査役の承認を得る。

【図13-3】 MBO/MEBO実行体制

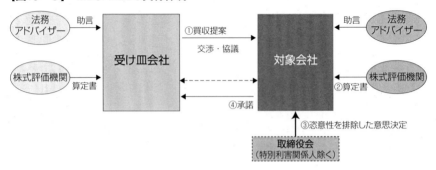

【図13-4】 MBO/MEBO実務上の対応事項

実務上の対応の整理
①株主の適切な判断機会の確保～共通して対応すべき事項～

- ○MBOのプロセス等について，公開買付け規制の改正・証券取引所の要請等の趣旨を踏まえた充実した開示
- ○MBO成立のため意図的に市場株価を引き下げているとの疑義を招く可能性がある場合のより充実した説明
- ○取締役が当該MBOに関して有する利害関係の内容についてのより充実した説明
- ○スクイーズアウトに際して，株式買取請求権又は価格決定請求権が確保できないスキームの採用の禁止
- ○特段の事情がない限り，公開買付けにおいて大多数の株式を取得した場合にはスクイーズアウトを実施
- ○特段の事情がない限り，スクイーズアウトの価格について，公開買付価格と同一の価格を基準にすること
- ◆MBO後も一定期間，対象会社の状況に関する情報提供を継続
- ◆MBO後の中長期的な経営計画等・将来の可能性についての十分な説明

◆は対応すべきか否か議論が分かれている事項

上記を前提とした上での実務上の工夫

②意思決定過程における恣意性の排除	③価格の適正性を担保する客観的状況の確保	④その他（①の見地から株主意思確認を尊重）
○（社外役員が存在する場合には）当該役員，又は独立した第三者委員会等に対するMBOの是非及び条件についての諮問（又はこれらの者によるMBOを行う取締役との交渉），及びその結果なされた判断の尊重 ○取締役及び監査役全員の承認 ○意思決定方法に関し，弁護士・アドバイザー等による独立したアドバイスを取得すること及びその名称を明らかにすること ○MBOの価格に関し，対象会社において，独立した第三者評価機関からの算定書等を取得 ＊実際の案件に応じて，上記の対応を組み合わせる等して工夫する	○MBOに際しての公開買付期間を比較的長期間に設定すること（※個別案件の性質によって異なり得る） ○対抗者が実際に出現した場合に，当該対抗者が対象会社との間で接触等を行うことを過度に制限するような内容の合意等を，当該MBOの実施に際して行わないこと ＊上記の対応を併せて行う	○MBOに際しての公開買付けにおける買付数の下限を，高い水準に設定すること（※なお，当該方法は，公開買付けの成否を著しく不安定にする恐れもあることから慎重に検討すべきとの指摘がある）

＊いずれかの実務上の工夫を採用することで，MBOの透明性・合理性は高まる。但し，各工夫は排除し合うものではなく，それぞれの具体的対応を組み合わせる等して，より透明性・合理性を高めることも可能。

出所：経済産業省「企業価値の向上及び公正な手続確保のための経営者による企業買収（MBO）に関する指針」。

(5) スクイーズアウト・スキームの選定

　株主を強制的に締め出す手法のことをスクイーズアウトという[6]。改正会社法の平成27年5月1日施行前は，株式併合のように，スクイーズアウトに反対する株主に対する救済措置（株式買取請求権または価格決定請求権）が確保できないスキームは株主に対する強圧性が高いことから採用すべきではなく，仮にそうした手法を選択した場合，スクイーズアウト取引の適法性が問題となる可能性が高いとされていた[7]。そのため，会社法改正前は，株式交換もしくは全部取得条項付種類株式を使用することが考えられていたが，株式交換は税制非適格となる可能性が高いことから，一般には全部取得条項付種類株式による方法が採用されていた。

　改正会社法では，新たなスクイーズアウトの手法として株式等売渡請求制度が創設されたほか，株式併合における反対株主の買取請求権や価格決定請求権が制度化されたことから，今後はこれらの手法によるスクイーズアウトが主流となる可能性がある。具体的には，手続き上の簡便さ等により，株式取得後に90％以上の議決権を確保した場合には株式等売渡請求制度が活用され，株式取得後に90％以上の議決権を確保できなかった場合には全部取得条項付種類株式よりも株式併合が活用される可能性が高い。

6　少数株主の「締出し」のうち，公開型のタイプの会社の買収後の残存少数株主を対象に行われるものは，その対価として少数株主に支払われる金額の適正性の点は別として，締め出すこと自体は，類型的に「著しく不当な決議」に当らないと解すべきである。公開型の会社の株主は，適正な対価を取得できれば，当該会社の株主の地位に固執すべき理由はないからである。しかし他方，閉鎖型のタイプの会社の内紛に起因する少数株主の締出しについては，「目的の不当性」から会社法831条1項3号が適用にならないかの点を，裁判所は慎重に判断すべきである，との指摘がある（江頭憲治郎『株式会社法（第6版）』（有斐閣，2015年）160頁以下）。

7　大石篤史・小島義博・小山浩『税務・法務を統合したM&A戦略』（中央経済社，2009年）141頁。

> 改正会社法ワンポイント⑨

株式等売渡請求制度の創設

1　株式等売渡請求制度の概要

　株式等売渡請求制度とは，対象会社の特別支配株主（株式会社の総株主の議決権の10分の9以上を有する株主）は，対象会社の株主の全員に対し，株主総会の特別決議を要することなく，その有する対象会社の株式の全部を特別支配株主に売り渡すことを請求することができるというもの（会179①）。対象会社の取締役会の決議で実行できることから，迅速なスクイーズアウトが可能となる。

2　株式等売渡請求の方法

　株式売渡請求は，次に掲げる事項を定めてしなければならない（会179の2①）。

- 株式売渡請求によりその有する対象会社の株式を売り渡す株主（以下「売渡株主」という）に対して，対価として交付する金銭の額またはその算定方法
- 売渡株主に対する金銭の割当てに関する事項[8]等

3　対象会社の承認

　特別支配株主は，株式売渡請求（株式売渡請求に併せて新株予約権売渡請求をする場合にあっては，株式売渡請求および新株予約権売渡請求。以下「株式等売渡請求」という）をしようとするときは，対象会社に対し，その旨および一定の事項等を通知し，その承認を受けなければならない（会179の3①）。

　取締役会設置会社が上記の承認をするか否かの決定をするには，取締役

---

[8] 売渡株主に対する金銭の割当てについての定めは，売渡株主の有する売渡株式の数に応じて金銭を交付することを内容とするものでなければならない（会179の2③）。

会の決議によらなければならず，その決定をしたときは，特別支配株主に対し，当該決定の内容を通知しなければならない（会179の3③④）。

4　事前開示制度・事後開示制度

対象会社は，売渡株主に対し，株式売渡請求を承認した旨，特別支配株主の氏名および住所等の一定の事項を通知または公告した日のいずれか早い日から，取得日後6か月を経過する日までの間，特別支配株主の氏名または名称および住所，対価として交付する金銭の額またはその算定方法，金銭の割当てに関する事項等を記載した書面または電磁的記録を，本店に備え置き，開示しなければならない（会179の5①）。

対象会社は，取得日後遅滞なく，株式等売渡請求により特別支配株主が取得した売渡株式等の数その他の事項を記載した書面または電磁的記録を作成し，取得日から6か月間，それを本店に備え置き，開示しなければならない（会179の10①②）。

5　売渡株式等の取得

株式等売渡請求をした特別支配株主は，取得日に，売渡株式等の全部を取得する（会179の9①）。その売渡株式等が譲渡制限株式または譲渡制限新株予約権であるときは，対象会社は，特別支配株主が当該売渡株式等を取得したことについて，これらを承認する旨の決定をしたものとみなす（会179の9②）。

6　少数株主の救済制度

株式等売渡請求制度においては，スクイーズアウトの対象となる少数株主の救済策として，次の3つの方法が用意されている。

(1)　売渡株式等の取得の差止請求

売渡株主等は，次に掲げる場合において，売渡株主等が不利益を受ける

おそれがあるときは，特別支配株主に対し，株式等売渡請求にかかる売渡株式等の全部の取得をやめることを請求することができる[9]（会179の7①）。
① 株式売渡請求が法令に違反する場合
② 対象会社が売渡株主に対する通知義務または事前開示手続きに違反した場合
③ 売渡株式の対価として交付する金銭の額またはその算定方法またはその金銭の割当てが対象会社の財産の状況その他の事情に照らして著しく不当である場合

(2) 売渡株式の価格決定申立て

売渡株主等は，取得日の20日前の日から取得日の前日までの間に，裁判所に対し，その有する売渡株式等の売買価格の決定の申立てをすることができる（会179の8①）。また，特別支配株主は，裁判所の決定した売買価格に対する取得日後の年6分の利率による利息の支払義務を負うが（会179の8②），裁判所の決定があるまでは，売渡株主等に対し，特別支配株主が公正な価格と認める額を支払うことができる（会179の9③）。

(3) 売渡株式等の取得無効の訴え

取得日において売渡株主等であった者，対象会社の取締役（監査役設置会社にあっては取締役または監査役，指名委員会等設置会社にあっては取締役または執行役）であった者または対象会社の取締役（監査役設置会社にあっては取締役または監査役，指名委員会等設置会社にあっては取締役または執行役）もしくは清算人は，特別支配株主を被告として，取得日から6か月以内（対象会社が非公開会社である場合は1年以内）に限り，売渡株式等の取得の無効の訴えを提起することができる（会846の2）。

---

[9] 株式等売渡請求は，対象会社ではなく特別支配株主がその行為の主体となるため，略式組織再編の場合と異なり，定款違反は差止事由に規定されていない。

無効原因は，取得手続きの瑕疵とされ，具体的には，①取得者の持分要件の不足，②対価である金銭の違法な割当て，③対象会社の取締役会・種類株主総会の決議の瑕疵，④売渡株主等に対する通知・公告・事前開示書類の瑕疵・不実記載，⑤取得の差止仮処分命令への違反，⑥対価である金銭の交付の不履行が著しい場合，⑦対価金銭の額の著しい不当または「締出し目的の不当」などが無効原因となりうる[10]。

改正会社法ワンポイント⑩

全部取得条項付種類株式の取得における株主保護の充実

改正前の会社法では，スクイーズアウト手法は通例として全部取得条項付種類株式が利用されていたが，もともと全部取得条項付種類株式は100％減資を円滑に行うことを目的に創設された制度であったため，事前開示手続きがないなど，少数株主保護に欠けるとの問題点が指摘されていた。

改正会社法においては，全部取得条項付種類株式がスクイーズアウトの手段として利用されることを前提に，株主保護のための制度が整備された。

1　事前開示制度・事後開示制度の創設

全部取得条項付種類株式を取得する株式会社は，①全部取得条項付種類株式の取得に関する決定をする株主総会の日の2週間前の日[11]，または②全部取得条項付種類株式の全部を取得する旨の通知または公告をした日のいずれか早い日から，取得日後6か月を経過する日までの間，取得の対価の内容や数等を記載した書面または電磁的記録を本店に備え置き，これらを開示しなければならない（会171の2①）。

---

[10] 江頭憲治郎『株式会社法（第6版）』（有斐閣，2015年）282頁。
[11] 株主全員の同意により株主総会決議を省略する場合は，取締役または株主から株主総会の目的である事項について提案があった日。

全部取得条項付種類株式を取得した株式会社は、取得日後遅滞なく、取得した全部取得条項付種類株式の数その他の事項を記載した書面または電磁的記録を作成し、取得日から6か月間、本店に備え置き、これらを開示しなければならない（会173の2①②）。

2　価格決定申立期間の変更

　改正前の会社法では、価格決定の申立期間は、取得を決議した株主総会の日から20日以内とされていたが、取得日と株主総会の間が20日に満たない場合に法律関係が複雑になる問題があった。そのため、改正会社法では、取得日の20日前の日から取得日の前日までの間と改正された（会172①）。

3　価格決定申立てをした株主への対価の不交付

　株式会社は、取得日に、全部取得条項付種類株式の全部を取得する（会173①）。会社法改正前は、全部取得条項付種類株式の株主は、取得日に対価を得ることとされていたが、価格決定申立てを行った株主に対しても対価を交付することは合理的でないため、改正会社法では、価格決定申立てを行った株主に対しては、取得の対価を交付しないこととされた（会173②）。

　ただ、この改正により、株主に交付される対価である別種の種類株式の端数の合計が1に満たないリスクが生じることとなる[12]。その場合は、端数の売却および売却代金の交付ができないという事態が生じてしまう。この点は、改正会社法において、全部取得条項付種類株式をスクイーズアウト手法として使いにくくなった理由として挙げられる。

---

[12] 会社法改正前の実務では、スクイーズアウトの対象とする株主に別種の種類株式の1株未満の端数のみが交付され、かつ、端数の合計が1以上となるような交換比率を計画的に設定することができたのだが、今回の改正により、価格決定申立てを行う株主が現れた場合に端数の合計が都度変化することとなる。

4　差止請求制度の創設

全部取得条項付種類株式の取得が，法令または定款に違反する場合において，株主が不利益を受けるおそれがあるときは，株主は株式会社に対し，当該全部取得条項付種類株式の取得をやめることを請求することができるようになった（会171の3）。

取得対価が定款の定めに反して定められれば差止事由になりうるが，取得対価が実質的に不当であることは，通常は取締役の法令違反行為（忠実義務違反）にすぎず，会社による法令・定款違反行為ではない。もっとも，取得対価が特別利害関係株主の議決権行使によって著しく不当に定められた場合には，差止事由となる可能性があると解されている[13]。

改正会社法ワンポイント⑪

株式併合における株主保護の充実

前述のとおり，会社法改正前は，株式併合は反対株主の株式買取請求権がないなど株主保護の観点から問題があり，スクイーズアウトの手法としては望ましくないものと考えられていたが，改正会社法ではその問題が解消された。

1　反対株主による株式買取請求手続きの創設

株式会社が株式の併合をすることにより，株式の数に1株に満たない端数が生ずる場合には，反対株主は，会社に対し，自己の有する株式のうち1株に満たない端数となるものの全部を公正な価格で買い取ることを請求することができることとなった（会182の4①）。

反対株主とは，以下の要件を満たす者という（会182の4②）。

① 株式併合を決議する株主総会に先立って，当該株式の併合に反対す

13　江頭憲治郎『株式会社法（第6版）』（有斐閣，2015年）163頁。

る旨を会社に対し通知し，かつ，当該株主総会において当該株式の併合に反対した株主（当該株主総会において議決権を行使できる株主に限る）

② 当該株主総会において，議決権を行使することができない株主

ただし，株式併合により生じる端数の数に照らして，端数が生じることによる株主への影響が小さいと考えられる場合には，端数となる株式の買取請求は認められないこととされている（会182の2①）。具体的には，以下の場合には，株式買取請求は認められない[14]。

① 当該株式会社が単元株式数を定款で定めている場合で，かつ，
② 単元株式数に株式の併合の割合を乗じて得た数が整数となる場合

株式併合に伴う株式買取請求は，効力発生日の20日前の日から効力発生日の前日までの間に，その株式買取請求にかかる株式の数（種類株式発行会社にあっては，株式の種類および種類ごとの数）を明らかにしてしなければならない（会182の4④）。

株式の価格の決定について，株主と会社との間で協議が調ったときは，会社は効力発生日から60日以内に支払をしなければならない（会182の5①）。株式の価格の決定について，効力発生日から30日以内に協議が調わないときは，株主または会社は，その期間の満了の日後30日以内に，裁判所に対し，価格決定の申立てを行うことができる（会182の5②）。

株式買取請求にかかる株式の買取りは，株式併合の効力発生日にその効力を生ずる（会182の5⑥）。

なお，会社が株式買取請求に応じて，端数株式を取得する場合は，自己株式の取得財源規制は適用されない。

---

[14] この場合でも，1株に満たない端数が生じた場合は，端数の合計数に相当する数の株式の売却によって得られた代金が，端数に応じて株主に交付されることになる（会235・234②～⑤）。

2　事前開示制度・事後開示制度の創設

　株式併合をする株式会社は，株式併合の決議の日の2週間前の日，株主に対する通知または公告の日のいずれか早い日から効力発生日後6か月を経過する日までの間，一定の事項を記載した書面または電磁的記録を本店に備え置かなければならない（会182の2①）。

　株式併合をした株式会社は，株式併合の効力発生日後遅滞なく，株式併合が効力を生じたときにおける発行済株式（種類株式発行会社にあっては，併合する種類の発行済株式）の総数その他の事項を記載した書面または電磁的記録を作成し，効力発生日から6か月間，本店に備え置かなければならない（会182の6①②）。

3　発行可能株式総数に関する規律の整備

　株式会社は，株式併合をしようとするときは，そのつど，株主総会の決議によって，①併合の割合，②株式併合の効力発生日，③株式会社が種類株式発行会社である場合には併合する株式の種類，④効力発生日における発行可能株式総数を定めなければならないこととなった（会180②）。また，株式併合をした株式会社では，効力発生日に，発行可能株式総数にかかる定款の変更をしたものとみなすこととされた（会182②）。

　なお，公開会社においては，発行可能株式総数は，効力発生日における発行済株式総数の4倍を超えることはできない（会180③）。

4　差止請求制度の創設

　株式併合が，法令または定款に違反する場合において，株式併合により不利益を受けるおそれがある株主は，会社に対し，当該株式併合をやめることを請求することができるとされた（会182の3）。定款・法令違反の例は，①株主総会決議の瑕疵，②通知・公告の瑕疵・虚偽記載，③併合の割合の不平等取扱い等である[15]。

なお，株式併合に対する差止請求が認められるのは，反対株主による株式買取請求が認められる場合のみであることに留意する（会182の2①括弧書）。

【図13－5】　会社法改正後のスクイーズアウト手法の比較

	全部取得条項付種類株式を用いる方法	株式の併合を用いる方法	株式等売渡請求を用いる方法
持株要件	なし	なし	総株主の議決権の90％以上
株主総会	必要	必要	不要
種類株主総会	必要	種類株式発行会社でない限りは不要	種類株式発行会社でない限りは不要
財源規制	全部取得条項付種類株式の取得時および1株に満たない端数を買い取る場合には財源規制あり	なし（ただし，株式買取請求に応じて株式を取得する場合に支払日における分配可能額を超えるときは業務執行者に超過額支払義務が課される）	なし
買取請求に応じて株式を取得した場合の業務執行者の責任	なし※1	あり	なし
新株予約権	対象にできない	対象にできない	対象にできる
自己株式の取扱い	端数処理の対象とならない	端数処理の対象となる	売渡請求の対象にならない
株式買取請求・価格決定の申立て	価格決定の申立てが可能※1	株式買取請求が可能（ただし，一定の要件※2を満たす場合は不可）	価格決定の申立てが可能

15　江頭憲治郎『株式会社法（第6版）』（有斐閣，2015年）289頁。

事前開示手続	あり	あり（ただし，一定の要件※2を満たす場合は不要）	あり
事後開示手続	あり	あり（ただし，一定の要件※2を満たす場合は不要）	あり
差止請求	可能	可能（ただし，一定の要件※2を満たす場合は不可）	可能
差止事由	法令または定款違反かつ株主が不利益を受けるおそれがあるとき	法令または定款違反かつ株主が不利益を受けるおそれがあるとき	①法令に違反する場合 ②通知義務または事前開示手続きに違反した場合，もしくは③対価が著しく不当である場合 かつ，売渡株主等が不利益を受けるおそれがあるとき
決議取消しの訴え	可能	可能	不可
無効の訴え	不可	不可	可能
有価証券報告書提出義務	取得した株式の消却により直ちに消滅	事業年度末日後に承認を得て免除される	事業年度末日後に承認を得て免除される

※1　全部取得条項を付す定款変更がなされた場合は株式買取請求が可能であり（会116①二・108①七），当該株式買取請求に応じて株式を取得した場合には業務執行者の責任が生じ得る（会464①・116①）。もっとも，今回の改正前の全部取得条項付種類株式を用いたキャッシュ・アウトの実務において，取得価格に不満のある株主は，株式買取請求ではなく，価格決定の申立て（会172①）を行うのが通常であった。かかる実務を踏まえ，上記図の全部取得条項付種類株式を用いる方法の欄では，株式買取請求については記載をしていない。

※2　株式の併合を行う会社が単元株式数を定款で定めている場合で，かつ，単元株式数に株式の併合の割合を乗じて得た数が整数となる場合，株式買取請求・差止請求はできず，また，事前開示手続き・事後開示手続きも不要となる（会182の2①括弧書）。

出所：大江橋法律事務所編『実務解説平成26年会社法改正』（商事法務，2014年）147〜148頁。

(6) スクイーズアウト実行時の価格決定申立リスクへの配慮

　スクイーズアウトにより換金化される際の価格は，基本的には受け皿会社が取得する株式の価格と同様となる。株主は，その価格に納得がいかなければ，全部取得条項付種類株式あるいは株式等売渡請求を用いる方法では，裁判所に対して価格決定申立てを行うことができる（会172①二・179の8①）[16]。もともと価格に不満があって株式の売却に応じなかった株主は，スクイーズアウトが行われれば，価格決定申立てを行う可能性が高いと考えたほうがよいであろう。

　前述のとおり，裁判所が価格を決定するに際しては，スクイーズアウトで採用された価格水準そのものの適正性を判断するだけではなく，スクイーズアウトのプロセスそのものの適正性についても考慮するといわれている。特に，利益相反構造の軽減に向けた対処が適正になされていたかは重要であり，反対株主の出現が予想される場合には，スクイーズアウトのプロセス自体も慎重に検討することが重要である[17]。

16　前述のとおり，株式併合による場合は，価格決定申立ては認められていないが，一定の要件を満たす株主に株式買取請求が認められている（会184の4①②）。ただし，端数が生じることによる株主への影響が小さいと考えられる場合は，端数となる株式の買取請求は認められない（会182の2①括弧書）。

17　非上場株式の価格決定申立事件において，裁判所が具体的な価格を決定するには，鑑定人による評価を取得する可能性が高い。その場合にかかる費用や時間等を考慮し，裁判所は当事者に和解を勧告することも珍しくない。

4 自社株対策上の留意点

(1) MBO/MEBO実施前の自社株対策

　前述のとおり，MBO/MEBOにおける株式の取得価格は，通常のM&Aで用いられるDCF法等が用いられることが一般的であるが，税務リスクに配慮して，取得価格決定に際しては税務上の株価も考慮されることとなる。そのため，税務上の株価が株式取得価格の最低線となるともいえ，MBO等の実行前には税務上の株価が不用意に上昇しないよう配慮することも重要である。

(2) MBO/MEBO実施後の自社株対策

　MBO/MEBOは，所有のみならず経営面でも次世代の経営者に承継することを意味する。そのため，特に，オーナーのワンマン経営となっているような会社においては，次世代経営者人材の育成および組織的経営への進化が重要な課題となる。社内の人材で経営者たる人材が見当たらない場合は，短期的対策として外部から人材を調達することも含めて検討しなければならない。その意味で，次章で解説する投資ファンドを活用することも考えられる。

第14章 M&A

　非上場企業の売却理由の大半は，後継者不在である。売り手のオーナーにしてみれば，株式を現金化することで納税資金対策となるほか，経営承継も合わせて実現できるという意味で，M&Aは究極の事業承継対策ともいえる。
　本書は，M&Aの具体的な方策を指南することを目的としたものではないため，実務的な詳細は専門書に譲るが，ここでは，事業承継対策としてM&Aを検討する際に押さえておきたいポイントを中心に解説していく。

1　事業承継対策としてのM&Aのメリット・デメリット

(1) メリット
① 売り手にとって，資金負担なく相続税対策が完了する
　自社株の買取りは第三者（買い手企業）により行われるため，売り手あるいは売り手企業側で資金調達を行う必要性はない。M&Aによって株式は現金に替わるため，多額の相続税であっても納税資金は確保することができる。
② 従業員の雇用維持が可能
　M&Aによって買い手企業に事業を承継することができれば，会社を清算し

ないで済むため、基本的に従業員の雇用を確保することができる。再生案件を除き、売り手企業の一定期間の雇用維持が買収の条件となることが多い。

③　事業の発展・拡大

通常、買い手企業は売り手企業と比較して規模が大きく、信用力や資金調達力も高い。そのため、売り手企業は、M&A後に買い手企業の資金力を活用し、より積極的な投資や人材教育等が行えるようになる。また、買い手企業とのシナジーにより、売上規模の拡大や収益性の向上も期待できる。その意味では、M&Aは、買い手企業のみならず売り手企業にとっても成長のための手段といえる。

④　従業員のモチベーション向上

前述のとおり、買い手企業は信用力が高い企業であることが一般的であり、M&Aによりそうした企業の傘下に入ることは、従業員における将来への不安の解消につながる。また、売り手企業の成長への期待により、従業員のモチベーション向上も期待できる。

(2)　デメリット・留意点

①　オーナー家の役員の退任

通常、買収後は買い手企業から経営者が派遣されることとなる。そのため、オーナー家出身の役員は退任するケースが多い。特に、役員に値する経験や能力がないのにオーナー家というだけで役員となっている者については、買い手企業から役員を解任されたり、自ら辞任に追い込まれるケースも珍しくない。

②　経営方針の変更に伴う取引先や従業員の離脱

経営方針が変わることで、既存の顧客から取引を打ち切られてしまうこともある。また、買い手企業側の方針により仕入先が変更となり、既存の仕入先に重大な影響を与えてしまうこともある。

社内的には、買い手企業のカルチャーと合わずに、従業員のモチベーションが低下したり、中核的な人材が辞めてしまうこともある。

これらの点は、M&Aの交渉段階からある程度想定できるものである。その

ため，売り手は交渉の段階から，買い手が買収後にどのような経営方針を考えているのか，従業員や取引先に対してどのような影響が生じうるのかを確認・想定していくことが重要である。目先の条件だけにとらわれずに，売却後，従業員たちがイキイキと仕事ができるような相手なのかを慎重に見極めたい。

> **改正会社法ワンポイント⑫**
>
> ### 親会社による子会社株式等の譲渡
>
> 　会社法改正前は，親会社が子会社株式を譲渡する場合，たとえそれが重要な子会社であっても株主総会の決議は不要であったが，実質的には事業譲渡と同じ経済行為であるといえた。
>
> 　そこで，改正会社法では，株式会社が子会社の株式または持分の全部または一部の譲渡をしようとする場合において，次のいずれにも該当するときは，効力発生日の前日までに，株主総会の特別決議によって，株式譲渡契約の承認を受けなければならないこととされた（会467①二の二）。
>
> ① 譲渡対象となる株式等の帳簿価額が譲渡会社の総資産額の5分の1（これを下回る場合を定款で定めた場合にあっては，その割合）を超えるとき
>
> ② 譲渡会社が，効力発生日において当該子会社の議決権の総数の過半数を有しない結果となるとき
>
> 　従来，事業の一部を新設・分社型分割により分割し，当該新会社の株式を譲渡することは実務上よく行われてきたが，改正会社法ではこうしたスキームにおいても親会社の株主総会が必要となる可能性があることに留意が必要である。

2 売却先の選択肢

　売却先には、一般の事業会社のほかに、投資ファンドのようなフィナンシャルバイヤーと呼ばれる金融事業者が考えられる。売却先としてどちらを選ぶかは、大きな違いがある。それぞれの売却先としての留意点は以下のとおり。

(1) 事業会社への売却における留意点

　事業会社の場合、事業上のシナジー効果の発揮を主たる目的としてM&Aを行うことが一般的である。そのため、投資ファンドなどのフィナンシャルバイヤーに対して、戦略的な意味合いから買収を行うという意味で、買収者たる事業会社のことをストラテジックバイヤーと呼ぶこともある。

　買い手が最も期待するシナジー効果は、自社の弱点を補強してくれるようなシナジー効果である。そのため、売却先を探索するにあたっては、売り手企業が強みとする部分が弱いと思われる会社を抽出していくことがポイントである。高いシナジー効果を期待してくれる会社ほど、買収価格も高くなるし、買収後も自社の風土を尊重した経営を行ってくれる可能性が高い。

　一方、売却先として注意しなければならないのは、買収目的があいまいな会社である。オーナーがM&A好きで、M&A自体が目的化している会社も決して珍しくはない。M&Aを繰り返し、企業規模が急激に拡大している会社は要注意である。2000年代後半には、新興市場に上場する企業で、こうした会社が続出した。そして、数年後には業績が急速に悪化し、リストラの一環として買収した企業を再び売りに出すという例が相次いだ。M&A自体が目的化すると、シナジー効果が薄い会社や業績の悪い会社であっても、積極的に買収していく傾向が見られる。その結果、買収に伴う資金調達で過大な負債を抱えるようになり、一気に経営が苦しくなるというのが典型的な例だ。売り手としては、売却後に自分たちの会社がそのような不幸な目にあわぬよう、優良な買い手を選択しなければならない。そのためには、やはりどれだけ買い手企業がシナジー

(2) 投資ファンドへの売却における留意点
① 投資ファンドの特徴
　投資ファンドというと，日本ではハゲタカファンドのような印象が強く，あまりよい印象はないかもしれないが，事業承継の観点からは，M&Aの相手先として投資ファンドは十分検討の余地がある。一般に，M&Aの相手先としての投資ファンドについては馴染みが薄いと思われるため，ここではやや紙面を割いて解説していく。

　非上場企業の事業承継対策に応えようとする投資ファンドのことを，一般にプライベート・エクイティ・ファンド（PEファンド）と呼ぶ。彼らは，文字通り，主として非上場企業に対して投資を行うファンドである。大まかに言うと，日系と外資系の投資ファンドがあり，日系は独立系，金融機関系に分かれる。外資系は，投資額でいうと1件当たり数百億円以上の比較的規模の大きな

【図14－1】　代表的な投資ファンド

日　系	外資系
アドバンテッジ・パートナーズ 日本プライベートエクイティ フェニックス・キャピタル ユニゾン・キャピタル 日本みらいキャピタル ネクスト・キャピタル・パートナーズ ニューホライズンキャピタル 東京海上キャピタル 丸の内キャピタル インテグラル 日本産業パートナーズ アント・キャピタル・パートナーズ ソリューションデザイン　など	CITIC Capital Holdings The Carlyle Group CVC Asia Pacific (Japan) CLSA Capital Partners Olympus Capital Asia MBK Partners TPG Capital The Riverside Company Permira Advisers Bain Capital Asia Kohlberg Kravis Roberts & Co. Baring Private Equity Asia etc.

企業への投資が中心である。日系のファンドや一部の外資系ファンドは，1件当たり数十億円の中堅企業クラスが主たる投資対象となっている。

② 投資ファンドを活用した事業承継スキーム

投資ファンドを事業承継対策として活用するスキームとしては，MBOがその典型となる。経営陣や後継者が一部を出資するものの，投資ファンドが株式の過半数を持つ受け皿会社を設立し，その会社が金融機関から資金調達したうえで，対象会社の株式をすべて買い取るというスキームが一般的である。オーナーとしては，受け皿会社に株式を売却した時点で，相続税の納税資金対策は完了するわけだが，必ずしも全株式を売却しないケースもあり，その場合は，投資ファンドによる投資が完了するまで，つまり投資ファンドが保有株式を売却する（このことを「エグジット」という）まで，事業承継対策は完了しないこととなる。

投資ファンドは，その性格上，必ずエグジットを行う。一般には，5～7年前後で取得した株式を売却することが多い。売却の方法としては，うまくいけばIPOにこぎ着けて市場で売却することもあるが，一般にはM&Aにより他の

【図14-2】 典型的なバイアウト・スキーム

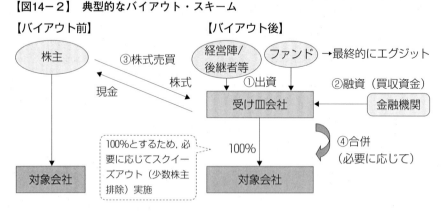

①ファンドと経営陣が出資して受け皿会社を設立，②銀行が受け皿会社に買収資金を融資，③受け皿会社は株式譲渡により株式を買い付け（必要に応じてスクイーズアウト実施），④必要に応じて受け皿会社と対象会社が合併。

事業会社や投資ファンドに売却することが多い。中には，再びオーナー一族に売却したり，従業員に売却する（いわゆるMEBO）ケースもある。

③　投資ファンドの選び方

　投資ファンドが買収を行う目的は，投資そのものである。端的にいえば，買収した企業を買った時よりも高値で売ることで，キャピタルゲインを獲得することが彼らの目的である。そのため，投資ファンドとしては，できるだけ安く会社を買い叩いて，高値で売り抜けられればよいということになるのだが，現実には安く会社を買うことは困難な状況である。なぜなら，M&Aは圧倒的な売り手市場だからである。優良な企業の売却案件は入札になることが多く，買収価格はむしろ高騰しがちな状況となっている。そのため，投資ファンドとしては，買収後に対象会社の収益力を着実に向上させて企業価値を向上させない限り，容易にキャピタルゲインを手にすることはできないのである。

　そこで，売り手としては，対象会社の企業価値向上を果たしてくれる力を持った投資ファンドを選択することが重要となる。そこを見極めるには，投資ファンドの投資実績（特に成功事例），チームメンバーの経歴，投資ファンドの持つネットワークに着目するとよい。たとえば，海外での販路拡大を目指す場合には，海外での取引先のネットワークを豊富に持っているかどうか，あるいは，そうしたネットワークを持った企業とのパイプが強いかといった点が重要となる。

④　投資ファンドを活用するメリット

　M&Aの相手先として，事業会社ではなく，あえて投資ファンドを選ぶメリットとしては，次の点が挙げられる。

(i)　成長や経営改革の推進力

　前述のとおり，投資ファンドは真剣に企業価値向上に向けて取り組むため，会社の成長や経営改革を推進する力を発揮する。たとえば，海外での事業展開や他社での成功ノウハウの移植を通じて，新たな事業展開への道を切り拓くことが期待できる。

　また，業績が芳しくない企業の場合は，企業風土改革を実現する原動力も期

待できる。オーナー家としては難しかった，しがらみを断ち切る"汚れ役"を投資ファンドに担ってもらうのはよくある話だ。特に，投資ファンドはエグジットのタイミングを意識するため，投資期間という時間的制約の中で，できるだけ早く改革を実現しようとするインセンティブも働く。この点も，短期間のうちに投資ファンドが成果を出す秘訣ともいえる。

(ii) 事業会社へのM&Aの準備期間

特に，オーナーのワンマン経営となっているような企業の場合，経営の根幹はすべてオーナーが握っており，いわばオーナーによる家業になっていることが珍しくない。そうなると，M&Aでいきなり大企業の傘下に入るといっても，会社の諸制度がほとんど整っていないため，うまく経営の引き継ぎができない，あるいは，相手方に十分な価値を認めてもらえないなどの障害が出てくるおそれがある。そこで，将来の事業会社へのM&Aへの準備期間として，一旦投資ファンドに株を持ってもらうというケースも意外と多い。いわば，"家業から企業への脱皮"のために投資ファンドを活用するという発想である。

投資ファンドは，いざ企業を買収すると，緻密な経営管理制度や公正な人事制度などを導入する。オーナーの感覚で行われてきた経営管理や人事管理が科学的，組織的なものへと進化するのである。諸規程類や各種ルールも整備され，組織として経営が回るような仕組みが取り入れられることで，より持続的な成長を実現するための基盤が整えられることとなる。

⑤ 投資ファンドを活用するデメリット，リスク

(i) 事業への知見・シナジーの不足

投資ファンドは企業価値向上に向けて精力的に取り組んでいくのであるが，実際には，投資ファンド自身には事業に対する知見が乏しいことは珍しくない。投資ファンドとしては，買収した事業に精通した経営者を外部から招聘して，買収した会社の社長に据えることが一般的である。また，投資ファンドそのものが事業を営んでいるわけではなく，同じ業種の投資先がない場合には，シナジー効果を発揮することもできない。そのため，必ずしも企業価値向上がうまく実現できるわけではなく，投資後もなかなか業績が回復しないという失敗例

も枚挙にいとまがない。

(ii) エグジット方法をめぐるトラブル

　前述のとおり、投資ファンドは必ずエグジットを行うため、あらかじめ、どのようなエグジット方法を想定しているのか、その投資ファンドが過去にどのようなエグジットを行ってきたのかは確認しておくことが望ましい。中には、会社側が望まない方法でエグジットを行って、トラブルを起こしているようなケースも散見される。

③ M&Aの進め方

　売り手側（セルサイド）としては、M&Aは一般的に後掲の【図14-3】のようなプロセスで進んでいく。

(1) フィナンシャル・アドバイザー（FA）の選定

　M&Aによる売却を本格的に進めるにあたり、まず行うことはフィナンシャル・アドバイザー（FA）の選定である。FAは、売り手のアドバイザーとして、売却価格に関する助言、買い手企業とのマッチング、交渉支援、契約締結およびクロージングにかかる実務支援等、M&A全般について助言およびサポートする。セルサイド（売り手側）の場合、FAの報酬は、着手金等以外の成功報酬については、売却対象となる企業の企業価値[1]に応じて決まることが一般的である。

　なお、FAと似て非なるものとして、「仲介」がある。一部のM&A助言会社は、仲介モデルを基本としている。仲介の場合、売り手・買い手双方から報酬をもらう契約形態をとることから、利益相反となるため一方に肩入れした助言は行うことができないという制約があることに留意を要する。

---

1 「企業価値」とは、株式価値に債権者価値（有利子負債、役員退職慰労金等）を加算したものを意味する。

(2) 企業価値評価

　会社の売却価格を決めるにあたり，専門家による企業価値算定を行う。FAを起用する場合は，FAが算定を行うこととなる。FAは算定結果をもとに，妥当な売却価格のレンジ（範囲）を助言するのだが，この点がFAにとっても最も重要な役割ともいえる。往々にして，売り手の希望価格は，経済合理性に基づいて算定した価値よりも高いことが多く，M&Aを成約させるために依頼人である売り手の期待値をコントロールすることもFAの重要な役割である。

(3) インフォメーション・メモランダム（IM: Information Memorandum）の作成

　通常はFAが企業価値算定の作業と並行して，インフォメーション・メモランダム（IM）の作成を行う。IMとは，会社概要，沿革，財務状況，ビジネスモデル，事業上の強み・弱み，事業計画など，対象会社の概要をまとめた資料であり，通常は30～50頁くらいのボリュームとなる。

(4) 売却先候補企業へのアプローチ

　売却価格の目線を確認し，IMが完成したところで，FAが複数の売却先候補企業へ打診を行う。どこに打診するかは，事前にFAと売り手との間で協議により決定する。複数に打診をするのは，他にも候補先があることを匂わすことで有利な取引条件を引き出すためである。打診先には，事業会社のみならず，投資ファンドが含まれることもある。

　打診を受けた候補企業は，IMをもとに買収交渉に入るかどうかを検討し，買収交渉を希望する場合は，意向表明を行うこととなる。意向表明書には，買収の目的，買収金額（通常レンジでの設定も可），買収スキーム，資金調達方法，買収後の経営方針等が盛り込まれる。

(5) 交　渉

　複数の候補先から意向表明を受領した場合，基本的には最も有利な候補先1

【図14-3】 M&Aのプロセス

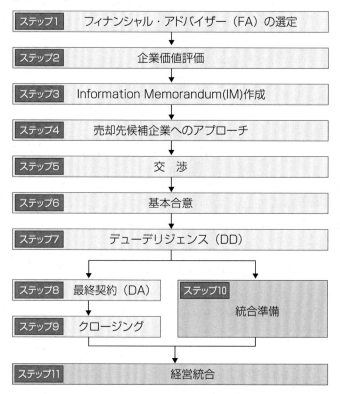

社に絞り込んで,独占的な交渉に入る。ただし,有望な候補先が複数ある場合は,あえて2~3社の候補先に優先交渉権を与えて,簡易的なデューデリジェンス(DD)に進めて,さらに具体的な条件を提示させたうえで,1社に絞り込んでいくケースもある。

(6) 基本合意(LOI: Letter Of Intent)

買収金額,買収スキーム,買収後の経営方針等,候補先から提示された条件をもとに交渉で合意された基本的な取引条件に関する内容を,一旦書面で合意することを基本合意(LOI)と呼ぶ。

基本合意自体は，取引実行の法的拘束力を持つものではないのだが[2]，この時点での合意内容を整理することで，当事者に本格的な交渉入りを覚悟させる精神的な意味合いが大きい。特に，買い手にとっては，基本合意により独占的な交渉権を獲得できることが一般的であり，その意味で買い手としては早めに基本合意締結に持ち込もうとすることが多い。

(7) デューデリジェンス（DD: Due Diligence）

基本合意を経ると，本格的なDDに入る。DDは，財務，税務，法務に関するものは必ず行われると考えたほうがよい。売却対象企業に工場がある場合は，特に化学薬品等を使用しているケースでは土壌汚染等の有無を調査する環境DDも行われることが多い。また，労務管理がずさんな企業の場合，社労士による労務DDが行われることもある。

DDは複数の専門家が参画するため，売却対象会社で行う場合は，従業員にM&Aを感づかれないように細心の注意を払う必要がある。また，DDに際しては，専門家から膨大な量の資料要求やQ&Aが来るため，売却対象会社側ではDDに対応できる体制を整えておく必要がある。

(8) 最終契約（DA: Definitive Agreement）

DDの結果を踏まえ，M&A実行に向けた最終的な取引条件の交渉が行われる。通常，DDにより何かしら減額要因が出てくるものだと売り手側は覚悟しておく必要がある。

最終的な条件がまとまると，最終契約書（DA）が締結され，取引実行の法的拘束力が生じることとなる。たいていの場合，クロージングの前提条件として，最終契約後，クロージングまでの間に売り手側で行わなければならない事項が最終契約書上で規定されるため，売り手は確実にその義務を履行することが求められることに留意する。

---

2 取引条件以外の事項，たとえば，DDの実施，独占交渉権，秘密保持条項，有効期限，善管注意義務等，一定の事項については法的拘束力を持たせることが一般的である。

(9) **クロージング**

　最終契約に基づいて，株式（事業）の譲渡と引換えに代金の支払が行われる。株式譲渡であれば，この時点で株主名簿が書き換えられ，法的にM&Aが成立することとなる。

　非上場企業同士のM&Aの場合，通常はクロージング後，速やかに社内外への公表が行われる[3]。

(10) **統合準備**

　M&A成立後をにらんだ統合準備作業は，基本的に買い手が主体的に行うこととなる。通常は，DDの段階から，買収後のリスクやシナジー効果の精査が行われ，買収後の経営方針や役員人事も含め具体的な検討が始まる。

(11) **経営統合**

　クロージングが完了すると，Day 1（統合初日）から経営統合作業が開始されることとなる。経営統合作業も，基本的には買い手が主導的に行うものであるが，売却対象企業の経営陣は買い手企業グループの幹部として，この経営統合を成功させる責任を負うこととなる。

　一般に，売り手である売却対象企業のオーナーは，1～2年程度の引継期間を経て，完全に引退することとなる。なお，クロージング後，競業避止義務が売り手のオーナーには課せられるため，一定期間は再び同業を起業することはできなくなることに留意する。

---

[3] 買い手もしくは売り手（売却対象企業含む）が上場企業である場合は，M&Aの実行について機関決定がなされるタイミング（通常は基本合意もしくは最終契約の締結時）で開示がされる。そのため，売却対象企業は，M&Aが成就する前に売却されることが明るみに出てしまうため，万一，その後交渉が決裂した場合は一定のレピュテーション・リスク（風評リスク）を負うことに留意する。

4 M&Aにおける株式価値の考え方

　M&Aにおける株価の考え方は，税務上の株価とは大きく異なる。税務上の株価の考え方は，第6章で解説したとおりだが，M&Aにおいては，基本的に税務上の株価は使用されない。また，売り手の売却希望価格が高すぎて，交渉が難航するケースも珍しくない。そこで，事業承継対策の1つの方策としてM&Aを検討するにあたっては，M&Aにおける株価の考え方について，しっかりと認識しておくことが重要である。

(1) M&Aにおいて採用される手法

　M&Aにおいて最も重視される手法は，DCF法（ディスカウンテッド・キャッシュフロー法）である。そのほか，時価純資産法，類似会社比較法（マルチプル法），市場株価法（上場企業の場合）なども併用される。繰り返すが，基本的にM&Aにおいては，財産評価基本通達に則った税務上の株価である純資産価額[4]や類似業種比準価額，配当還元価額が使用されることはない。

(2) 手法によって算定結果が異なることの理由と注意点

　算定手法によって算定結果にバラつきが生じるのだが，ここで重要なことは，それらの算定額のバラつきが合理的であるかどうかである。理論的には，各種法の算定結果は，基本的に以下の順で高い金額となる。

```
（高い）　DCF法 ＞ 類似会社比較法 ＞ 時価純資産法　（低い）
                    市場株価法
```

---

[4] 時価純資産法は，財産評価基本通達による純資産価額と概念的には同じで，資産・負債を時価に置き直して純資産を算出し株価を計算するという方法であるが，時価純資産法では個々の財産の評価を時価で行うのであり，必ずしも財産評価基本通達に従った評価を行うのではないという点が異なる。

【図14－4】 DCF法と時価純資産法による評価額の２つのケース

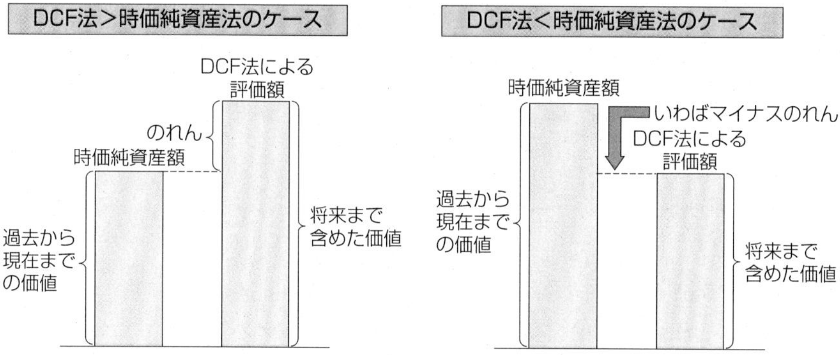

DCF法＞時価純資産法のケース

（のれん、時価純資産額、DCF法による評価額、過去から現在までの価値、将来まで含めた価値）

DCF法＜時価純資産法のケース

（時価純資産額、いわばマイナスののれん、DCF法による評価額、過去から現在までの価値、将来まで含めた価値）

　DCF法が最も高くなるのは，支配株主としての将来キャッシュフローの価値が織り込まれているためであり，類似会社比較法や市場株価法は少数株主としての価値である市場株価をベースにした算定手法であること，さらに時価純資産法には将来キャッシュフローの価値が織り込まれていないためである。

　ただし，現実には，DCF法による価格が，時価純資産法よりも低くなってしまうことがあるということに注意が必要である。理論上，DCF法による価格と時価純資産価額の差は，のれん（営業権）と考えられるが，それがマイナスとなることもありうるのである。しかも，この現象は，珍しいことではない。上場企業でいえば，特に２部上場クラスであれば，PBR（１株当たり純資産倍率）[5]が１倍を下回る銘柄があることは珍しくないが，それがまさにこの現象を現している。ましてや，非上場企業において，純資産価額よりもキャッシュフローベースの価値のほうが下回るというのは決して珍しいことではないのだ。

　このことは非常に重要なことを示唆している。特に，中小企業のM&Aにおいて，純資産価額に３～５年分の利益をのれん相当分と称して加算した額を株式価値としている例も多いが，上記のことからすると，無条件に純資産価額に金額を加算することは正しいとはいえない。端的にいえば，過大な価値評価に

5　PBR＝１株当たり株価÷１株当たり簿価純資産

なっている可能性がある。その場合，買い手側としては到底そのような価格を受け入れるわけにもいかず，結果として交渉が決裂する事態となりうる。そのため，公正な価値評価を行うためには，DCF法による評価は欠かすことはできない。

(3) DCF法の実務上の留意点

DCF法とは，将来キャッシュフローの現在価値合計額に，非営業資産を加算し，有利子負債を控除して株式価値を算出方法である。詳細は専門書に譲るが，DCF法は算定の過程において主観的要素も入ってくるため，M&Aに精通した専門家ではない者が行うと，合理的でない前提が置かれているケースも散見される。

そこで，やや専門的になるが，DCF法による算定において特に重要な実務上の留意点を以下に示す。

① 将来キャッシュフロー

- ✓ 実現可能性の高い収支計画となっていること。不確実性が高い場合は，ベースケース，悲観ケース，楽観ケースなどのシナリオ分析を行う。
- ✓ 合理的な投資計画と減価償却費の見通しに基づいていること。
- ✓ 営業外収益，営業外費用のうち，経常的な損益が含まれている場合は，事業利益（EBIT）に織り込む。
- ✓ 永続期間の成長率が合理的な水準であること。その成長率の妥当性を倍率方式（Exit Multiple方式）との比較により検証することが望ましい[6]。

---

6 倍率方式による検証式は，以下のとおり。詳細は，谷山邦彦『バリュエーションの理論と応用』（中央経済社，2010年）72頁参照。

$g = (WACC - FCF \times (1+g)) \div TV$

　g：　永続期間の成長率
　$WACC$：　加重平均資本コスト
　FCF：　永続期間におけるフリーキャッシュフロー
　TV：　類似会社比較法の倍率に対象会社の財務数値を乗じた値

② 割引率
- ✓ リスクフリーレートは，基本的に直近の10年物国債利回りを使用するが，直近10年物国債利回りが大きく変動している場合，一定期間の平均値を用いることもありうる。
- ✓ ベータの抽出にあたって類似会社の選定が合理的であること。
- ✓ マーケットリスクプレミアムは，基本的に長期間のヒストリカル・データ（算術平均値）を使用するが，合理的な期間の数値を採用すること。
- ✓ 負債コストの設定が合理的であること（単に対象会社の実績の借入利率ではないこと）。
- ✓ 株主資本コストと負債コストの加重平均割合が合理的であること。

③ 非営業資産
- ✓ 合理的な非営業資産が算定され，価値に加算されていること。
- ✓ 一般に，非営業資産となるのは以下のとおり。
  - 余剰現預金（現預金残高のうち，事業運営に必要な現金を超える余剰資金部分）
  - 投資有価証券（基本的に，いつでも売却可能なものに限る）
  - 貸付金，預け金（回収可能性を勘案し，貸倒引当金を控除する）
  - 出資金，ゴルフ会員権，長期保険積立金
  - 遊休不動産
- ✓ グループ会社がある場合，連結決算が組まれており連結ベースで将来キャッシュフローの試算が可能であれば，連結ベースの数字を用いてDCF法による算定を行うことになるが，連結決算が組まれていない場合は親会社単独でのキャッシュフローにグループ会社株式の時価[7]を非営業資産と同様に価値に加算する。

---

7 グループ会社株式の時価も基本的にはDCF法による時価を用いるが，重要性の乏しいグループ会社株式であれば時価純資産価額によることも実務では珍しくない。

④ 有利子負債・有利子負債類似物

　企業価値から減算される有利子負債には，借入金（短期・長期），社債が主なものとなる。

- ✓ 有利子負債類似物に退職給付債務を含めるケースと含めないケースがあるが，含める場合は税効果を織り込むこと。なお，役員退職慰労引当金は負債性がないことから，有利子負債類似物には含めない。
- ✓ 設備投資にかかる長期未払金やリース債務は，有利子負債類似物として取り扱うこと。

⑤ 非流動性ディスカウント

- ✓ M&Aでは基本的に支配株主価値ベースの評価を算定するため，原則として，非流動性ディスカウントは適用しない[8]。

8　最決平成27年3月26日は，非上場企業の株式買取請求において，裁判所が株式の買取価格を決定する場合に，収益還元法において非流動性ディスカウントを適用すべきでないと判示した（平成26年（許）第39号「株式買取価格決定に対する抗告棄却決定に対する許可抗告事件」第一小法廷決定参照）。

5 M&A（売却）をうまく行うためのポイント

(1) 売り時を逃さない

売り手オーナーにとって，M&Aに臨むにあたり最も難しいのは，売却の決断をするタイミングであろう。高い金額を期待するのであれば，足元の業績が好調で，かつ，将来の業績にも不安のない時期に売却交渉を開始することが重要である。前述のとおり，M&Aにおける株式価値は，将来のキャッシュフローをもとに決まるためである。

(2) 厳格な情報管理が必要

売り手企業にとってM&Aを推進するうえで最も重要なことは，自社が売却対象となっていることを社内外に漏れないように，情報管理を厳格に行うことである。売却の不確実性が高い段階で自社が売却される可能性があることが公知となった場合，取引先や仕入先からの信用不安を招くおそれがあるほか，従業員のモチベーション低下や中核人材の離職を招くリスクがある。

(3) 信頼できる買い手企業の見極めと選択

前述のとおり，M&Aは売り手企業にとっても成長のための機会となる。そのため，売り手オーナーは，売却対象事業とのシナジーが高く，買収した事業の強化に真摯に取り組むことが期待できる買い手企業を見極めて選択することが重要である。M&A自体が目的化している場合，買い手企業は買収後も事業強化に積極的に取り組まない可能性がある。その場合，売り手企業の成長につながらないだけでなく，買い手企業自身が業績不振に陥り，再び売却されるおそれもある。

(4) 適正な売却額を把握する

相手先が見つからない，あるいは交渉の合意がまとまらない最大の理由が，

売り手側の希望価格が高すぎるというケースは珍しくない。売り手オーナーは，老後の生活や会社に対する思い入れあるいはプライドなどから，高い価格を希望する傾向が強い。一方，買い手にとってM&Aは投資活動そのものであり，投資採算性をもとに経済合理性に基づいて価格を判断する。売り手オーナーは，適正な売却額に関するFAの助言に冷静に耳を傾ける姿勢が大切である。一方，FAは売り手オーナーの売却目線が高すぎる場合，M&Aを成就させるためにその期待値を適正な水準にコントロールしなければならない[9]。

(5) 主要な関係者への根回しのタイミングに留意する

売り手オーナーは，いつ主要な関係者にM&Aの話をするべきか頭を悩ますことが多い。前述のとおり，売り手にとって厳格な情報管理が極めて重要であることから，原則はクロージング後に開示することとなる。ただし，重要な関係者に対しては，事前の根回しも重要である。売り手オーナー以外の主要な株主や主要な役員には，基本合意前には内々に話をしておくことが望ましい。主要な取引先への根回しは，基本合意後に行うことが一般的である。必要に応じて，買い手企業とともに主要な取引先に挨拶に行くことも珍しくない。従業員への開示は，クロージング後に行うことが鉄則であるが，部長クラスなど主要な幹部層にはクロージングの少し前に開示をし，従業員の動揺を抑えるよう事前に指示しておくことも有効である。

---

[9] 単に売り手側の売却目線を下げさせるということだけでなく，少しでも高い価格がつくように経済合理性に基づいて説明できるロジックを組むということも含まれる。

第15章

IPO（株式公開）

　株式を上場させれば事業承継問題は解決できる——そのようなイメージが一般には多いと思われる。たしかに，IPOにより，オーナー一族が保有株式のすべてを市場で売却し現金化するというような割切りがされる場合には，相続税の納税資金対策に困らないほか，安定株主対策も問題にならない。しかし，IPO後も，オーナー一族として一定割合の株式を保有し続けていきたいと考えるのであれば，問題はそう簡単ではない。

　そもそも上場が相続税対策に資するのは，株式の流動性が増すことにある。すなわち，相続人は市場で株式を売却することで相続した株式を換金化して納税資金に充てることがしやすくなるということである。したがって，株式を上場する場合は，ある程度オーナー家は株式の保有比率を引き下げていくことが前提となる。

　なお，筆者の推計によれば，一部上場企業1,875社のうち，オーナー系企業は512社（27.3％）であり，そのうち，オーナー家で30％以上の株式を保有している企業数は，199社（オーナー系企業中38.9％）にすぎない[1]。

1　ここでいうオーナー系企業とは，有価証券報告書の大株主情報の中に代表者名と同一の苗字が含まれる企業と定義している。なお，抽出したデータは2015年5月8日時点のもの。

本章では，オーナー家がIPO後も一定割合の株式を保有し続けることを前提に，事業承継対策としてIPOを活用するうえで留意すべきポイントを解説する。

【図15－1】　1部上場企業におけるオーナー家の保有割合

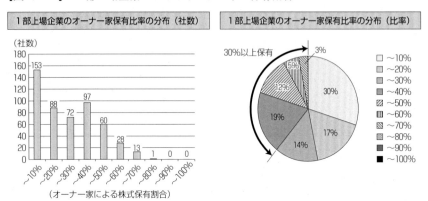

出所：SPEEDAより抽出されたデータをもとに筆者推計（2015年5月時点）。

1　IPOのメリット・デメリット

(1)　メリット

一般に，IPOを行うことのメリットとして以下のような点が挙げられる。

- 資金調達手段の拡大，財務体質の強化
- 企業イメージ・知名度の向上，社会的信用力の増大
- 株価の客観性，株式の流動性・換金性の増大
- 経営管理体制の構築・強化
- 従業員のモチベーション向上，人材採用力の強化
- 創業者利潤の実現
- 相続税の納税資金対策

(2) デメリット・留意点

一般に，IPOを行うことのデメリットまたは留意点として以下のような点が挙げられる。

- 投機的取引や敵対的買収の対象となる危険性
- 短期的利益の追求圧力が増す可能性
- 社会的責任の増大，コンプライアンス体制の構築
- 外部株主からの株主代表訴訟の可能性
- 企業内容開示義務等に伴う事務作業量・費用の増大
- 上場準備にかかる事務作業量・時間（通常上場までに3～5年程度かかる）

2 IPOに向けた資本政策上の留意点

(1) 資本政策の基本的な考え方

基本的には，IPO前の株価よりもIPO後の株価の方が高くなるケースが多い。IPO前の株価は非上場株式であることから，第6章で解説した財産評価基本通達に基づいた非上場株式の評価方法によることになる。一般的に非上場株式では類似業種比準価額よりも純資産価額のほうが高くなるが，IPOにより将来ののれんが株価に反映され，上場時の株価は純資産価額を大きく上回ることが珍しくない。特に，純資産が乏しいベンチャー企業でその傾向は顕著となる。

そこで，IPO前の低い株価とIPO後の高い株価のギャップをにらみつつ，上場準備段階から計画な資本政策を実行することが重要である。

一般に，IPOにおける資本政策の目的としては，以下の点が挙げられる。

- オーナー家のキャピタルゲインと事業承継対策
- 敵対的買収の濫用を防ぐ安定株主対策
- 会社の健全な財務体質の構築と資金調達力の向上
- 役員・従業員へのインセンティブの付与
- グループ組織再編による関係会社の整理

資本政策を遂行するうえで用いられる手法には、株式移動（譲渡、贈与）、公募増資、株主割当増資、第三者割当増資、ストックオプション制度、従業員持株会制度、株式分割、株式併合などがあり、資本政策の目的や資金負担、会計・税務上の取扱い等を踏まえ、最適なスキームを組んで資本政策を実行していくこととなる。

なお、資本政策は、IPOの数年前から準備に入ることから、IPO実現の不確実性も鑑み、修正可能な柔軟性を持たせることに留意する。

(2) 事業承継対策

IPOは、自社株式の流動性および換金性を高めることから、相続税の納税資金対策として有効な方法である。しかし、一般的にIPOにより株価が高くなり、それにより相続税額も増加するため、IPO後に相続が発生した場合、オーナー家が納税資金の確保を目的に保有株式の一部を売却せざるを得なくなるおそれがある。その場合には、オーナー家として一定の保有割合を維持できなくなるなど、株主構成上、望ましくない状況になりかねない。

そこで、IPO前のできるだけ早い段階から、オーナーの株式持分割合を減少させ、後継者等の持分割合を増加させる対策を講じることが重要となる。

オーナーの持分割合を減少させるには、以下のような方法が考えられる。

- 後継者への株式譲渡もしくは生前贈与（相続時精算課税制度の活用も要検討）
- 資産管理会社への株式譲渡（資産管理会社は後継者主体で設立する）
- 役員持株会・従業員持株会への株式譲渡
- 金融機関や取引先（IPO後の安定株主候補）への株式譲渡

これに伴い、オーナー側でのキャピタルゲイン課税などの税金負担や、後継者側での資金調達（借入金等）負担がIPOに先行して発生するが、IPOの際の株式の売出しにより資金を回収することが可能である。

(3) 安定株主対策

IPO前はオーナー家中心の株主構成であったものが，IPO後はオーナー家の持株割合が低下し，その分外部株主の持株割合が増加することとなる。外部株主の存在は，投機的取引や敵対的買収，株主代表訴訟の提起，短期的利益の追求圧力など，オーナーがIPO前には気にする必要のなかった事態を引き起こす可能性を含んでいる。

そのため，経営の安定化という観点から，オーナー家が会社の最高意思決定機関である株主総会で主導権を握るため，第三者割当増資やストックオプション制度などを通じて，金融機関や従業員持株会等の安定株主を確保することが重要となる。一般的には，オーナー家，金融機関，および従業員持株会などで構成する安定株主によって，株主総会の議決権の3分の2以上[2]を確保することが安定的な株主構成の目安となる。

また，IPO前において，株式の大半をオーナー家が保有している場合であっても，会社の長い歴史の中で相続が繰り返されることなどにより，株式がオーナー家の中で分散してしまうケースがある。このような場合にも，経営の安定性という観点から，現経営者およびその近親者が一族内の他の株主（事業に直接関わっていない株主）から株式を譲り受けることによって，現経営者等に持分を集中させることが重要となる。

3 上場審査基準と準備事項

(1) 上場審査における審査基準

上場に際しては，証券取引所の上場審査を受けることとなる。上場審査は，形式要件[3]をクリアしたうえで，有価証券上場規程207条による「実質審査基

---

2 会社法309条2項の特別決議および同条3項の特殊決議の決議要件に基づく。
3 形式要件は，公開市場ごとに定められた株式の分布状況や株主数，利益額等の「受付基準」と，上場にあたり一定期間行ってはならない行為を定めた「不受理事項」からなる。まずは形式要件を充足しないと，企業は上場審査に進むことができない。

準」に基づいて行われる。

　実質審査基準は，上場会社として必要とされる以下の5つの適格要件で構成される[4]。

① 企業の継続性および収益性

継続的に事業を営み，かつ，安定的な収益基盤を有していること。

(ⅰ) 事業計画が，そのビジネスモデル，事業環境，リスク要因等を踏まえて，適切に策定されていると認められること。

(ⅱ) 今後において安定的に利益を計上することができる合理的な見込みがあること。

(ⅲ) 経営活動が，安定かつ継続的に遂行することができる状況にあること。

② 企業経営の健全性

事業を公正かつ忠実に遂行していること。

(ⅰ) 関連当事者その他の特定の者との間で，取引行為その他の経営活動を通じて不当に利益を供与または享受していないこと。

(ⅱ) 役員の相互の親族関係，その構成，勤務実態または他の会社等の役職員等との兼職の状況が，公正，忠実かつ十分な業務の執行または有効な監査の実施を損なう状況でないこと。

(ⅲ) (上場申請会社が親会社等を有している場合) 親会社等からの独立性を有する状況にあること。

③ 企業のコーポレート・ガバナンスおよび内部管理体制の有効性

コーポレート・ガバナンスおよび内部管理体制が適切に整備され，機能していること。

(ⅰ) 役員の適正な職務の執行を確保するための体制が，適切に整備，運用されている状況にあること。

(ⅱ) 内部管理体制が適切に整備，運用されている状況にあること。

(ⅲ) 経営活動の安定かつ継続的な遂行および適切な内部管理体制の維持のた

4　東京証券取引所『2014 新規上場ガイドブック (市場第一部・第二部編)』47頁以下。

めに必要な人員が確保されている状況にあること。
  (ⅳ) 実態に即した会計処理基準を採用し，必要な会計組織が，適切に整備，運用されている状況にあること。
  (ⅴ) 法令遵守の体制が適切に整備，運用され，重大な法令違反となるおそれのある行為を行っていない状況にあること。

④ 企業内容等の開示の適正性
 企業内容等の開示を適正に行うことができる状況にあること。
  (ⅰ) 経営に重大な影響を与える事実等の会社情報を管理し，当該会社情報を適時，適切に開示することができる状況にあることおよび内部者取引等の未然防止体制が適切に整備，運用されていること。
  (ⅱ) 企業内容の開示に係る書類が法令等に準じて作成されており，かつ，投資者の投資判断に重要な影響を及ぼす可能性のある事項や，主要な事業活動の前提となる事項について適切に記載されていること。
  (ⅲ) 関連当事者その他の特定の者との間の取引行為または株式の所有割合の調整等により，企業グループの実態の開示を歪めていないこと。
  (ⅳ) （上場申請会社が親会社等を有している場合）当該親会社等に関する事実等の会社情報を，投資者に対して適時，適切に開示できる状況にあること。

⑤ その他公益または投資者保護の観点から取引所が必要と認める事項
  (ⅰ) 株主の権利内容およびその行使の状況が公益または投資者保護の観点で適当と認められること。
  (ⅱ) 経営活動や業績に重大な影響を与える係争または紛争等を抱えていないこと。
  (ⅲ) 反社会的勢力による経営活動への関与を防止するための社内体制を整備し，当該関与の防止に努めていることおよびその実態が公益または投資者保護の観点から適当と認められること。
  (ⅳ) 新規上場申請に係る内国株券等が，無議決権株式（当該内国株券等以外に新規上場申請を行う銘柄がない場合に限る）または議決権の少ない株式

である場合は，上場審査等に関するガイドラインⅡ6(4)に掲げる項目のいずれにも適合すること。
(ⅴ) 新規上場申請に係る内国株券等が，無議決権株式である場合（当該内国株券等以外に新規上場申請を行う銘柄がある場合に限る）は，上場審査等に関するガイドラインⅡ6(5)に掲げる項目のいずれにも適合すること。
(ⅵ) その他公益または投資者保護の観点から適当と認められること。

【図15－2】 上場審査の流れ

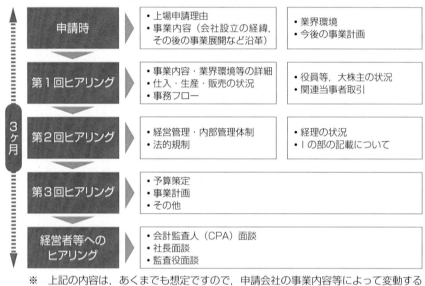

※ 上記の内容は，あくまでも想定ですので，申請会社の事業内容等によって変動することがあります。
※ 上記ヒアリングに加えて，審査の過程で主要な施設・工場等への実地調査を行います。

出所：東京証券取引所HP（http://www.jpx.co.jp/equities/listing-on-tse/new/basic/02.html）。

(2) IPOに向けた準備事項

上記の上場審査をクリアするために，企業はIPOを決断するとすぐに上場準備プロジェクトチームを組成して，上場に向けた準備作業に入ることになる。

プロジェクトチームが取り組む課題は，主に以下のような項目となる。
- 経営管理組織の整備
- 利益管理制度の整備
- 内部統制・内部監査制度の整備
- 会計制度（連結制度含む）の整備
- 社内規程・マニュアルの整備
- 関連当事者等の整備

上記のうち，事業承継対策や資本政策との関連でいえば，「関連当事者等の整備」が重要となる。これは，上場の実質審査基準のうち「企業経営の健全性」に主として関わる部分である。IPO前まではオーナー家のプライベート・カンパニーとして，オーナー家との私的な取引関係が存在したり，関係会社を利用した利益調整などが行われていることも珍しくないが，IPO後はパブリック・カンパニーとなるため，そうした行為は許されなくなる。その意味で，「関連当事者等の整備」は，開かれた企業へ進化するための重要な一里塚ともいえる。以下では，さらにそれらに焦点をあてて留意すべき点を述べる。

4 関連当事者等の整備

(1) 関係会社の整理

ここでの関係会社とは，100％子会社を除く人的関係会社および資本的関係会社を指し，財務諸表等規則[5]による関係会社（親会社，子会社，関連会社等）[6]

---

5 正式名称は「財務諸表等の用語，様式及び作成方法に関する規則」。
6 財務諸表等規則8条8項による関係会社とは，以下の会社を意味する。
 a) 親会社
  ・自社の財務および営業または意思決定機関を支配している会社
 b) 子会社
  ・自己所有割合が50％超の会社
  ・自己所有割合が40％以上で①緊密者および同意している者の株式を含めると50％超，もしくは②意思決定機関を支配している会社
  ・緊密者および同意している者の株式を含めると50％超で，意思決定機関を支

よりも広い概念となっている。

人的関係会社とは，出資関係の有無にかかわらず，人事，資金，技術，取引等の関係を通じて，実質的に支配または従属する関係にある会社をいう。資本的関係会社とは，特別利害関係者の持株数を含めて議決権の20％以上を実質的に所有し，または所有される関係にある会社をいう。

関係会社は，営業取引や資金取引等を通じた利益操作や粉飾決算の温床となりやすいほか，特にオーナー系企業においては役員等への不当な利益供与のために利用される可能性が高い。そのため，上場審査においては，関係会社の存在意義や経営実態等について厳しくチェックされることとなる。具体的には，以下のような観点から慎重な審査が行われる。

① 関係会社の存在に合理的な理由があるか
② 関係会社に対する出資比率は100％となっているか
③ 関係会社との取引の必要性や取引条件の妥当性はあるか
④ 関係会社の資産内容や会計処理は適正か
⑤ 関係会社との取引を牽制する仕組みが整備されているか
⑥ 関係会社は業績不振に陥っていないか
⑦ 関係会社を管理する体制や仕組みが整備されているか

上場審査上，問題のある関係会社については，合併や清算，売却（M&A），完全子会社化等を行い，資本関係を整理する必要がある。

(2) 特別利害関係者等との取引関係の整理

ここでいう特別利害関係者等とは，以下の者が含まれる。

　　　配している会社
　c) 関連会社
　　・自己所有割合が20％以上の会社
　　・自己所有割合が15％以上で，財務および営業の方針に対して重要な影響を与えることができる会社
　　・緊密者および同意している者の株式を含めると20％以上で，財務および営業の方針に対して重要な影響を与えることができる会社

- 上場申請会社の役員（役員持株会を含む）
- 役員の配偶者および2親等内の血族
- 役員等により発行済株式総数の過半数が実質的に所有されている会社
- 上場申請会社の関係会社（人的関係会社および資本的関係会社を含む）およびその役員
- 上場申請会社の大株主（上位10名。役員持株会を除く）
- 証券会社およびその役員，人的関係会社，資本的関係会社

上場申請会社と特別利害関係者等との間に，営業上の取引，事業用不動産の賃貸借，資金の貸借，債務保証などの取引関係がある場合，特別利害関係者等への不当利得が生じるおそれがあることから，それぞれ以下のような対応が必要となる。

- 上場申請会社と特別利害関係者等との間に営業上の取引がある場合，その取引の必要性や取引条件の妥当性が認められないときは，その取引を解消する。もっとも，取引の必要性や取引条件が合理的である場合，取締役会決議を得るなど適切な手続きを経ていれば問題とはならない。ただし，IPO後に不適切な取引が発生しないよう牽制する仕組みが整備されているなど，上場審査にあたっては，慎重に検討されることに留意する。
- 上場申請会社と特別利害関係者等との間に，事業上の競合関係が生じている場合，原則として，その競合関係を解消しておく必要がある。
- 上場申請会社が特別利害関係者等より事業用不動産を賃借している場合，上場申請会社がその物件を買い取るか，別の物件に切り替えるなど，その取引関係を解消する。
- 上場申請会社が役員に対して社宅を賃貸している場合，原則としてその取引関係を解消する。
- 上場申請会社と特別利害関係者等との間に金銭消費貸借取引がある場合は解消する。
- 上場申請会社が金融機関からの融資やリース会社からのリースを受ける際に，代表取締役が債務保証している場合，上場直前までにその債務保証を

解消する。
- 上場申請会社が特別利害関係者等の有する債務に保証を差し入れている場合，速やかに解消する。

5 IPOに向けたグループ組織再編の流れ

STEP 1　スキームの検討および資本政策の立案

　グループ内取引関係の整理を行い，関係会社各社の現状における株価を算定する。金融商品取引法，会社法，税法，証券取引所が定める上場前規制等に十分留意しながら，組織再編スキームおよびその後の資本政策を立案する。

STEP 2　組織再編スキームの実行

　グループ組織再編税制等を活用して，関係会社を100％子会社化する。たとえば，持株会社制への移行により，入り組んだグループ資本関係を整理することもある。

STEP 3　関係会社の資本関係の整理および後継者への株式移動

　合理的な存続理由のない関係会社については，合併や清算等を行うことにより，資本関係をさらに整理する。それと並行して，上場申請会社の株式をオーナーからその後継者に移動させる。

STEP 4　持株会設立，安定株主対策等の実施

　IPOの目処がついてきた時点で，必要に応じて，持株会の設立，安定株主対策としての金融機関や取引先等への株式譲渡，株式分割による株式数の調整等を実施する。

第15章 IPO（株式公開）　305

【図15－3】　IPOに向けた資本政策の流れ（例）

Step 1	Step 2	Step 3	Step 4	Step 5
グループ内取引関係の整理・資本政策の立案	組織再編スキームの実行	関係会社の資本関係の整理／後継者への株式移動	持株会設立，安定株主対策等の実施	株式公開（IPO）
・グループ内取引関係の整理 ・グループ各社の株価算定 ・持株会社制移行スキームの検討 ・持株会社移行後の資本政策の立案	・グループ組織再編税制を活用した関係会社を100％子会社化 ・持株会社への既存株主の集約	・合理的な存続理由のない関係会社は合併等，資本関係を整理 ・IPO前にできるだけ後継者に株式を移動（贈与もしくは譲渡）しておく	・IPOの目処がついてきた時点で必要に応じて持株会を設置 ・必要に応じて，安定株主対策として取引先等へ株式譲渡，株式分割による株式数の調整を行う	・新株の公募もしくは既存株式の売出しによる株式公開（IPO）

第16章
財団法人の活用

　オーナー系の上場企業や大規模な非上場企業において，事業承継対策の一環として財団法人が活用される例は多い。公益法人制度改革の一環として，平成20年12月に公益法人制度改革関連三法が施行されたのちは，登記のみで一般財団法人を設立することができるようになったこともあり[1]，事業承継対策も兼ねて財団法人を設立するニーズが増えてきている。本章では，財団法人を活用し

【図16－1】　一般財団法人と公益財団法人の関係

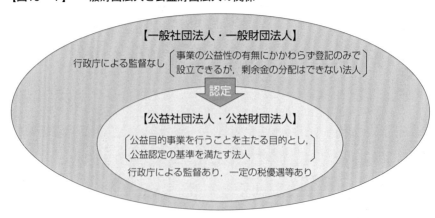

出所：「公益法人改革の概要」行政改革推進本部事務局資料2頁。

た事業承継対策を行うにあたっての留意点について整理する。

1 財団法人活用のメリット・デメリット

(1) メリット

① 税負担の減少

　自社株を財団法人へ寄附することによって相続税課税対象資産が減少することで，相続税負担が減少する。たとえば，オーナーが保有する株式の30%を寄附すれば，相続税負担がダイレクトに30%減少することとなる[2]。

　また，自社株を財団法人へ寄附したことに伴うみなし譲渡所得課税についても，国税庁長官の承認を条件に非課税となる。

② 安定株主対策

　一般に，財団法人は議決権を行使することはないため，安定株主となる。特に，オーナー系の上場企業においては，その意義は大きい。

③ 社会への貢献

　財団法人を通じて，社会貢献活動ができる。自社の事業に関連した分野を財団法人の事業とするケースが多い。

(2) デメリット・留意点

① 財団法人の永続的な運用

　財団法人を継続的に運営しつづけなければならない。事業の運営資金を調達し，事業を継続的に運営し続けるには，相応の手間とコストもかかる。特に，公益認定を受けた場合，さまざまな規制への対応や会計処理等の事務的な負担

　1　従来は財団法人の設立と公益性の判断は一体となっており，財団法人の設立にあたっては主務官庁の許可が必要であったが，公益法人制度改革関連三法の施行後は，一般財団法人を設立後に，公益財団法人化を希望する財団法人は内閣総理大臣または都道府県知事に申請をして公益認定を受ける流れに変わった。

　2　厳密には，超過累進税率のため，相続税の課税価格が減少し適用税率が下がることで，より相続税負担額が減少することもある。

も生じる。

② 個人からの財産の分離

万一，財団法人が解散する場合，残余財産は国もしくは地方自治体等に帰属することとなる。そのため，財団法人へ財産を寄附するということは，もはやオーナー一族の財産ではなくなることに留意。

③ 配当負担

財団法人へ寄附した株式から収受する配当金が財団法人の運営資金に充当されるため，原則として企業は毎期配当を出し続ける必要がある。

2 個人株主が財団法人に株式を寄附したときの課税関係

(1) 個人みなし譲渡所得および法人受贈益の非課税

個人株主が法人に株式を寄附（法人に対する贈与または遺贈）した場合には，その株式が寄附時の時価で譲渡されたとみなされ，個人株主には，その株式の取得時から寄附時までの値上益に対して譲渡所得税が課税され（所法59），法人には，その株式の寄附時の時価相当額の受贈益に対して法人税が課税される（法法22②）のが原則である。

しかし，寄附を受けた財団法人が一定の要件を満たすものとして国税庁長官の承認を受けたときは，この個人株主の所得税および財団法人の法人税ともに非課税とする制度が設けられている。この個人みなし譲渡所得および法人受贈益の非課税制度は，新たに財団法人を設立するための株式の寄附についても適用される。

事業承継対策としては，この寄附の個人みなし譲渡所得および法人受贈益非課税制度を利用して，生前贈与によって財団法人への株式移転を計画的に進めることが多い。

(2) 相続税の非課税財産

相続人等が相続財産である株式を財団法人等に寄附した場合であっても，相続税課税財産とされた（相法1）うえで，さらに上記のように相続人等には寄附した株式のみなし譲渡所得，寄附を受け入れた財団法人等には受贈益課税されるのが原則である。

しかし，個人株主が公益財団法人等に①株式を遺言によって寄附した場合や②相続や遺贈によって取得した株式を，その相続人等が相続税の申告書の提出期限までに寄附した場合には，一定の要件の下にその株式を相続税の課税財産に含めないとする非課税財産の制度が設けられている。この相続税の非課税財産制度は，現存する公益財団法人等に限られており，新たに財団法人等を設立するための寄附は含まれていないので留意が必要である。

③ 財団法人への株式寄附が非課税となる要件

(1) みなし譲渡所得の非課税承認要件（措法40）

生前贈与または遺贈（ここでは単に「寄附」という）により財団法人に株式を移転する場合において，みなし譲渡所得課税を非課税とするためには，以下のすべての要件を満たしたうえで国税庁長官の承認を受ける必要がある。

① 要件1　公益増進寄与要件

> 寄附が，教育または科学の振興，文化の向上，社会福祉への貢献その他の公益の増進に著しく寄与すること。

なお，公益の増進に著しく寄与することの判定は，財団法人の事業活動についての次の4つの観点から行う（40条通達[3]）。

3　昭和55年4月23日付の国税庁の通達「租税特別措置法第40条第1項後段の規定による譲渡所得等の非課税の取扱いについて」をいう。

(i) 公益目的事業の規模

> 寄附を受けた財団法人のその寄附に係る公益目的事業が，その事業を行う地域または分野において社会的存在として認識される程度の規模を有すること（40条通達12(1)）。

　この要件は，財団法人の事業内容を設計するうえで，最も留意しなければならない点である。

　40条通達には，この公益目的事業規模を有するか否かの判定について，以下のように例示されている[4]。

> 例えば，次のイからヌまでに掲げる事業がその公益法人等の主たる目的として行われているときは，当該事業は，社会的存在として認識される程度の規模を有するものに該当するものとして取り扱う。
> 　イ　学校教育法（昭和22年法律第26号）第1条に規定する学校を設置運営する事業
> 　ロ　社会福祉法第2条第2項各号及び第3項各号（(定義)）に規定する事業
> 　ハ　更生保護事業法第2条第1項に規定する更生保護事業
> 　ニ　宗教の普及その他教化育成に寄与することとなる事業
> 　ホ　博物館法（昭和26年法律第285号）第2条第1項（(定義)）に規定する博物館を設置運営する事業
> 　　（注）　上記の博物館は，博物館法第10条（(登録)）の規定による博物館としての登録を受けたものに限られているのであるから留意する。
> 　ヘ　図書館法（昭和25年法律第118号）第2条第1項（(定義)）に規定する図書館を設置運営する事業

---

[4] 国税庁HP　法令解釈通達（所得税関係措置法通達・40条関係）「租税特別措置法第40条第1項後段の規定による譲渡所得等の非課税の取扱いについて」12項（http://www.nta.go.jp/shiraberu/zeiho-kaishaku/tsutatsu/kobetsu/shotoku/sochiho/800423/07.htm#a-12）。

ト　30人以上の学生若しくは生徒（以下「学生等」という。）に対して学資の支給若しくは貸与をし，又はこれらの者の修学を援助するための寄宿舎を設置運営する事業（学資の支給若しくは貸与の対象となる者又は寄宿舎の貸与の対象となる者が都道府県の範囲よりも狭い一定の地域内に住所を有する学生等若しくは当該一定の地域内に所在する学校の学生等に限定されているものを除く。）

チ　科学技術その他の学術に関する研究を行うための施設（以下「研究施設」という。）を設置運営する事業又は当該学術に関する研究を行う者（以下「研究者」という。）に対して助成金を支給する事業（助成金の支給の対象となる者が都道府県の範囲よりも狭い一定の地域内に住所を有する研究者又は当該一定の地域内に所在する研究施設の研究者に限定されているものを除く。）

リ　学校教育法第124条に規定する専修学校又は同法第134条第１項に規定する各種学校を設置運営する事業で，次の要件を具備するもの

　(イ)　同時に授業を受ける生徒定数は，原則として80人以上であること。

　(ロ)　法人税法施行規則（昭和40年大蔵省令第12号）第７条第１号及び第２号（（学校において行なう技芸の教授のうち収益事業に該当しないものの範囲））に定める要件

ヌ　医療法第１条の２第２項に規定する医療提供施設を設置運営する事業を営む法人で出資持分の定めのないものが行う事業が次の(イ)及び(ロ)の要件又は(ハ)の要件を満たすもの

　(イ)　医療法施行規則（昭和23年厚生省令第50号）第30条の35の２第１項第１号ホ及び第２号に定める要件（この場合において，同号イの判定に当たっては，介護保険法（平成９年法律第123号）の規定に基づく保険給付に係る収入金額を社会保険診療に係る収入に含めて差し支えないものとして取り扱う。）

　(ロ)　その開設する医療提供施設のうち１以上のものが，その所在地の都道府県が定める医療法第30条の４第１項に規定する医療計画において同条

> 第2項第2号に規定する医療連携体制に係る医療提供施設として記載及び公示されていること。
> (ハ) 措令第39条の25第1項第1号（（法人税率の特例の適用を受ける医療法人の要件等））に規定する厚生労働大臣が財務大臣と協議して定める基準

　この中で，一般に事業承継目的を兼ねた財団法人で行われている事業は「ト」の奨学金事業と「チ」の助成金事業が多い。これらの事業であれば，最低数百万円から2,000万円程度の資金でも事業運営は可能である。なお，美術館事業は「ホ」に該当するが，美術品を展示する建物等を用意する必要があり，投資額や事業運営資金は多額となる。

(ii) 公益の分配

> 財団法人の事業の遂行により与えられる公益が，それを必要とする者の現在または将来における勤務先，職業などにより制限されることなく，その公益を必要とするすべての者に与えられるなど公益の分配が適正に行われること（40条通達12(2)）。

(iii) 事業の営利性

> 財団法人の寄附に係る公益目的事業について，その公益の対価がその事業の遂行に直接必要な経費と比べて過大でないなど事業の運営が営利企業的に行われている事実がないこと（40条通達12(3)）。

(iv) 法令の遵守

> 財団法人の事業の運営につき，法令に違反する事実その他公益に反する事実がないこと（40条通達12(4)）。

② 要件2　公益目的事業供用要件

> 寄附財産である株式（株式交換や種類株式の変更など一定のやむを得ない理由により取得した代替資産である株式を含む）が，寄附のあった日から2年を経過する日までの期間内に，財団法人の公益目的事業の用に直接供され，または供される見込みであること。

　ただし，株式はその財産の性質上その株式そのものを直接公益事業の用に供することができないので，各年の配当金などその株式から生ずる果実の全部が公益事業の用に供されるかどうかで，寄附財産である株式が公益事業の用に供されるかどうかを判定することとなっている[5]。この場合において，各年の配当金などの果実の全部が公益事業の用に供されるかどうかは，たとえば，奨学金事業であれば，事業を行う法人において学資として支給され，または助成事業であれば，事業を行う法人において助成金として支給されるなど，その果実の全部が直接，かつ，継続して，公益事業の用に供されるかどうかにより判定することに留意する。したがって，配当金などの果実が毎年定期的に生じない株式はこの公益目的事業供用要件に該当しなくなるので，配当金は毎期継続して支給することが重要となる。

③ 要件3　非不当減少要件

> 財団法人に対して株式を寄附したことにより，その寄附した者の所得税の負担を不当に減少させ，または寄附した者の親族その他これらの者と特別の関係がある者の相続税もしくは贈与税の負担を不当に減少させる結果とならないと認められること。

---

[5] 国税庁HP　法令解釈通達（所得税関係措置法通達・第40条関係）「租税特別措置法第40条第1項後段の規定による譲渡所得等の非課税の取扱いについて」13項（https://www.nta.go.jp/shiraberu/zeiho-kaishaku/tsutatsu/kobetsu/shotoku/sochiho/800423-1/08.htm#a-13）。

ただし，次の(i)から(v)までのすべてに該当するときは，上記の所得税または贈与税もしくは相続税の負担を不当に減少させる結果とならないものとされる（40条通達17但書）[6]。

(i) 公益法人等の運営組織が適正であるとともに，その寄附行為，定款または規則において，理事，監事および評議員[7]のいずれにおいても，そのうちに親族関係がある人およびこれらの人と特殊の関係がある人[8]の数の占める割合が，3分の1以下とする旨の定めがあること。

(ii) 寄附した人，寄附を受けた法人の理事，監事および評議員もしくは社員またはこれらの人と特殊の関係がある人に対し，施設の利用，金銭の貸付け，資産の譲渡，給与の支給，役員等の選任その他財産の運用および事業の運営に関して特別の利益を与えないこと。

(iii) 法人の寄附行為，定款または規則において，その法人が解散した場合の残余財産が国もしくは地方公共団体または他の公益法人等に帰属する旨の定めがあること。

(iv) 寄附を受けた法人につき公益に反する事実がないこと。

(v) 法人が寄附により株式の取得をした場合には，当該取得により当該法人

6　国税庁HP　税務手続（譲渡所得関係）租税特別措置法第40条の規定による承認申請手続「公益法人等に財産を寄附した場合の譲渡所得の非課税の特例のあらまし」（https://www.nta.go.jp/tetsuzuki/shinsei/annai/joto/annai/23300007_01.htm）。

7　「理事」，「監事」および「評議員」には，名称のいかんを問わず実質的にみてこれらと同様の役職にある人が含まれる。

8　「特殊の関係がある人」とは，親族関係がある人と次のa)からc)までに掲げる関係がある人をいう。
　　a)　まだ婚姻の届出をしていないが事実上婚姻関係と同様の事情にある人（この人の親族で，生計を一にしている人を含む）
　　b)　使用人および使用人以外の人でその人から受ける金銭その他の財産によって生計を維持している人（この人の親族で，生計を一にしている人を含む）
　　c)　次の法人の役員または使用人
　　　イ　親族関係がある人が会社役員となっている他の法人
　　　ロ　親族関係がある人およびa)とb)に掲げる人ならびにこれらの人と一定の関係がある法人を判定の基礎にした場合に法人税法上の同族会社に該当する他の法人

の有することとなる当該株式の発行法人の株式がその発行済株式の総数の2分の1を超えることとならないこと（平成26年4月1日以後に行われる寄附について適用される）。

また，寄附財産である株式は必ずしも議決権を行使することができる事項について制限のないものに限られてはいないので留意する（40条通達19の2）。

なお，財団法人に寄附をした者またはこれらの者とその親族その他これらの者と特別関係がある者の相続税または贈与税の負担が不当に減少する結果となると認められるときは，財団法人を個人とみなして，贈与税または相続税が課せられることに留意（相法66①④）。

(2) 相続税の非課税財産要件（措法70）

相続人等が一旦相続または遺贈により取得した株式を財団法人に贈与（ここでは単に「寄附」という）により移転する場合において，その株式を相続税の非課税財産とするためには，以下のすべての要件を満たす必要がある。

なお，この相続税の非課税財産となる場合の寄附を受ける法人の範囲は，租税特別措置法40条よりも厳しく，公益を目的とする事業を行う法人のうち，教育もしくは科学の振興，文化の向上，社会福祉への貢献その他公益の増進に著しく寄与するものに限られているほか，一般財団法人ではなく公益財団法人等に限られており，株式の寄附時において現存する公益財団法人に対する寄付でなければならず，公益財団法人等を設立するための寄附行為や財産の提供の場合には，この相続税の非課税財産要件に該当しない（70条通達^9 1-3）ので留意が必要である。

① 要件1 相続取得財産要件

> 寄附財産である株式は，相続または遺贈により取得した株式で，相続税の申告期限までに公益財団等にその寄附が行われていること。

ここでいう相続または遺贈により取得した財産には，民法上の本来の相続財

産が含まれるのは当然として，相続税法上で相続財産とみなされる財産（生命保険金や死亡退職金等）も含まれるが，相続税上で課税価格に加算される相続開始前3年以内の贈与財産や相続税精算課税の適用を受ける財産等は含まない（70条通達1-5）ので，生前贈与を受けた株式に対する相続税の課税を免れるために寄附しても，この要件には該当しない。

　次に，この非課税要件に該当させるには，原則として相続税の法定申告期限である相続の開始があった日から10か月以内に寄附する必要があり，相続税の申告書に寄附した財産の明細書（第14表）を記載のうえ，一定の受領書や証明書類等を添付する必要がある。したがって，相続税の法定申告期限以降に行われた寄附は，この要件に該当しないことに留意が必要である。

② 要件2　公益目的事業供用要件

> 財団法人が寄附のあった日から2年を経過した日において寄附を受けた株式を公益を目的とする事業の用に供していること。

　財団法人が寄附のあった日から2年を経過した日までに公益財団法人に該当しなくなった場合や，寄附を受けた株式を同日においてなおその公益を目的とする事業の用に供していない場合には，この要件に該当しないので，その寄附した株式は相続税の課税財産となる。

　この場合において，財産が公益財団法人により公益を目的とする事業の用に供されているかどうかの判定は，寄附財産がその寄附の目的に従って公益財団法人の行う公益を目的とする事業の用に供されているかどうかによるものとし，寄附財産が寄附時のままでその用に供されているかどうかは問わない。したがって，公益財団法人の財産の管理，運用の状況等から寄附された株式の各年の配当が，その公益事業の用に供されていることが確認できるときは，これらの寄附財産は，公益財団法人の公益を目的とする事業の用に供されているもの

9　昭和50年11月4日付の国税庁の通達「租税特別措置法（相続税法の特例関係）の取扱について」をいう。

として取り扱われる（70条通達1-13）。

③ 要件3　非不当減少要件

> 財団法人に寄附したことにより，贈与者またはその親族その他これらの者と特別の関係のある者の相続税や贈与税の負担を不当に減少させる結果にならないこと。

この要件は，前述した租税特別措置法40条の非不当減少要件と基本的に同じである。

【図16－2】　租税特別措置法40条と70条の相違点

項　目	譲渡所得の非課税規定 （措法40）	相続税の非課税規定 （措法70）
対象となる資産	山林・譲渡所得等の基因となる資産	相続税または遺贈により取得した財産
著しく低い価額（時価の2分の1以下）での譲渡についての適用	適用なし	適用あり（措通70-1-8）
対象となる公益法人	・公益社団・財団法人 ・特定一般法人（非営利性が徹底された一般社団・財団法人）	・公益社団・財団法人
直接公益目的事業の用に供することの必要性	原則，寄附財産を直接公益目的事業の用に供することが必要（代替資産・買換資産の特例あり）	寄附財産を直接公益目的事業の用に供する必要はない
公益事業の用に供する期限	原則，2年以内（災害等一定の場合には，一定期間の延長申請可能）	2年以内（例外規定なし）

非課税が不適用となる場合	・原則，2年以内に公益目的事業の用に供されなかった時 ・2年経過後に公益目的事業の用に供しなくなった時 ・不当減少要件に該当した場合	・2年以内に公益目的事業の用に供されなかった時 ・不当減少要件に該当した時
適用手続き	承認申請書を寄附の日から4か月以内に所轄税務署長を経て国税庁長官に提出（やむを得ない場合の宥恕規定あり）	相続税の期限内申書に適用を受ける旨を記載のうえ，一定の書類を添付（やむを得ない場合の宥恕規定なし）

出所：税理士法人プライスウォーターハウスクーパース編『事業承継・相続対策の法律と税務（四訂版）』（税務研究会出版局，2013年）515頁。

④ 財団法人設立〜寄附までの流れ

財団法人の設立から自社株の寄附まではおおむね次頁の【図16−3】のような流れで行われる。

フェーズ1　一般財団法人の設立

まずは一般財団法人を設立する。前述のとおり，一般財団法人の設立は，登記のみで実行可能であり，ある程度事業内容のイメージが固まっていれば，検討開始から設立までは3か月〜半年程度で行うことができる。

財団法人の設立にあたり，特に留意すべきことは，事業内容の設計と役員人事である。

事業内容の設計にあたっては，租税特別措置法40条の非課税要件1 公益増進要件の①公益目的事業の規模の要件を満たすことがポイントとなる。また，財団法人が保有する株式から期待される配当やその他の寄附による収入額を想定し，事業の運営規模を設定することとなる。

役員人事については，租税特別措置法40条の非課税要件3 非不当減少要件に

定める役員構成に関する規定に留意することが重要である。それによれば，経営者や後継者，その親族や自社の役員，従業員などが，財団法人の役員の3分の1を超えてはならない。一般財団法人の役員の定数は，評議員3名以上，理事3名以上，監事1名以上となっているが（一般社団・財団法人法173③・65③），前述の非不当減少要件における「その運営組織が適正である」かどうかの判定において，非営利型法人の場合，評議員6名以上，理事6名以上，監事

【図16－3】 財団法人設立〜株式寄附までの流れ

フェーズ1
■一般財団法人設立
・事業内容の設計・事業計画作成
・定款・規程類の作成
・役員（評議員，理事，監事）の選定
・設立登記
・財産の受入れ

フェーズ2
■公益認定の取得
・定款の見直し
・公益認定申請用の予算書作成
・公益認定申請書類の作成
・行政庁への事前相談
・行政庁への公益認定申請書提出

フェーズ3
■寄附の実行
・寄附する株数の検討
・株価算定
・株式受入れのための理事会，評議員会開催
・財団法人への寄附の実行

フェーズ4
■租税特別措置法40条申請
・株式寄附申込書の作成
・40条申請書の作成
・税務当局への事前相談
・税務当局への申請書提出

2名以上の定数が求められている（40条通達18）。その場合，それぞれ3分の1は会社関係者とすると，評議員で4名，理事で4名，監事2名の合計10名の役員を会社関係者以外で人選する必要があり，それなりの負担となる。財団法人設立のスケジューリングにあたっては，役員候補者を人選のうえ，役員就任をお願いし，承諾を得るまでの期間も考慮に入れる必要がある。

フェーズ2　公益財団法人への移行

フェーズ1で設立した一般財団法人が公益認定の基準を満たしたうえで，公益認定申請を行い，認定を受けることで，公益財団法人へと移行する。公益認定申請にあたっては，一般財団法人として作成された定款を公益認定の基準に合うように見直しをするほか，公益認定申請に向けた予算書の作成などを行う[10]。

公益認定申請書の提出先は，2以上の都道府県の区域内に事務所を設置している法人もしくは公益目的事業を2以上の都道府県の区域内で行う旨を定款で定めている法人は内閣総理大臣，これら以外の法人は都道府県知事となる（公益社団法人及び公益財団法人の認定等に関する法律3）。

なお，申請後の所管行政庁における審査期間は，おおむね3か月〜6か月程度が目安である。

フェーズ3　寄附の実行

財団法人が公益認定を受けたのち，財団法人に対して自社株の寄附を行うことになる。寄附にあたっては，寄附する株数の検討，株価算定，財団法人側で株式受入れのための理事会，評議員会の開催等が必要となる。

---

[10] 公益認定申請に関する具体的な手続き等は，以下のウェブサイト「申請の手引き 公益認定編」に詳しい（https://www.koeki-info.go.jp/pictis_portal/other/information.html）。

フェーズ4　租税特別措置法40条申請

　株式を寄附した日から4か月以内に措置法40条承認申請書を，納税地の所轄税務署を経由して国税庁長官に提出する。実務上は，申請に際して事前に税務当局に対して40条申請につき承認が得られるかどうかについて相談を行うことが多い。そのうえで，承認が得られる心象があれば，一連の申請書類を作成し，所轄税務署へ提出することとなる。

　申請後，寄附された株式が継続的に公益目的事業の用に供されているかを確認するため，約2年間は税務当局による審査期間となる。承認後も，継続的に税務当局より寄附が維持されているか書類の提出が求められることとなる。

5　実務上の留意点

(1) 寄附した株式の譲渡禁止（原則）

　原則として，一旦，財団法人に寄附した株式は譲渡することはできない。

　ただし，平成20年度税制改正により，2年以上公益目的事業の用に直接供している財産については，一定の要件の下で，公益目的事業の用に直接供する他の資産（贈与または遺贈を受けた財産と同種の資産，土地および土地の上に存する権利）へ買替えができることとされた。この結果，非課税承認に係る贈与または遺贈を受けた公益法人等が，一定の要件を満たして取得した買替資産については，その贈与または遺贈を受けた財産と同様に取り扱われる代替資産の範囲に含められることから，その買換資産[11]を公益目的事業の用に直接供する

11　具体的に，代替資産に含まれる買換資産とは，非課税承認に係る贈与または遺贈を受けた公益法人等が，その公益目的事業の用に2年以上直接供しているその贈与または遺贈に係る財産を譲渡し，その譲渡による収入金額の全部に相当する金額をもって取得した公益目的事業の用に直接供することができる資産（その財産と同種の資産，土地および土地の上に存する権利に限る）で，その公益法人等が，譲渡の日の前日までに，その譲渡の日など一定の事項を記載した書類をその納税地の所轄税務署長を経由して国税庁長官に提出した場合におけるこれらの資産をいう（措法40⑤）。なお，上記の同種の資産には，その贈与または遺贈を受けた財産が株式である場合における公社債および投資信託の受益権が含まれる（措規18の19⑪）（財務省HP「平成20年度税制改正の解説詳

ことにより，その非課税承認に係る本非課税制度を継続して受けることができることとされた（措法40⑤）。これにより，MBO等やむを得ない事情により財団法人が寄附された株式を譲渡する場合は，寄附後2年以上経過していれば認められるケースがある。

　また，平成26年度税制改正により，この代替資産の範囲に，公益法人等が贈与等を受けた株式につき一定の株式交換または株式移転による譲渡があった場合において，その取得する株式交換完全親法人の株式等もしくは親法人の株式等または株式移転完全親法人の株式が追加された[12]。

(2) 同族株主の判定における財団法人の取扱い

　財団法人に寄附された株式について，租税特別措置法40条による非課税の特例を受けるために，議決権行使に関する制限が定款上規定されている場合，同族株主の判定にあたっては財団法人が有する議決権を除いて判定しなければならない[13]。

(3) 財団法人が保有できる株式数の制限

　平成26年度税制改正により，非課税承認要件である贈与者等の所得税等を不当に減少させる結果とならないことを満たすための条件に，公益法人等がその贈与等により有することとなる株式が発行済株式の総数の2分の1を超えることとならないことが追加された（措令25の17⑥五）[14]。そのため，財団法人は，

　　解」214～215頁)。
12　財務省HP「平成26年度税制改正の解説詳解」302頁。
13　尾崎三郎監修『三訂版詳説自社株評価Q&A』(清文社，2013年) 43頁。
14　従前，本非課税制度の対象となる公益法人等の間で，それぞれの法人制度における株式の保有に関する取扱いがまちまちになっていた。具体的には，公益社団・財団法人は，議決権株式の過半数まで，学校法人や旧民法法人は発行済株式の2分の1までの保有が可能とされており，一方で，非営利型法人である一般社団・財団法人やNPO法人などは株式保有に関して制限はなかった。このような株式保有に関する取扱いの差異は公益法人等の間で非課税の範囲が異なる結果となることから，非課税の範囲を同じにするため，本改正が行われた（財務省HP「平成26年度税制改正の解説詳解」302～303頁)。

特定の企業の発行済株式数の50％超を保有することはできないことに留意。

(4) 非課税承認の取消しリスク

　国税庁長官による非課税の承認を受けて財団法人へ株式を寄附したのち，以下の事由に該当すると，非課税が取り消されるおそれがあることに留意しなければならない。

① 寄附された財産が，寄附された日から２年を経過する日までの間に公益目的事業の用に直接供されなかったとき（措法40②，措令25の17⑩）。なお，寄附を受けた非営利型法人が，その財産を公益目的事業の用に直接供する以前に非営利型法人の要件を満たさなくなったとき（40条通達24項）も含む。

② 寄附された財産が公益目的事業の用に直接供される前に，寄附した者またはその親族その他これらの者と特別の関係がある者の相続税もしくは贈与税の負担を不当に減少させる結果となると認められるとき（措法40②，措令25の17⑩）。

③ 寄附された財産が公益目的事業の用に直接供されたのちに，同事業の用に直接供されなくなったとき（措法40③，措令25の17⑬）。なお，寄附を受けた非営利型法人が，その財産を公益目的事業の用に直接供したのちに非営利型法人の要件を満たさなくなったとき（40条通達24項）も含む。

④ 寄附された財産が公益目的事業の用に直接供されたのちに，寄附した者またはその親族その他これらの者と特別の関係がある者の相続税もしくは贈与税の負担を不当に減少させる結果となると認められるとき（措法40③，措令25の17⑬）。

　上記③④の事由は，寄附した財産が将来に非課税承認が取り消されるリスクを抱えていることを意味する。この点の懸念につき，平成20年度税制改正により手当てが講じられた。すなわち，寄附された財産が一度でも公益目的事業の用に供されれば，その後非課税承認が取り消された場合の課税は，寄附を行った個人ではなく，財団法人を寄附を行った個人とみなして，その財団法人に所

得税が課されることとなった（措法40③）。

6 財団法人の事例

　財団法人は，上場・非上場を問わず，大規模なオーナー系企業では社会貢献と事業承継対策を兼ねて，よく用いられている。

　筆者の調べによれば，日本の上場企業のうち200社あまりの企業において，大株主上位10位以内に財団法人が存在している。上場企業の場合，財団法人による株式保有割合は平均すると5％前後となっているが，中には3分の1超を財団法人が保有しているようなケースもある。

　非上場企業でも，著名な大企業であれば，たいてい財団法人の運営に関わっているようである。サントリーやSGホールディングス（佐川急便）のように，1つの企業グループで，複数の財団法人を運営しているようなケースもある。

第16章 財団法人の活用　325

【図16－4】　上場企業で大株主上位10位に財団法人が存在する企業（上位100社）

決算年度	証券コード	企業名称	株主名称	保有株式割合%
2014	2831	はごろもフーズ	（公財）はごろも教育研究奨励会	42.53
2014	4927	ポーラ・オルビスホールディングス	（公財）ポーラ美術振興財団	34.31
2014	4925	ハーバー研究所	（公財）小柳財団	33.90
2014	3038	神戸物産	（公財）業務スーパージャパンドリーム財団	25.73
2014	6823	リオン	（財）小林理学研究所	25.63
2014	1827	ナカノフドー建設	（公財）大島育英会	19.58
2014	9734	精養軒	（財）福島育英会	18.65
2014	2433	博報堂DYホールディングス	（公財）博報児童教育振興会	18.17
2014	9855	くろがねや	（財）布能育英会	18.04
2014	7433	伯東	（公財）高山国際教育財団	17.51
2014	3065	ライフフーズ	（公財）ライフスポーツ財団	16.39
2014	1793	大本組	（公財）大本育英会	16.07
2014	8022	美津濃	（公財）ミズノスポーツ振興財団	16.03
2014	7887	南海プライウッド	（公財）南海育英会	15.39
2014	2816	ダイショー	（財）金沢記念育英財団	15.07
2014	4825	ウェザーニューズ	（財）WNI気象文化創造センター	14.35
2014	4581	大正製薬ホールディングス	（公財）上原記念生命科学財団	14.31
2014	9746	TKC	（公財）飯塚毅育英会	13.70
2014	9470	学研ホールディングス	（公財）古岡奨学会	13.10
2014	8018	三共生興	（公財）三木瀧蔵奨学財団	12.73
2014	4534	持田製薬	（公財）持田記念医学薬学振興財団	12.53
2014	9076	セイノーホールディングス	（公財）田口福寿会	11.87
2014	9010	富士急行	（公財）堀内浩庵会	11.76
2014	9766	コナミ	（財）上月財団	11.57
2013	4995	サンケイ化学	（公財）サンケイ科学振興財団	11.50
2014	6091	ウエスコホールディングス	（公財）ウエスコ学術振興財団	11.28
2014	8097	三愛石油	（公財）新技術開発財団	11.19
2014	6287	サトーホールディングス	（公財）佐藤陽国際奨学財団	10.85
2014	9755	応用地質	（公財）深田地質研究所	10.75
2014	6272	レオン自動機	（財）林レオロジー記念財団	10.68
2014	4364	マナック	（財）松永財団	10.62
2014	2664	カワチ薬品	（公財）河内奨学財団	10.57
2014	3950	ザ・パック	（公財）森田記念福祉財団	10.46
2014	6654	不二電機工業	（公財）藤本奨学会	9.74
2014	9075	福山通運	（公財）渋谷育英会	9.70

決算年度	証券コード	企業名称	株主名称	保有株式割合%
2014	2208	ブルボン	（公財）ブルボン吉田記念財団	9.43
2014	5108	ブリヂストン	（公財）石橋財団	9.43
2014	8281	ゼビオ	（公財）諸橋近代美術館	9.39
2014	1960	サンテック	（公財）八幡記念育英奨学会	9.24
2014	6363	酉島製作所	（公財）原田記念財団	9.00
2014	8390	鹿児島銀行	（財）岩崎育英文化財団	8.98
2014	7609	ダイトエレクトロン	（公財）ダイトロン福祉財団	8.96
2014	1987	ソルコム	（公財）八幡記念育英奨学会	8.88
2014	5273	三谷セキサン	（財）三谷市民文化振興財団	8.76
2014	1798	守谷商会	（財）守谷奨学財団	8.50
2014	5423	東京製鐵	（公財）池谷科学技術振興財団	8.38
2014	8285	三谷産業	（公財）三谷育英会	8.37
2014	4990	昭和化学工業	（公財）石橋奨学会	8.30
2014	6340	澁谷工業	（公財）澁谷学術文化スポーツ振興財団	8.26
2014	8088	岩谷産業	（公財）岩谷直治記念財団	8.22
2014	7537	丸文	（財）丸文財団	8.21
2014	2286	林兼産業	（財）中部財団	8.19
2014	6748	星和電機	（財）京都青少年育成スポーツ財団	8.08
2014	5909	コロナ	（公財）内田エネルギー科学振興財団	8.04
2014	2228	シベール	（公財）弦地域文化支援財団	8.03
2014	6465	ホシザキ電機	（公財）ホシザキグリーン財団	8.01
2014	6436	アマノ	（公財）天野工業技術研究所	7.92
2014	5019	出光興産	（公財）出光文化福祉財団	7.75
2014	1515	日鉄鉱業	（公財）日鉄鉱業奨学会	7.68
2014	7702	JMS	（財）土谷記念医学振興基金	7.68
2014	5951	ダイニチ工業	（財）佐々木環境技術振興財団	7.56
2014	4917	マンダム	（公財）西村奨学財団	7.46
2014	1899	福田組	（公財）福田育英会	7.44
2014	9537	北陸瓦斯	（公財）北陸瓦斯奨学会	7.24
2014	6806	ヒロセ電機	（公財）ヒロセ国際奨学財団	7.13
2014	8066	三谷商事	（財）三谷進一育英会	7.11
2014	6986	双葉電子工業	（公財）双葉電子記念財団	7.09
2014	4967	小林製薬	（公財）小林国際奨学財団	7.05
2014	6963	ローム	（公財）ロームミュージックファンデーション	7.05
2014	8613	丸三証券	（公財）長尾自然環境財団	7.04
2014	9405	朝日放送	（公財）香雪美術館	7.00
2014	7986	日本アイ・エス・ケイ	（公財）広沢育英会	6.76

決算年度	証券コード	企業名称	株主名称	保有株式割合%
2014	6820	アイコム	（公財）アイコム電子通信工学振興財団	6.73
2014	2897	日清食品ホールディングス	（公財）安藤スポーツ・食文化振興財団	6.72
2014	9993	ヤマザワ	（公財）ヤマザワ教育振興基金	6.72
2014	2815	アリアケジャパン	（公財）岡田甲子男記念奨学財団	6.69
2014	6962	大真空	（財）長谷川福祉会	6.63
2014	9890	マキヤ	（公財）マキヤ奨学会	6.60
2014	3153	八洲電機	（公財）八洲環境技術振興財団	6.56
2014	7906	ヨネックス	（公財）ヨネックススポーツ振興財団	6.40
2014	5187	クリエートメディック	（公財）中尾奨学財団	6.21
2014	4849	エン・ジャパン	（財）エン人財教育センター	6.15
2014	9830	トラスコ中山	（公財）中山視覚障害者福祉財団	6.06
2014	8194	ライフコーポレーション	（公財）ライフスポーツ財団	6.04
2014	8179	ロイヤルホールディングス	（公財）江頭ホスピタリティ事業振興財団	6.01
2014	6809	TOA	（公財）神戸やまぶき財団	5.79
2014	6869	シスメックス	（公財）神戸やまぶき財団	5.77
2014	8572	アコム	（公財）木下記念事業団	5.77
2014	5273	三谷セキサン	（財）三谷進一育英会	5.70
2014	5901	東洋製罐グループホールディングス	（公財）東洋食品研究所	5.69
2014	6869	シスメックス	（公財）中谷医工計測技術振興財団	5.69
2014	2212	山崎製パン	（公財）飯島藤十郎記念食品科学振興財団	5.67
2014	6091	ウエスコホールディングス	（公財）加納美術振興財団	5.65
2014	6413	理想科学工業	（公財）理想教育財団	5.61
2014	9616	共立メンテナンス	（財）共立国際交流奨学財団	5.60
2014	2181	テンプホールディングス	（財）篠原欣子記念財団	5.57
2014	2593	伊藤園	（公財）本庄国際奨学財団	5.48
2014	9087	タカセ	（公財）タカセ国際奨学財団	5.23
2014	1921	巴コーポレーション	（公財）野澤一郎育英会	5.20
2014	4524	森下仁丹	（公財）森下仁丹奨学会	5.10

※ 保有割合は決算年度の有価証券報告書に記載されている割合。
出所：SPEEDA。

【図16−5】 非上場企業における財団法人の事例

企業名	財団名	事業内容	保有株式
竹中工務店	公益財団法人竹中育英会	(1) 学生および生徒に対する学資金の給与、学生寮の設置運営 (2) 研究助成金の交付、学校教育設備の助成 (3) 文化および芸術の振興を目的とする事業の実施および支援 (4) その他目的を達成するために必要な事業	竹中工務店株式等1,987百万円（2014年12月期）
ヤンマー	公益財団法人山岡育英会	1. 特別奨学金（大学院生）大学院修士課程のうち、工学・農学系に在籍する日本人学生で、大学の推薦があった学生に奨学金を支給 2. 外国人留学生奨学金（大学院生）アジア諸国からの留学生のうち、工学・農学系に在籍する大学院生で、大学の推薦があった学生に奨学金を支給 3. 高校生奨学金（高校生）高校生で、指定教育委員会の推薦があった学生に奨学金を支給	ヤンマー株式470百万円（2015年3月期）
サントリー	公益財団法人サントリー生命科学財団 他にも「公益財団法人サントリー文化財団」「公益財団法人サントリー芸術財団」がある	1. 研究事業：産学連携を含む研究開発ならびに学術研究を行い、その成果の論文もしくは知的財産を公表し科学研究の推進を目的とする研究事業 2. 解析センター事業：大学の行う学術研究等を対象に、核磁気共鳴ならびに質量分析など、新しい解析方法の提供ならびに解析サービスを通した科学研究の支援を目的とする解析センター事業 3. 研究奨励助成事業：研究助成制度、奨学金制度ならびに研究集会助成制度による学術研究と科学人材育	サントリーHD株式359万株、サントリー食品インターナショナル2万株、寿不動産株式10万株（2015年3月期）

		成を助成する研究奨励助成事業 4. 科学人材育成事業：自らの研究所での博士客員研究員制度ならびに大学院連携講座の開設や大学法人への講師の派遣など科学者育成の支援を行う科学人材育成事業	
JTB	公益財団法人日本交通公社	観光分野専門のシンクタンク (1) 旅行および観光に関する文化の振興 (2) 旅行および観光ならびに観光関係事業および観光政策に関する研究および調査 (3) 観光関係事業経営者，管理者および従業員の研修 (4) 観光開発および観光関係事業に関する相談および指導 (5) 旅行および観光ならびに観光関係事業に関する情報の収集，分析および提供 (6) 旅行および観光ならびに観光関係事業に関する刊行物の発行等	JTB株式1,364千株（29.6%） （2015年3月期）

出所：各財団法人のHP。

第17章

海外を活用した事業承継対策（グローバル事業承継対策）

　富裕層の間で，財産を持ったまま海外へ移住し日本の税負担から逃れようとするキャピタル・フライト型の節税対策に対する関心が高まっている。課税当局もそうした動きをとらえ，平成24年度税制改正により国外に5,000万円超の財産を持つ人を対象とした国外財産調書制度を導入し，さらに平成27年度税制改正では出国税（Exit Tax）を導入するなど，国際的な課税逃れに対する監視体制を強化している[1]。

　そうした中，海外に幅広く事業を展開するオーナー企業においては，オーナー家の事業承継対策とグローバル経営の推進の観点から，オーナー家の一部が海外に移住することと併せ，自社の本社機能を海外に移転することへの関心が高まっている。日本の相続税法上は，単に後継者が海外に移住するだけでは相続税・贈与税の負担を回避することはできない。財産を受け取る子（相続人・受贈者）だけでなく財産を渡す親（被相続人・贈与者）も一定期間を超えて日本国内に居住していないことが必要であり，加えて，国内財産を国外財産に転化する必要がある。

---

[1] 各種報道等によれば，2014年7月以降，超富裕層による税逃れを監視するための専門チームが，東京，名古屋，大阪の各国税局に設置され，国内外に数十億円規模の資産を持つ納税者の資産状況や資金の流れなどの情報収集を強化している模様である。

自国に本拠を置く多国籍企業グループが外国に法人を設立し、この外国法人がその企業グループの最終的な親会社になるようにする組織再編成等の処理のことを「コーポレート・インバージョン」という[2]。実務上、自社株の国外財産への転化は、コーポレート・インバージョン（以下「インバージョン」という）を通じて行われることになる。

本章では、インバージョンを活用したグローバルな事業承継対策につき、実務上の留意点を解説する。

1　海外を活用した事業承継対策のニーズが高まる背景

2015年より相続税の基礎控除額が縮小されるなど、日本における相続税負担の増大化が相続税対策の関心を高めているが、特に海外を活用した対策については、海外での事業展開が進んでいる非上場・中堅企業でその関心が高まっている。

中堅企業でも海外展開に長い歴史を持っている会社は珍しくない。たとえば、自動車部品製造業では、取引先の要請により、90年代前半から米国や中国、タイなどへ進出している例は多い。そうした企業の場合、たいてい海外での業績は好調で、海外子会社の内部留保は厚くなっている。加えて、為替の円安トレンドにより、海外子会社の円ベースでの純資産価額が膨らみやすくなっている。相続税法上、非上場の外国法人株式の評価にあたっては類似業種比準方式は使用できず、一般に純資産価額方式による準じて評価することから[3]、こうした海外子会社株式の株価は高くなりやすい。その結果、日本の親会社の総資産に占める子会社株式の割合が上昇し、親会社が株式保有特定会社に該当することとなり、一気に株価が高騰してしまうという事態が起こっているのである[4]。その

2　山﨑昇「コーポレート・インバージョン（外国親会社の設立）と国際税務」（税大論叢54号、2007年）11頁。

3　国税庁HP質疑応答事例（財産評価）国外財産の評価―取引相場のない株式参照（http://www.nta.go.jp/shiraberu/zeiho-kaishaku/shitsugi/hyoka/15/12.htm）。

4　2013年5月27日に国税庁は財産評価通達を改正し、大会社の株式保有特定会社の判

ような企業では，否が応にも自社株対策について検討しなければならなくなる。

【図17－1】　グローバル事業承継ニーズの背景

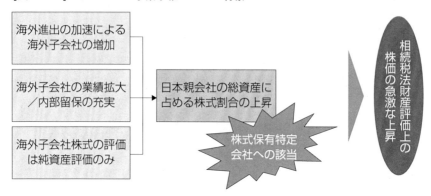

　一方，世界に目を転じると，実は相続税・贈与税がない国が多いことに気づく。特に，アジア圏ではそうした国が多く存在し，とりわけ海外地域統括会社の拠点としてよく活用されている香港やシンガポール，タイ，マレーシアではいずれも相続税・贈与税がない。そのため，アジアを中心に今後の事業展開を加速させていこうと考えている経営者にとっては，ビジネスの拠点としてだけでなく，生活の本拠もそれらの国に移すことを考えることは自然な流れともいえる。

　日本では，2010年前後からわが国を代表する大企業を中心に，本社機能を海外に移転する例が相次いでいる。大企業の場合は，本社全体が海外に移転するというよりは，一事業部門の本社機能が移転するケースがほとんどである。本社全体を移転している例としては，サンスター，ミドクラ，エスワンオー，バルスなどがある。今後も，経営のグローバル化の進展により，本社機能の海外移転を志向する企業が増加することは想像に難くない。

　　断基準が25%から50%に引き上げられたが，海外展開が進んでいる中堅企業の場合，
　　50%でさえ超えてしまうことが懸念される例は多い。

【図17－2】 世界の相続税・贈与税

地域	国名	相続税	贈与税	
アジア	香港	×	×	
	中国	×	×	
	台湾	○	○	
	韓国	○	○	
	シンガポール	×	×	
	タイ	×	×	
	マレーシア	×	×	
	インドネシア	×	×	
	フィリピン	○	○	
	インド	×	×	
北米	米国	○	○	
	カナダ	×	×	※1
	メキシコ	×	×	
南米	ブラジル	○	○	
オセアニア	オーストラリア	×	×	※1
	ニュージーランド	×	×	※2
欧州	イギリス	○	×	※3
	フランス	○	○	
	ドイツ	○	○	

地域	国名	相続税	贈与税	
欧州	イタリア	○	○	
	オランダ	○	○	
	ベルギー	○	○	
	ポルトガル	×	×	
	スペイン	○	○	
	スイス	△	△	※4
	ロシア	×	×	
	ノルウェー	×	×	
	スウェーデン	×	×	
	デンマーク	○	○	
	フィンランド	○	○	
	オーストリア	×	×	
	ルクセンブルク	○	○	
	キプロス	×	×	
	チェコ共和国	×	×	
	アイルランド	○	○	
	トルコ	○	○	
	ウクライナ	×	×	
アフリカ	南アフリカ	○	○	

○…課税あり，×…課税なし

※1 相続・贈与時の遺産移転につきキャピタルゲイン課税あり。
※2 所得税課税（被相続人への清算課税）
※3 贈与税の制度はないものの，贈与者へのキャピタルゲイン課税あり。
※4 連邦税はないが，州によって課税あり。

出所：Ernst&Young「Worldwide Estate and Inheritance Tax Guide 2015」古橋隆之＋GTAC『究極のグローバル節税』（幻冬舎，2014年）より作成。

【図17-3】 近年の本社機能の海外移転事例

	会社名	対象部門等	移転先	移転時期
1	三菱化学	テレフタル酸事業	シンガポール（ビジネス），インド（技術）	2009年6月（シンガポール），2009年末（インド）
2	旭硝子	ガラスカンパニー地域本部	日本，ベルギー，アメリカ	2009年7月
3	サンスター	本社機能	スイス	2009年9月
4	日本郵船	グローバル海運管理部門	シンガポール	2010年6月
5	資生堂	調達センター	中国（上海）	2010年
6	三井化学	タフマー事業	シンガポール	2011年4月
7	HOYA	メディカル事業部	シンガポール	2011年4月
8	ユニ・チャーム	地域統括本社	中国（上海）	2011年8月
9	ミドクラ	本社機能	シンガポール	2011年10月
10	エスワンオー	本社機能	シンガポール	2011年11月
11	イオン	地域統括本社	中国（北京），マレーシア	2012年3月（中国），2012年11月（マレーシア）
12	日立製作所	地域統括本社	中国（北京）	2012年4月
13	パナソニック	調達・物流部門	シンガポール	2012年4月
14	バルス	本社機能	香港	2012年4月
15	日産自動車	インフィニティ事業	香港	2012年5月
16	三菱商事	金属資源トレーディング部門	シンガポール	2013年4月

出所：各社HPや公表情報から筆者作成。

② 国際相続，国際税務に関する基礎知識

(1) 納税義務者の区分と課税財産の範囲

　第4章①(7)で述べたように，居住無制限納税義務者または非居住無制限納税義務者の場合，国内財産，国外財産および相続時精算課税適用財産が相続税・贈与税の課税対象となる。また，制限納税義務者の場合は，国内財産および相続時精算課税適用財産が課税対象となり，国外財産は課税対象とはならない。そのため，日本の相続税・贈与税がかからないようにするためには，自社株を国外財産に転化する必要がある。

　なお，下記(10)で述べるように，平成27年7月以降の出国税導入により，1億円以上の株式等を保有する等一定の居住者が非居住者となる際には，その株式等を譲渡したものとみなして所得税が課せられる（所法60の2）。

　また，居住者が非居住者に株式等の贈与を行った場合や居住者が亡くなり非居住者が相続または遺贈を受けた場合も，株式等の譲渡があったものとみなして贈与者や被相続人に所得税が課せられることに加え（所法60の3），受贈者には贈与税，相続人または受遺者には相続税が課せられることに留意を要する。

(2) 財産の所在の判定

　第4章①(8)で述べたように，株式の財産の所在は，株式の発行法人の本店または主たる事務所の所在により判定される。そのため，自社株を国外財産に転化するには，自社の本店所在地を海外に移す必要がある。とはいえ，個人が住民票を海外に移すようなイメージで，日本の法人が本店所在地を海外に移転させることはできない[5]。そのため，自社株を国外財産に転化するには，後述のようなインバージョン・スキームを活用して，外国法人が日本法人を支配する形

5　本店所在地はさまざまな訴えの専属管轄地となるため，わが国において設立する会社の本店を外国に置くことはできない（江頭憲治郎『株式会社法（第6版）』（有斐閣，2015年）70頁）。

(3)「住所」の判定
① 法律上の定義

相続税法上,「住所」の定義は規定されておらず,民法22条における「住所」の概念が借用されている[6]。具体的には,相続税法基本通達1の3・1の4共－5によれば,「住所」とは,「各人の生活の本拠をいうのであるが,その生活の本拠であるかどうかは,客観的事実によって判定するものとする。この場合において,同一人について同時に法施行地に2箇所以上の住所はないものとする」と規定されている。

さらに,相続税法基本通達1の3・1の4共－6によれば,国外勤務者等の住所の判定において,日本国籍を有している者が,相続もしくは遺贈または贈与により財産を取得した時において日本を離れている場合であっても,次に掲げる者に該当する場合は,その者の住所は日本にあるものとして取り扱うものとされる[7]。

(i) 学術,技芸の習得のため留学している者で日本にいる者の扶養親族となっている者

(ii) 国外において勤務その他の人的役務の提供をする者で,国外におけるその人的役務の提供が短期間(おおむね1年以内)であると見込まれる者(その者の配偶者その他生計を一にする親族でその者と同居している者を含む)

② 判例にみる「住所」の判定

実務では,過去の判例において示された「住所」の判定基準が参考となる。

---

6 民法22条では「各人の生活の本拠をその者の住所とする」と規定されている。

7 その者が相続もしくは遺贈または贈与により財産を取得した時において日本を離れている場合であっても,国外出張,国外興行等により一時的に日本を離れているにすぎない者については,その者の住所は日本にあることとなる。

特に,平成23年2月18日付のいわゆる武富士事件における最高裁判決[8]は,実務上,最も重要な判決といえよう(図17-4)。

当該判決では,「住所とは,反対の解釈をすべき特段の事由はない以上,生活の本拠,すなわち,その者の生活に最も関係の深い一般的生活,全生活の中心を指すものであり,一定の場所がある者の住所であるか否かは,客観的に生活の本拠たる実体を具備しているか否かにより決すべきものと解するのが相当である」[9]とし,「主観的に贈与税回避の目的があったとしても,客観的な生活の実体が消滅するものではない」と,主観的な要素は考慮せず,あくまで客観的事実に基づいて生活の本拠たる実体を判断すべきと判示した。客観的事実の判断にあたっては,住居,職業,生計を一にする配偶者その他親族の存否,資産の所在等の事実が,総合的に考慮されることになると思われる[10]。よって,単に住民票が海外に移っていることだけをもって非居住者となるわけではないことに留意しなければならない。

(4) タックスヘイブン対策税制(外国子会社合算税制)

① タックスヘイブン対策税制の概要

タックスヘイブン対策税制(外国子会社合算税制)は,いわゆるタックスヘイブン(軽課税国)を利用した租税回避行為を防止するための規定である。それによれば,軽課税国(租税負担割合が20%未満の国・地域)に本店等を有する一定の外国法人(特定外国子会社等)の株式を保有する一定の内国法人または居住者に対し,その持分に対応する外国法人の所得を,その内国法人または居住者の所得とみなして合算して課税が行われる(措法40の4①)。

---

8 最高裁判所(第二小法廷)平成20年(行ヒ)第139号。
9 最高裁昭和29年(オ)第412号同年10月20日大法廷判決・民集8巻10号1907頁,最高裁昭和32年(オ)第552号同年9月13日第二小法廷判決・裁判集民事27号801頁,最高裁昭和35年(オ)第84号同年3月22日第三小法廷判決・民集14巻4号551頁参照。
10 東京地方裁判所平成17年(行ウ)第396号判決文48頁参照。なお,所得税法施行令14条1項,15条1項にも類似の規定がある。

【図17-4】 武富士事件における「生活の本拠」をめぐる事実関係と裁判所の判断

	事実関係	高裁が「生活の本拠」が国内にあるとした判断基準	左記に対する最高裁の判断
滞在日数	香港の滞在期間は通算約3年半。うち，香港滞在日数の割合は約65.8%，国内滞在日数の割合は約26.2%	国内滞在中は香港への出国前と同じく両親らの居宅にて起居	国内では家族の居住する居宅で起居していたことは帰国時の滞在先として自然な選択
香港での居宅	香港では家財が備え付けられ部屋の清掃やシーツ交換などのサービスが受けられるアパートメントに単身で滞在。当該アパートメントの賃貸借契約は2年間，その後2年間の約定で更改	香港に家財等を移動したことはなく，香港に携行したのは衣類程度にすぎず，香港居宅はホテルと同様のサービスが受けられるアパートメントであり，長期滞在を前提とする施設ではない	香港に家財等を移動していない点は費用や手続きの煩雑さに照らせば不合理とはいえない。サービス・アパートメントでの滞在も，昨今の単身で海外赴任する際の通例や本人の地位，報酬，財産等に照らせば当然の自然な選択
香港での業務	現地では，会社および現地子会社の業務（投資業務）として関係者との面談等の業務に従事。また，香港滞在中に，常務取締役，専務取締役へと昇進	香港への出国前から会社役員という重要な地位にあり，香港駐在中もその役員としての業務に従事して昇進もしていた	約2.5倍ある香港と日本との滞在日数の格差を覆して生活の本拠たる実体が日本にあることを認めるに足りる根拠とはいえない
日本での業務	香港滞在期間中，月に一度は帰国しており，日本にて月1回開催される取締役会の多くに出席したほか，少なくとも19回の営業幹部会および3回の全国支店長会議にも出席。新入社員研修会，格付会社との面談，アナリストやファンドマネージャー向け説明会等にも出席	次期経営者が予定されていた重要人物であり，会社の所在する日本が職業活動上最も重要な拠点であった	

資産状況	香港での資産は5,000万円程度の預金。日本には評価額で1,000億円を超える自社株、23億円を超える預金、182億円を超える借入金等を有していた	香港に有していた資産は総資産評価額の0.1％にも満たないものであった	香港に預金等の財産を移動していないとしても、それは海外赴任者に通常見られる行動と何ら齟齬するものではない
出国時の対応	香港に出国するにあたり住民登録につき香港への転出の届出をしたうえ、香港において在香港日本総領事あて在留証明書、香港移民局あて申請書類一式、納税申告書等を提出。これらの書類に香港居宅の所在地を住所地として記載。他方、借入のあった銀行3行には香港への住所異動の届出をしたが、銀行7行およびノンバンク1社にはその旨届出をしなかった	香港への出国時に借入のあった銀行やノンバンクの多くに住所が香港に異動した旨の届出をしていないことから、香港を生活の本拠としようとする意思は強いものであったとはいえない	各種の届出等からうかがわれる本人の居住意思についても、出国の際に住民登録につき香港への転出の届出をするなどしており、一部の手続きについて住所変更の届出等が必須ではないとの認識の下に手間を惜しんでその届出等をしていないとしても別段不自然ではない

出所：最高裁平成23年2月18日判決文をもとに筆者作成。

　ただし、特定外国子会社等が租税回避を目的として利用されていない場合には、一定の要件を満たせば合算課税の適用除外が認められる。それでも、特定外国子会社等に一定の資産性所得がある場合には、部分的に合算課税の対象となる。

　グローバル事業承継スキームを検討するにあたっては、特に、適用除外要件を満たせるか、資産性所得にかかる合算課税が発生しないかといった点に留意しなければならない。

【図17-5】 タックスヘイブン対策税制の概要

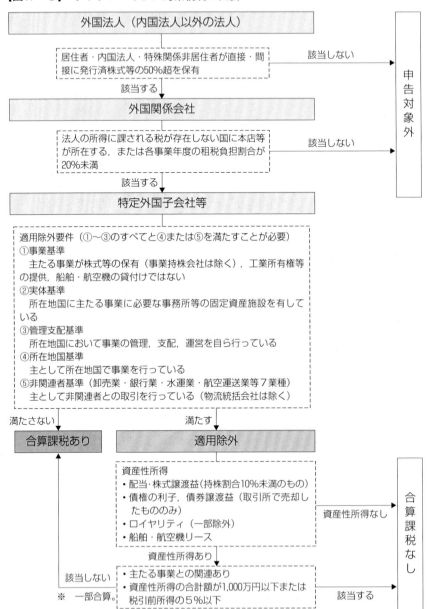

② 納税義務者

合算課税の対象者（納税義務者）は，①特定外国子会社等の発行済株式総数または出資総額（自己株式等を除く）の10％以上を直接および間接に保有する居住者（個人）または内国法人等，②特定外国子会社の発行済株式総数または出資総額（自己株式等を除く）の10％以上を直接および間接に保有する同族株主グループ[11]に属する居住者または内国法人等である[12]（措法40の4①・66の6①）。

③ 特定外国子会社等

外国法人とは，内国法人以外の法人をいう。

外国関係会社とは，外国法人で，その発行済株式または出資（自己株式等を除く）の総数または総額のうち，居住者および内国法人および特殊関係非居住

---

11 同族株主グループには，以下の個人および法人が該当する（措令39の16⑥⑦）。
　① 次に掲げる個人
　　イ）居住者の親族
　　ロ）居住者と婚姻の届出をしていないが事実上婚姻関係と同様の事情にある者
　　ハ）居住者の使用人
　　ニ）イからハまでに掲げる者以外の者で居住者から受ける金銭その他の資産によって生計を維持しているもの
　　ホ）ロからニまでに掲げる者と生計を一にするこれらの者の親族
　　ヘ）内国法人の役員および当該役員と上記イ，ロ，ニ，ホの関係のある者
　② 次に掲げる法人
　　イ）一の居住者または内国法人（当該居住者または内国法人と前①に規定する特殊の関係のある個人を含む。以下この②において「居住者等」という）が他の法人を支配している場合における当該他の法人
　　ロ）一の居住者等および当該一の居住者等とイに規定する特殊の関係のある法人が他の法人を支配している場合における当該他の法人
　　ハ）一の居住者等および当該一の居住者等とイおよびロに規定する特殊の関係のある法人が他の法人を支配している場合における当該他の法人
　　ニ）同一の者とイからハまでに規定する特殊の関係のある二以上の法人のいずれかの法人が一の居住者等である場合における当該一の居住者等以外の法人
12 直接および間接保有の株式には，内国法人が直接および間接に保有する特定外国子会社等の株式でその株式の払込金額等の全部または一部について払込み等が行われていないものも含まれるものとする。なお，名義株は，その実際の権利者が所有するものとすることに留意する（措通66の6-2）。

者[13]が有する直接および間接保有の株式数または出資金額の占める割合が100分の50を超えるものをいう（措法66の6②一）。

特定外国子会社等とは，外国関係会社のうち，次のいずれかに該当するものをいう（措令39の14①一・二他）。

(i) 法人の所得に対して課される税が存在しない国に本店または主たる事務所を有する外国関係会社

(ii) その事業年度の所得に対して課される租税の額がその所得の金額の20%未満[14]である外国関係会社

【図17-6】 特定外国子会社等の定義

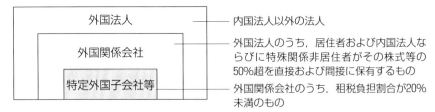

$$租税負担割合 = \frac{外国法人税額^{※1}}{所得金額＋非課税所得^{※2}} < 20\%$$

※1 間接外国税額控除により減額された外国法人税額を含む。
※2 その本店所在地以外の国または地域に所在する法人から受ける配当等の額。ただし，その有する株式等が一定割合以上であることを要件として非課税とされるもの，あるいは株式保有割合要件以外の要件により非課税とされるものは加算不要。

---

13 特殊関係非居住者とは，次に掲げる者をいう（措令39の14③）。
  ① 居住者の親族
  ② 居住者と婚姻の届出をしていないが事実上婚姻関係と同様の事情にある者
  ③ 居住者の使用人
  ④ 居住者から受ける金銭その他の資産によって生計を維持しているもの
  ⑤ 上記に掲げる者と生計を一にするこれらの者の親族
  ⑥ 内国法人の役員およびその役員と上記①，②，④，⑤の関係のある者
14 平成27年度税制改正により，いわゆるトリガー税率が「20%以下」から「20%未満」に変更された。

④ タックスヘイブン対策税制の適用除外要件

　事業展開のグローバル化に伴い，必ずしも租税回避を目的とせず，事業上の必要性からシンガポールや香港に海外の地域統括会社を設置する日本企業は増えている。その場合，タックスヘイブン対策税制の適用除外要件を満たさないと，それらの地域統括会社の所得も日本の親会社の所得に合算しなければならなくなる。そのため，海外展開を進める企業にとって，タックスヘイブン対策税制の適用除外要件の内容をよく理解しておくことは重要である。

　適用除外となるには，次の(i)～(iii)のすべてと(iv)もしくは(v)のいずれかを満たすことが必要となる（措法40の4③・66の6③）。

(i) 事業基準（措法40の4③④・66の6③④）

　特定外国子会社等の主たる事業[15]が，次のいずれにも該当しないこと。

- 株式（出資を含む），債券の保有（ただし，事業持株会社は除く。事業持株会社の要件は下記(イ)～(ハ)を参照）
- 工業所有権その他の技術による生産方式およびこれに準ずるものもしくは著作権の提供
- 船舶もしくは航空機の貸付け[16]

(イ) 統括会社の要件（以下のすべてを満たす特定外国子会社等（措令39の17①④））

- 内国法人により直接または間接に持分の100%を保有されていること。
- 2つ以上の外国法人である被統括会社を含む複数の被統括会社に対して統括業務※を行っていること[17]。

　　※　ここでいう統括業務とは，①統括会社・被統括会社間の契約に基づき行う業務であること，②被統括会社の事業の方針の決定または調整に係るもの（事

15　外国関係会社が2以上の事業を営んでいるときは，そのいずれが主たる事業であるかは，それぞれの事業に属する収入金額または所得金額の状況，使用人の数，固定施設の状況等を総合的に勘案して判定する（措通66の6-8）。

16　「船舶若しくは航空機の貸付け」とは，いわゆる裸用船（機）契約に基づく船舶（または航空機）の貸付けをいい，いわゆる定期用船（機）契約または航海用船（機）契約に基づく船舶（または航空機）の用船（機）は，これに該当しない（措通66の6-15）。

17　平成27年度税制改正により見直しが行われた。

業の遂行上欠くことのできないもの）であって，2以上の被統括会社にかかる業務を一括して行うことにより，被統括会社の収益性向上に資することと認められること。

- 統括事業に必要な固定施設（事務所・店舗等）や従業者（専ら統括業務に従事する者[18]であって，当該特定外国子会社等の役員を除く）を有していること。

(ロ) 事業持株会社の要件（措法66の6③，措令39の17④）

株式等の保有を主たる事業とする特定外国子会社等のうち，特定外国子会社等が事業持株会社に該当する場合には，事業基準を満たすものとされる（措法66の6③）。

事業持株会社とは，上記の統括会社の要件を満たす特定外国子会社等のうち，株式等の保有を主たる事業とするものをいう。具体的には，統括会社の事業年度終了の時において統括会社の有するすべての株式等の帳簿価額のうち，被統括会社株式等の割合が50％超となっている場合で，かつ，統括会社の事業年度終了の時において統括会社の有するすべての被統括会社株式等の帳簿価額のうち，外国法人である被統括会社株式等の割合が50％超となっているもの，またはすべての被統括会社に対して行う統括業務の対価の額のうち外国法人である被統括会社に対するものが50％超を占めるものをいう[19]（措令39の17④）。

(ハ) 被統括会社の要件（以下のすべてを満たす外国法人（措令39の17②））

- 統括会社に該当する特定外国子会社等が発行済株式等の25％以上を直接保有し，かつ議決権の25％以上を直接保有する外国法人，あるいは，当該特定外国子会社等が発行済株式等の50％以上を直接保有し，かつ議決権の

---

18 「専ら統括業務に従事する者」とは，特定外国子会社等に統括業務を行う専門部署が存している場合には当該部署で統括業務に従事する者をいい，専門部署がない場合には統括業務に専属的に従事する者をいう（措通66の6－17の3）。

19 平成27年度税制改正により，後段の「統括会社の事業年度終了の時において統括会社の有するすべての被統括会社株式等の帳簿価額のうち，外国法人である被統括会社株式等の割合が50％超となっているもの，またはすべての被統括会社に対して行う統括業務の対価の額のうち外国法人である被統括会社に対するものが50％超を占めるもの」が事業持株会社の要件に追加された。

50％以上を直接保有する内国法人であること[20]。
- 所在地国において，その事業を行うに必要と認められる従事者[21]を有していること。

(ⅱ) 実体基準（措法40の4③・66の6③）

特定外国子会社等が，本店または主たる事務所の所在する国または地域において，その主たる事業（事業持株会社の場合は統括業務）を行うに必要と認められる事務所，店舗，工場その他の固定施設を有すること。

＜参考判例＞　東京高裁　平成24年（行コ）第421号，平成25年5月29日判決（納税者勝訴）[22]

本裁判では，実体基準における「主たる事業を行うと認められる事業所，店舗，工場その他の固定施設を有している」といえるためには，特定外国子会社等が，主たる事業の業種や形態に応じた規模の固定施設を賃借権等の正当な権原に基づき使用していれば足り，固定施設を自ら所有している必要はないと判示した。

(ⅲ) 管理支配基準（措法40の4③・66の6③）

特定外国子会社等が，本店または主たる事務所の所在する国または地域において，その事業の管理，支配および運営を自ら行っていること。

「事業の管理，支配及び運営を自ら行っていること」の判定は，特定外国子会社等の株主総会および取締役会等の開催，役員としての職務執行，会計帳簿の作成および保管等が行われている場所ならびにその他の状況を勘案のうえ行

20　平成27年度税制改正により，被統括会社の範囲に，特定外国子会社等が発行済株式等の50％以上を有する等の要件を満たす内国法人が追加された。
21　「従事者を有する」とは，その外国法人がその事業の内容，規模等に応じて必要な従事者を本店所在地国に有していることをいうのであるから，当該事業に従事する者は当該外国法人の事業に専属的に従事している者に限られないことに留意する（措通66の6－17の2）。
22　裁判所HP（http://www.courts.go.jp/app/hanrei_jp/detail5?id=83737）参照。

うものとする。たとえば，特定外国子会社等の株主総会の開催が本店所在地国等以外の場所で行われていること，特定外国子会社等が現地における事業計画の策定等にあたり，内国法人と協議し，その意見を求めていること等の事実があるとしても，そのことだけでは管理支配基準を満たさないことにはならないことに留意する（措通66の6-16）。

<参考判例> 熊本地裁　平成9年（行ウ）第3号，平成12年7月27日判決（納税者敗訴）[23]
　本裁判では，管理支配基準を満たしているか否かは，特定外国子会社等の重要な意思決定機関である株主総会および取締役会の開催状況，役員の構成，職務執行状況，会計帳簿の作成および保管状況，その業務の遂行上の重要事項を当該子会社が自らの意思で決定しているかどうかなどの諸事情を総合的に考慮し，当該特定外国子会社等がその本店所在地国において親会社から独立した企業としての実態を備えているか否かによって判断すべきものと解するのが相当であるところ，当該外国子会社は内国法人の100％子会社であり，当該内国法人の関与の実態をみると，当該外国子会社はほぼ完全に内国法人の管理，支配下に置かれているものと評価でき，独立した企業として，その事業の管理，支配および運営を自ら行っていたとはいえず管理支配基準を充足していないと判示した。

<参考判例> 東京高裁　平成24年（行コ）第421号，平成25年5月29日判決（納税者勝訴）[24]
　本裁判では，「その事業の管理，支配及び運営を自ら行っている」といえるためには，前提として，事業を行うために必要な常勤役員および従業

---

[23] 裁判所HP（http://www.courts.go.jp/app/hanrei_jp/detail5?id=15797）参照。
[24] 裁判所HP（http://www.courts.go.jp/app/hanrei_jp/detail5?id=83737）参照。

員が存在していることが必要であり，かつ，特定外国子会社等の株主総会および取締役会の開催，役員としての職務執行，会計帳簿の作成および保管等が行われている場所等を総合的に勘案し，特定外国子会社等の業務執行に関する意思決定およびその決定に基づく具体的な業務の執行が親会社等から独立して行われていると認められるか否かについて判断することが必要であると判示した。

(iv) 所在地国基準（措法40の4③・66の6③）

特定外国子会社等が，その事業を主として本店または主たる事務所の所在する国または地域において行っていること。

たとえば，製造業であれば，製造行為の主たる部分はその所在地国または地域で行われていなければならず，小売業であれば，当該所在地国での売上が50％超になっている必要がある[25]。また，不動産業であれば，主としてその本店所在地国または地域にある不動産の売買，貸付け（その代理および媒介を含む）およびその不動産の管理を自ら行っていることが必要であり，リース業においては，主としてその本店所在地国において使用に供される物品の貸付けを行っている必要がある（措令39の17⑫）。

＜参考裁決＞ 国税不服審判所 東裁（法）平26第17号 平成26年8月6日（請求容認（原処分取消し））[26]

香港子会社（特定外国子会社等）がタックスヘイブン対策税制の適用除外要件を満たすか否か，具体的には，香港子会社の主たる事業は「製造業」か「卸売業」かが争点となったが，国税不服審判所は「卸売業」に該当すると判断。非関連者基準も満たすとして原処分の一部を取り消した。来料加工取引をめぐるこれまでの裁判・裁決では，香港子会社の主たる事

---

[25] 川田剛『国際課税の基礎知識（九訂版）』（税務経理協会，2015年）428頁。
[26] 週刊税務通信No.3334（税務研究会，2014年11月3日）3頁。

業を「製造業」と判断しており，「卸売業」に該当するとした納税者の主張が認められたのは初めてとみられる。

(v) 非関連者基準（措令39の17⑧⑩）

特定外国子会社等の主たる事業が，卸売業，銀行業，信託業，金融商品取引業，保険業，水運業または航空運送業である場合に，非関連者との取引（売上または仕入等）金額が全体の取引金額の50％超であること。

主たる事業ごとに，具体的には以下のとおり基準が設けられている。

(イ) 卸売業

各事業年度の棚卸資産の販売に係る収入金額（当該各事業年度において棚卸資産の売買の代理または媒介に関し受け取る手数料がある場合には，その手数料を受け取る基因となった売買の取引金額を含む。以下「販売取扱金額」という）の合計額のうちに関連者以外の者との間の取引に係る販売取扱金額の合計額の占める割合が50％超であることまたは各事業年度において取得した棚卸資産の取得価額（各事業年度において棚卸資産の売買の代理または媒介に関し受け取る手数料がある場合には，その手数料を受け取る基因となった売買の取引金額を含む。以下「仕入取扱金額」という）の合計額のうちに関連者以外の者との間の取引に係る仕入取扱金額の合計額の占める割合が50％超であること。

ただし，特定外国子会社等が統括会社（物流統括会社）に該当する場合には，外国法人である被統括会社は非関連者として関連者間取引の割合を判定する[27]（措令39の17⑩）。

(ロ) 銀行業

各事業年度の受入利息の合計額のうちに当該受入利息で関連者以外の者から受けるものの合計額の占める割合が50％超であることまたは各事業年度の支払利息の合計額のうちに当該支払利息で関連者以外の者に対して支払うものの合計額の占める割合が50％超であること。

---

27 平成27年度税制改正により，内国法人が被統括会社に含まれることとなったため，内国法人である被統括会社との間で行う取引は関連者取引に該当することとなった。

(ハ) 信託業

各事業年度の信託報酬の合計額のうちに当該信託報酬で関連者以外の者から受けるものの合計額の占める割合が50％超であること。

(ニ) 金融商品取引業

各事業年度の受入手数料（有価証券の売買による利益を含む）の合計額のうちに当該受入手数料で関連者以外の者から受けるものの合計額の占める割合が50％超であること。

【図17－7】　タックスヘイブン対策税制の適用除外要件

適用除外となるには，以下の1～3のすべてと4もしくは5のいずれかを満たすことが必要。

1	事業基準	✓主たる事業が株式保有，工業所有権・著作権等の提供，船舶等の貸付等の事業でないこと ✓事業持株会社は，「株式等の保有を主たる事業として営む法人」から除外する ※主たる事業の判定：2以上の事業を営んでいる場合は，それぞれの収入金額または所得金額の状況，使用人の数，固定施設の状況等を総合的に勘案して判定
2	実体基準	✓本店所在地国に主たる事業に必要な事務所，店舗，工場等の固定施設を有すること（賃借でも可）
3	管理支配基準	✓本店所在地国で主たる事業の管理，支配および運営を自ら行っていること （主なポイント：株主総会・取締役会の開催場所，役員としての職務執行，常勤役員数，従業員数，会計帳簿の作成および保管場所）
4	非関連者基準	✓（銀行，信託，証券，保険，卸売，水運，航空運送の場合…ただし，**物流統括会社**である場合には適用除外基準を満たす）非関連者取引（仕入・販売のいずれか）割合が50％超であること
5	所在地国基準	✓（上記の事業以外）主として本店所在地国で事業を行っていること

(ホ) 保険業

各事業年度の収入保険料の合計額のうちに当該収入保険料で関連者以外の者から収入するもの（当該収入保険料が再保険に係るものである場合には，関連者以外の者が有する資産または関連者以外の者が負う損害賠償責任を保険の目的とする保険に係る収入保険料に限る）の合計額の占める割合が50％超であること。

(ヘ) 水運業または航空運送業

各事業年度の船舶の運航および貸付けまたは航空機の運航および貸付けによる収入金額の合計額のうちに当該収入金額で関連者以外の者から収入するものの合計額の占める割合が50％超であること。

⑤ 資産性所得の合算

適用除外基準を満たす特定外国子会社等であっても，特定所得（資産性所得）を有する場合には，特定所得の金額の合計額（以下「部分適用対象金額」という）のうち，当該特定外国子会社等の発行済株式等の10％以上を直接および間接に有する内国法人のその有する株式等に対応する部分として計算した金額（以下「部分課税対象金額」という）を収益の額とみなして，その内国法人の所得の金額の計算上，益金の額に算入することとされている（措法66の6④）。

(i) 資産性所得の金額

資産性所得の金額とは，次の金額をいう[28]（措法66の6④，措令39の17の2③〜⑦）。

(イ) 特定法人（特定外国子会社等による直接保有割合が10％に満たない法人）から受ける剰余金の配当等の額の合計額から当該剰余金の配当等の額を得るために直接要した費用の額の合計額等を控除した残額

(ロ) 債券の利子の額から当該利子の額を得るために直接要した費用の額の合

---

28 (イ)から(ホ)までの金額については，特定外国子会社等が行う特定事業以外の事業の性質上重要で欠くことのできない業務から生じたものは除外されている。

計額等を控除した残額

(ハ) 債券の償還金額がその取得価額を超える場合におけるその差益の額の合計額から当該差益の額を得るために直接要した費用の額の合計額等を控除した残額

(ニ) 特定法人の株式等の譲渡による対価の額の合計額から当該株式等の取得価額および当該対価の額を得るために直接要した費用の額の合計額を控除した残額[29]

(ホ) 債券の譲渡による対価の額の合計額から当該債券の取得価額および当該対価の額を得るために直接要した費用の額の合計額を控除した残額

(ヘ) 特許権等[30]の使用料の合計額から当該使用料を得るために直接要した費用の額の合計額を控除した残額

(ト) 船舶または航空機の貸付けによる対価の額の合計額から当該対価の額を得るために直接要した費用の額の合計額を控除した残額

なお，次の使用料は，内国法人が次の使用料に該当することを明らかにする書類を保存していることを要件として，資産性所得の金額から除外することとされている。

(a) 特定外国子会社等が自ら行った研究開発の成果に係る特許権等の使用料（特定外国子会社等が研究開発を主として行った場合の使用料に限る）

(b) 特定外国子会社等が取得をした特許権等の使用料（特定外国子会社等がその取得につき対価を支払い，かつ，当該特許権等をその事業の用に供している場合の使用料に限る）

(c) 特定外国子会社等が使用を許諾された特許権等の使用料（特定外国子会社等が当該許諾につき対価を支払い，かつ，当該特許権等をその事業の用に供している場合の使用料に限る）

29　金融商品取引所の開設する市場においてする譲渡および金融商品取引業者への売委託により行う譲渡に限る。(ホ)における譲渡も同様。

30　特許権，実用新案権，意匠権もしくは商標権または著作権（出版権および著作隣接権を含む）をいう。

(ⅱ) 部分課税対象金額の計算

部分課税対象金額は，次の算式により計算する[31]（措令39の17の2①）。

<算式>

特定外国子会社等の各事業年度の部分適用対象金額 × (当該各事業年度終了の時における内国法人の有する特定外国子会社等の請求権勘案保有株式等) / (特定外国子会社等の当該各事業年度終了の時における発行済株式等)

(ⅲ) 部分適用対象金額に係る適用除外

部分課税対象金額の益金算入制度は，特定外国子会社等につき次のいずれかに該当する事実がある場合には，特定外国子会社等のその該当する事業年度については適用しないこととされる（措法66の6⑤，措令39の17の2⑧）。

(イ) 各事業年度における部分適用対象金額に係る収入金額が1,000万円以下であること。
(ロ) 各事業年度の決算に基づく所得の金額のうちに当該各事業年度における部分適用対象金額の占める割合が5％以下であること。

(5) コーポレート・インバージョン対策税制

① コーポレート・インバージョン対策税制の概要

コーポレート・インバージョン対策税制とは，三角合併等のクロスボーダー組織再編を活用し，タックスヘイブンと呼ばれる軽課税国にある親会社を利用した租税回避行為を防止するために，平成19年度税制改正により創設された制度である。

具体的には，内国法人の株主が，組織再編成等により，軽課税国（租税負担割合が20％未満の国・地域）に所在する外国法人（親会社）を通じて，その内国法人の株式の80％以上を間接保有することとなった場合には，その外国法人が

---

31 上記の算式により計算された金額が課税対象金額に相当する金額を超える場合には，その相当する金額が部分課税対象金額とされる（措法66の6④）。

各事業年度において留保した所得を，その持分割合に応じて株主である居住者または内国法人の所得に合算して課税される（措法40の7①・66の9の2①）。

【図17－8】 コーポレート・インバージョン対策税制の概要

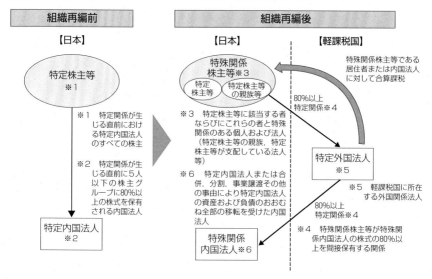

② 特定外国法人等の定義

(i) 「特定株主等」

特定関係が生ずることとなる直前に特定内国法人の株式等を有する個人および法人をいう（措法40の7②一・66の9の2②一）。

(ii) 「特定内国法人」

特定関係が生ずることとなる直前に株主等の5人以下ならびにこれらと特殊の関係のある個人および法人によって発行済株式等の80％以上を保有される内国法人をいう（措法40の7①・66の9の2①）。

「特殊の関係のある個人及び法人」とは，具体的には次のいずれかに該当する者をいう（措令39の20の2①②）。

(イ) 特定株主等の親族等

(ロ)　特定株主等に該当する法人の役員とその親族等
　(ハ)　特殊関係内国法人の役員とその親族等
　(ニ)　特定株主等の1人（個人である特定株主等については，その1人およびその親族等。以下(ホ)と(ヘ)において同様）が他の法人を支配している場合における当該他の法人
　(ホ)　特定株主等の1人およびこれと上記(ニ)の法人が他の法人を支配している場合における当該他の法人
　(ヘ)　特定株主等の1人およびこれと上記(ニ)又は(ホ)の法人が他の法人を支配している場合における当該他の法人

(iii)　「特殊関係株主等」

　特定株主等に該当する者ならびにこれらの者と特殊の関係のある個人および法人をいう（措法40の7①・66の9の2①）。「特殊の関係のある個人及び法人」の定義は(ii)と同様。

(iv)　「特定関係」

　特殊関係株主等が特殊関係内国法人の発行済株式等の80％以上を間接保有する関係をいう（措法40の7①・66の9の2①）。

(v)　「特定外国法人」

　特定関係がある場合において，特殊関係株主等と特殊関係内国法人との間に発行済株式等の保有を通じて介在する外国法人（外国関係法人）のうち，軽課税国に所在するものをいう（措法40の7①・66の9の2①）。

(vi)　「特殊関係内国法人」

　特定内国法人または特定内国法人から合併，分割，事業譲渡等により，その資産および負債の大部分の移転を受けた内国法人をいう（措法40の7②二・66の9の2②二，措令39の20の2⑫）。

③　合算対象となる外国法人

　コーポレート・インバージョン対策税制により特殊関係株主等の所得に合算される対象となる外国法人は，特定外国法人である（措法40の7①・66の9の2①）。

④ コーポレート・インバージョン対策税制の適用除外要件

合算対象となる特定外国法人には、タックスヘイブン対策税制とおおむね同様の適用除外要件が設けられている（措令39の34の3⑦）。ただし、タックスヘイブン対策税制のような統括会社の除外規定はないため、主たる事業が株式または債券の保有等に該当する場合は、常に合算対象となることに留意が必要である。

⑤ 納税義務者

合算課税により納税義務を負う者は、特殊関係株主等に該当する居住者または内国法人である（措法40の7①・66の9の2①）。

なお、タックスヘイブン対策税制とは異なり、10％の持分要件は付されていないことに留意する。

(6) 特定グループ内組織再編

① 特定グループ内組織再編（軽課税国の外国法人を活用したクロスボーダー組織再編）

コーポレート・インバージョン対策税制の一環として、軽課税国にある親会社を利用した租税回避行為を事前に防止する趣旨で、軽課税国に所在する外国法人を利用したクロスボーダー組織再編においては、特別に厳しい税制適格要件が設けられている[32]。具体的には、たとえば合併の場合、次の2つの要件を満たすものは「特定グループ内合併」に該当し、原則として税制非適格となる（措法68の2の3①）。

(i) 被合併法人と合併法人との間に「特定支配関係」（50％超の資本関係）があること
(ii) 対価として被合併法人の株主に「特定軽課税外国法人」である外国親法人株式が交付されるもの

---

[32] 合併、会社分割、株式交換、現物出資において、特定グループ内組織再編にかかる特別なルールが設けられている（措法68の2の3①～④）。

特定グループ内合併に該当する場合，被合併法人株主が保有していた被合併法人株式の譲渡益課税が行われるほか，被合併法人株主へのみなし配当課税[33]も行われることとなる（所法25①一，法法24①一）。

さらに，通常100％グループ内法人間の非適格合併であればグループ法人税制が適用され，被合併法人に対する譲渡益課税は繰り延べることができるのだが，特定グループ内合併の場合はそれが認められておらず，被合併法人において譲渡益課税が生じることに留意を要する（措法68の2の3①）。

なお，以下の場合には，そもそも非適格合併となるため，特定グループ内合併に該当するか否かを考慮する必要はない。

(i) 三角合併において合併親法人が合併法人を100％支配していない場合
(ii) 被合併法人の株主に対して，合併親法人株式以外の資産が交付される場合

② 特定グループ内組織再編における適格性否認の適用除外要件

特定グループ内組織再編に該当しても，一定の要件を満たせば適格性が否認されないとの規定（適用除外要件）がある。たとえば，特定グループ内合併の場合，その合併が以下のすべての要件を満たす場合には，適格性否認の対象とはならない。

(i) 事業関連性

合併法人と被合併法人の主要事業が相互に関連すること。

(ii) 事業規模

合併法人が合併前に営む事業の売上金額等が，被合併法人が合併前に営む事業の売上金額等のおおむね2分の1を下回らないこと。

(iii) 事業内容

合併法人の合併前に営む主たる事業が株式・債券の保有，工業所有権等の提供でないこと。

---

33 三角株式交換の場合は，税制非適格であっても株主へのみなし配当課税は生じない。

(iv) 実体基準・管理支配基準

合併法人が合併前にわが国において主たる事業を行うに必要な固定施設を有し，かつ，その事業の管理，支配および運営を自ら行っていること。

(v) 役員要件

合併法人の合併前の特定役員の過半数が次に掲げる者でないこと。

　(イ) 被合併法人の役員等である者または役員等であった者（それら親族等を含む）

　(ロ) 合併法人に係る外国親法人の役員等である者または役員等であった者（それら親族等を含む）

③ 非居住者・外国法人株主への譲渡益課税

被合併法人の株主に対して合併法人の親法人株式のみが交付される三角合併においては，税制適格要件を満たすか否かにかかわらず，原則として譲渡益に対する課税が繰り延べられる（措法37の10③一，法法61の2②）。しかしながら，三角合併等により外国法人株式を対価とするクロスボーダー組織再編においては，対価を受け取る株主が非居住者あるいは外国法人である場合，一定のものを除き[34]，旧株式の譲渡益に対して課税されることに留意を要する（措法37の14の2①～③⑦，法令188①十八）。ただし，租税条約により日本側での課税が生じないケースもある[35]。

④ 親法人株式の取得にかかる課税

三角合併に際し，合併法人が合併契約日に親法人株式を有していたとき，または合併契約日後に適格合併等の組織再編の方法により親法人株式の移転を受けたときは，その合併契約日または移転を受けた日（契約日等）において，これらの親法人株式を契約日等における価額（時価）により譲渡し，かつ，これ

---

[34] 国内に恒久的施設（PE）を有するこれらの株主が国内において行う事業に係る資産として管理する株式に対応して交付されるもの（国内事業管理親法人株式）については，課税が繰り延べられる（措法37の14の2①）。

[35] たとえば，米国居住者であれば，日米租税条約13条7項の規定により，日本側での課税は発生せず，米国においてのみ課税権が生じる。その場合は，さらに米国側で非課税要件を満たすことができるかを確認することになろう。

らの親法人株式をその価額により取得したものとみなされて譲渡益課税が生じることに留意を要する（法法61の2㉒，法令119の11の2）。

この点，実務上は，合併契約の締結後に，合併法人が親法人株式を適格組織再編以外の方法により取得することにより，かかる譲渡益課税を回避する例が多いと思われる[36]。

(7) 過少資本税制

① 過少資本税制の概要

過少資本税制とは，海外の関連企業との間において，出資に代えて貸付けを多くすることによる税負担の軽減を防止するために，一定割合を超える支払利子の損金算入を認めないこととする制度である。たとえば，外国企業が日本子会社を設ける場合，出資を少なくして貸付けを多くすれば，日本子会社の所得に対する課税上，出資に対する配当は損金として控除されないが，貸付けに対する支払利子は損金として控除されることから，日本の法人税が減少することとなるため，これを防止する観点から設けられているものである[37]。

具体的には，内国法人の各事業年度の国外支配株主等および資金供与者等に対する負債の平均残高が国外支配株主等の内国法人に対する資本持分の3倍を超える場合には，その事業年度において国外支配株主等および資金供与者等に支払う負債の利子等のうち，その超過額に対応する部分の金額は，損金の額に算入しない。ただし，各事業年度の総負債に係る平均残高がその事業年度の自己資本の額の3倍以内である場合には，この制度の適用はない（措法66の5①）。

---

[36] 大石篤史「コーポレート・インバージョン税制の実務と課題」（金子宏・中里実・J.マーク＝ラムザイヤー編『租税法と市場』476頁（有斐閣，2014年））。

[37] 財務省『平成18年度改正税法の解説』454頁。

【図17－9】　過少資本税制の基本的な仕組みのイメージ

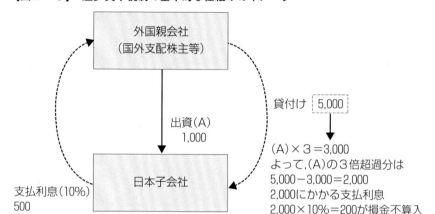

② 国外支配株主等および資金提供者等の定義
(i) 国外支配株主等

　国外支配株主等とは，非居住者または外国法人で，内国法人との間に次の関係のある者をいう（措法66の5⑤一，措令39の13⑫）。

　(イ)　内国法人がその発行済株式等の50％以上を直接または間接に保有される関係
　(ロ)　内国法人と外国法人が同一の者によって，それぞれの発行済株式等の50％以上を直接または間接に保有される関係
　(ハ)　一定の事実[38]が存在することにより，非居住者または外国法人が内国法人の事業の方針の全部または一部につき実質的に決定できる関係

38　一定の事実とは，次に掲げる事実その他これに類する事実をいう。
　イ）当該内国法人がその事業活動の相当部分を当該非居住者等との取引に依存して行っていること。
　ロ）当該内国法人がその事業活動に必要とされる資金の相当部分を当該非居住者等からの借入れにより，または当該非居住者等の保証を受けて調達していること。
　ハ）当該内国法人の役員の2分の1以上または代表する権限を有する役員が，当該外国法人の役員もしくは使用人を兼務している者または当該外国法人の役員もしくは使用人であった者であること。

(ⅱ) **資金提供者等**

資金提供者等とは，内国法人に資金を供与する者およびその資金の供与に関係のある者をいい，次の者が該当する（措法66の5⑤二，措令39の13⑭）。

(イ) 国外支配株主等が第三者を通じて内国法人に対して資金を供与したと認められる場合におけるその第三者

(ロ) 国外支配株主等が第三者に対して内国法人の債務の保証をすることにより，その第三者が当該内国法人に対して資金を供与したと認められる場合におけるその第三者

(ハ) 国外支配株主等から内国法人に貸し付けられた債券[39]が，他の第三者に担保として提供され，債券現先取引[40]で譲渡され，または現金担保付債券貸借取引[41]で貸し付けられることにより，当該他の第三者が当該内国法人に対して資金を供与したと認められる場合におけるその第三者および他の第三者

(ⅲ) **負債の利子等**

負債の利子等には，内国法人が国外支配株主等，資金供与者等に支払う負債の利子のほか，次の資金調達に係る費用も含まれる（措法66の5⑤三，措令39の13⑮〜⑰）。

(イ) 上記(ⅱ)(ロ)の場合において，内国法人が国外支配株主等に支払う債務の保証料

(ロ) 上記(ⅱ)(ハ)の場合において，内国法人が国外支配株主等に支払う債券の使用料もしくは債務の保証料または第三者に支払う債券の使用料

---

39 当該国外支配株主等が当該内国法人の債務の保証をすることにより，第三者から当該内国法人に貸し付けられた債券を含む。
40 租税特別措置法42条の2第1項に規定する債券現先取引をいう。
41 租税特別措置法66条の5第5項8号に規定する現金担保付債券貸借取引をいう。

③ 適用要件

過少資本税制は，次の算式で計算した比率が，いずれも3倍を超える場合に適用される（措法66の5①③）。

(i) 「国外支配株主等および資金供与者等に対する負債」の「国外支配株主等の資本持分」に対する比率

$$比率① = \frac{国外支配株主等および資金供与者等に対する負債^{※1}に係る平均負債残高}{国外支配株主等の資本持分^{※2}}$$

※1 「国外支配株主等および資金供与者等に対する負債」とは，国外支配株主等に対する負債および上記(ii)(イ)から(ハ)までの場合におけるこれらの資金に係る負債をいう（措法66の5⑤四，措令39の13⑱）。
※2 「国外支配株主等の資本持分」とは，内国法人の自己資本の額に国外支配株主等の内国法人に対する直接および間接の持分割合を乗じて計算した金額をいう（措法66の5⑤六，措令39の13⑳）。

(ii) 総負債の自己資本に対する比率

$$比率② = \frac{総負債^{※3}に係る平均負債残高}{自己資本の額^{※4}}$$

※3 「総負債」とは，負債の利子等の支払の基因となるものに限られる（措法66の5①）。
※4 「自己資本の額」とは，内国法人の総資産の帳簿価額から総負債の帳簿価額を控除した残額（その金額が法人税法に規定する資本金等の額に満たない場合には，資本金等の額）をいう（措法66の5⑤七，措令39の13㉓）。

④ 損金不算入額の計算

過少資本税制が適用される場合の損金不算入額は，次のケースに応じ，それぞれ以下のとおり計算する（措法66の5①，措令39の13①一・二）。

(i) 国外支配株主等および資金供与者等に対する負債に係る平均負債残高から国内の資金供与者等に対する負債に係る平均負債残高を控除した金額（基準平均負債残高）が，国外支配株主等の資本持分の３倍以下である場合

$$損金不算入額 = 国内の資金供与者等に対する負債に係る保証料等の額 \times \frac{平均負債残高超過額}{国内の資金供与者等に対する負債に係る平均負債残高}$$

【図17-10】 (i)の場合の損金不算入額のイメージ

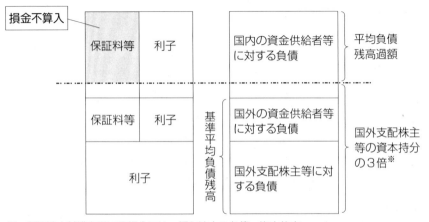

※ 類似法人基準を用いる場合には，類似法人の負債・資本倍率。
出所：財務省『平成18年度改正税法の解説』457頁に筆者加筆。

(ii) 基準平均負債残高が国外支配株主等の資本持分の３倍を超える場合

$$国内の資金供与者等に対する負債に係る保証料等の額 + \left[\begin{array}{c} 国外支配株主等および資金供与者等に\\対する負債に係る負債の利子等の額 \end{array} - \begin{array}{c} 国内資金供与者等に対する\\負債に係る保証料等の額 \end{array} \right] \times \frac{平均負債残高超過額 - 国内の資金供与者等等に対する負債に係る平均負債残高}{国外支配株主等および資金供与者等に対する負債に係る平均負債残高 - 国内の資金供与者等に対する負債に係る平均負債残高}$$

【図17−11】 (ii)の場合の損金不算入額のイメージ

```
損金不算入
┌─────┬───┐                    ┐
│保証料等 │利子 │  国内の資金供給者等  │
│     │   │  に対する負債      │ 平均負債
├─────┼───┤                    │ 残高過額
│     │   │                    ┘
├─────┼───┤基 ┌──────────┐
│保証料等 │利子 │準 │国外の資金供給者等│
│     │   │平 │に対する負債   │
├─────┴───┤均 ├──────────┤ ┐
│       │負 │          │ │
│  利子   │債 │国外支配株主等に対│ │ 国外支配株主
│       │残 │する負債     │ │ 等の資本持分
│       │高 │          │ │ の3倍※
└───────┘  └──────────┘ ┘
```

※　類似法人基準を用いる場合には，類似法人の負債・資本倍率。
出所：財務省『平成18年度改正税法の解説』458頁に筆者加筆。

(8) 過大支払利子税制

① 過大支払利子税制の概要

　税率の低い外国法人（グループ会社）からの借入金に対し，多額の支払利子を支払うことにより，税率の高い日本から所得を移転させることで，国際的な租税回避が可能となる。

　そのような租税回避を防ぐための過大な支払利子への対応手段としては，(i)過大な利率に対応する手法，(ii)資本に比して過大な負債の利子に対応する手法，(iii)所得金額に比して過大な支払利子に対応する手法の3つがある。

　(i)については移転価格税制により，支払利子の「利率」の水準が独立企業原則に照らして高い場合には対応できるものの，過大な量の支払利子には対応するのが困難であるという欠点がある。また，(ii)については過少資本税制により対応できるものの，借入れと同時に資本を増やすことで支払利子の量を増やすことが可能であるという欠点がある。そこで，これらの欠点を補完すべく，(iii)の対応手法として，平成24年度税制改正により過大支払利子税制が創設された。

　過大支払利子税制とは，関連者純支払利子等の額が調整所得金額の50％を超

える場合には，その超える部分の金額を当期の損金の額に算入しない制度である（措法66の5の2①）。ここで「関連者純支払利子等の額」とは，関連者等への支払利子等の額の合計額からこれに対応する受取利子等の額を控除した残額をいう[42]。また，「調整所得金額」とは，当期の所得の金額に，関連者純支払利子等の額，減価償却費の額および受取配当等の益金不算入額等を加算する等の調整を行った金額をいう。

【図17-12】 過大支払利子税制の基本的な仕組みのイメージ

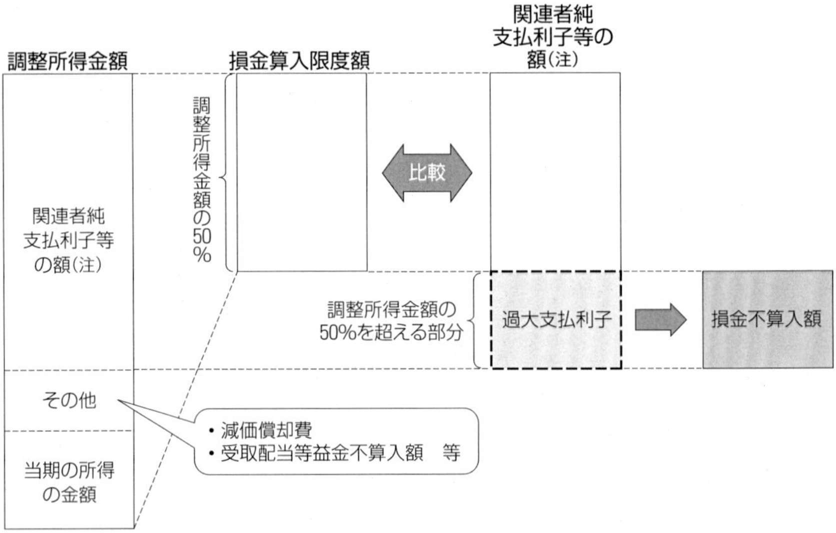

(注) 関連者等（直接・間接の持分割合50％以上の親法人・子法人等）への支払利子等の額（利子等の受領者側でわが国の法人税の課税所得に算入されるもの等を除く）の合計額からこれに対応する受取利子等の額を控除した残額をいう。

出所：財務省『平成24年度改正税法の解説』559頁。

---

[42] 事実上，関連者支払利子等は，主に国外の関連者等への支払利子等が対象となる（税理士法人プライスウォーターハウスクーパース編『国際税務ハンドブック（第3版）』（中央経済社，2015年）433頁）。

② 関連者等の定義
(i) 法人との間に次のいずれかの関係がある者（措令39の13の2⑧）
　(イ) 関連者が法人の場合[43]
　(a) 2つの法人のいずれか一方の法人が他方の法人の発行済株式等の50％以上を直接または間接に保有する関係
　(b) 2つの法人が同一の者によって，それぞれその発行済株式等の50％以上を直接または間接に保有される関係
　(c) 一定の事実[44]が存在することにより，2つの法人のいずれか一方の法人が他方の法人の事業の方針の全部または一部につき実質的に決定できる関係
　(ロ) 関連者が個人の場合
　(a) 個人が法人の発行済株式等の50％以上を直接または間接に保有する関係
　(b) 法人と個人の間に一定の事実[45]が存在することにより，当該個人が法人の事業の方針の全部または一部につき実質的に決定できる関係
(ii) 第三者（措令39の13の2⑬）
　(イ) 関連者が第三者を通じて，当該法人に対して資金を供与したと認められ

---

[43] 過少資本税制の国外支配株主等の定義と異なり，50％以上の資本関係等がある子会社等や国内の関連者等についても「関連者等」に含まれる点に注意（税理士法人プライスウォーターハウスクーパース編『国際税務ハンドブック（第3版）』（中央経済社，2015年）428頁）。

[44] 一定の事実とは，次に掲げる事実その他これに類する事実をいう。
　イ）当該他方の法人の役員の2分の1以上または代表する権限を有する役員が，当該一方の法人の役員もしくは使用人を兼務している者または当該一方の法人の役員もしくは使用人であった者であること。
　ロ）当該他方の法人がその事業活動の相当部分を当該一方の法人との取引に依存して行っていること。
　ハ）当該他方の法人がその事業活動に必要とされる資金の相当部分を当該一方の法人からの借入れにより，または当該一方の法人の保証を受けて調達していること。

[45] 一定の事実とは，次に掲げる事実その他これに類する事実をいう。
　イ）法人がその事業活動の相当部分を当該個人との取引に依存して行っていること。
　ロ）法人がその事業活動に必要とされる資金の相当部分を当該個人からの借入れ，または当該個人の保証を受けて調達していること。

る場合におけるその第三者

(ロ) 関連者が第三者に対して当該法人の債務の保証をすることにより，その第三者が当該法人に対して資金を供与したと認められる場合におけるその第三者

(ハ) 関連者から当該法人に貸し付けられた債券[46]が，他の第三者に，担保として提供され，債券現先取引で譲渡され，または現金担保付債券貸借取引で貸し付けられることにより，当該他の第三者が当該法人に対して資金を供与したと認められる場合におけるその第三者および他の第三者

③ 過大支払利子税制の適用除外

過大支払利子税制は，次のいずれかに該当する場合には，適用されない。なお，適用除外を受けるためには，確定申告書等に適用除外規定の適用がある旨を記載した書面およびその計算に関する明細書の添付があり，かつ，その計算に関する書類を保存することが必要である（措法66の5の2④⑤）。

(i) その事業年度の関連者純支払利子等の額が1,000万円以下であるとき。

(ii) その事業年度の関連者支払利子等の額の合計額が，支払利子等の額[47]の合計額の50％以下であるとき。

④ 他の税制との適用関係

(i) 過少資本税制との適用関係

過少資本税制と過大支払利子税制の両方で損金不算入となる場合には，その損金不算入額の大きい方の制度が適用されることとなっており，二重課税とはならない（措法66の5④・66の5の2⑦）。

(ii) タックスヘイブン対策税制との適用関係

内国法人が，関連者等である特定外国子会社等に対して支払った利子等につき，タックスヘイブン対策税制と過大支払利子税制の両方が適用される場合に

---

46 当該関連者が当該法人の債務の保証をすることにより，第三者から当該法人に貸し付けられた債券を含む。

47 当該法人との間に連結完全支配関係がある連結法人に対する支払利子等の額および当該法人に係る関連者等に対する支払利子等の額で当該関連者等の課税対象所得に含まれるものを除く。

は，過大支払利子税制による損金不算入額からタックスヘイブン対策税制による合算所得に相当する金額を控除する等の調整を行うことで，二重課税が発生しないようになっている（措法66の5の2⑧）。

(9) 恒久的施設（PE）認定課税
① PE認定課税の概要

恒久的施設（Permanent Establishment（以下「PE」））は租税条約上も非常に重要な概念であり，「PEなければ課税なし」といわれるように，外国での事業から生ずる所得は，その国に自社のPEがなければ，その国では課税されないことが，国際的な課税ルールとなっている。

日本では，平成26年度税制改正により，外国法人に対する課税原則が，いわゆる「総合主義」から，2010年改訂後のOECDモデル租税条約に沿った「帰属主義」に改められた。なお，「総合主義」とは，国内にPEを有して事業活動を行う外国法人に対して国内源泉のすべての所得について課税するというもので，「帰属主義」とは，国内にPEを有して事業活動を行う外国法人に対してPEに帰属する所得に対してのみ課税するというものである。この税制改正により，外国法人が日本にPEを有する場合，PEに帰属する所得[48]に対してのみ課税が行われることとなった[49]。

グローバル事業承継の検討にあたっては，本社機能を有することになる外国法人が，日本においてPEを有することにならないよう留意する必要がある。

---

[48] 総合主義の下では課税対象とされていなかったPEに帰属する第三国源泉所得も国内源泉所得として課税対象となる。

[49] 本改正は，平成28年4月1日以後に開始する事業年度分の法人税および平成29年分以後の所得税について適用される。

【図17-13】 国際課税原則の見直し（総合主義から帰属主義への変更）

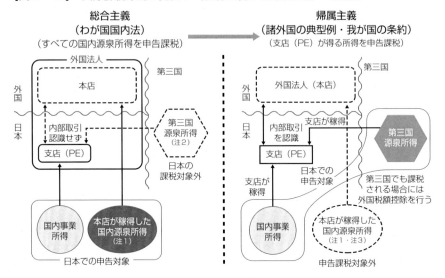

(注1) 本店が支店（PE）を介さずに行う直接投資等。
(注2) 支店（PE）が行う国外投融資で第三国において課税されているもの。
(注3) 原則として源泉徴収で課税関係終了。
出所：財務省パンフレット『平成26年度税制改正』15頁。

② PEの種類

日本の税務上，PEには3つの類型が規定されている。

(i) 「事業を行う一定の場所」（いわゆる「1号PE」）

「国内に支店，工場その他事業を行う一定の場所」と規定されるもので（法法141①一），具体的には，次のものがPEに該当する（法令185①，法基通20-2-1）

(イ) 支店，出張所その他の事業所もしくは事務所，工場または倉庫（倉庫業者がその事業の用に供するものに限る）

(ロ) 鉱山，採石場その他の天然資源を採取する場所

(ハ) その他事業を行う一定の場所で上記(イ)(ロ)に掲げる場所に準ずるもの（農園，養殖場，植林地，貸ビル等のほか，外国法人が国内においてその事業活動の拠点としているホテルの一室，展示即売場その他これらに類する場

所が含まれる)

ただし，以下のものはPEに該当しないこととされる(法令185②)。

(ニ) 外国法人がその資産を購入する業務のためにのみ使用する一定の場所

(ホ) 外国法人がその資産を保管するためにのみ使用する一定の場所

(ヘ) 外国法人が広告，宣伝，情報の提供，市場調査，基礎的研究その他その事業の遂行にとって補助的な機能を有する事業上の活動を行うためにのみ使用する一定の場所[50]

(ii) 「建築工事現場または建設もしくは据付けの工事」(いわゆる「建設PE」)

「国内において建設，据付け，組立てその他の作業又はその作業の指揮監督の役務の提供を1年を超えて行うもの」はPEに該当する(法法141①二)。

(iii) 「契約を締結する権限のある者」(いわゆる「代理人PE」)

「国内に自己のために契約を締結する権限のある者その他これに準ずる者」と規定されるもので(法法141①三)，具体的には，次の者[51]がPEに該当する(法令186)。

(イ) 外国法人のために，その事業に関し契約(その外国法人が資産を購入するための契約を除く)を締結する権限を有し，かつ，これを常習的に行使する者(その外国法人の事業と同一または類似の事業を営み，かつ，その事業の性質上欠くことができない必要に基づきその外国法人のためにその契約の締結に係る業務を行う者を除く)

(ロ) 外国法人のために，顧客の通常の要求に応ずる程度の数量の資産を保管し，かつ，その資産を顧客の要求に応じて引き渡す者

(ハ) 専らまたは主として一の外国法人(その外国法人の主要な株主等その他

---

[50] 補助的な機能を有する活動とそうでない活動とを区別する決定的な基準は，事業を行う一定の場所での活動それ自体が，企業の全体としての活動の本質的および重要な部分を形成するか否かで決まる。たとえば，グループ会社の管理・監督機能や調整機能は，補助的な活動の水準を超え，PEに該当すると解される(川田剛・徳永匡子『第3版 2014 OECDモデル租税条約コメンタリー逐条解説』(税務研究会出版局，2015年)124頁以下参照)。

[51] その者が，その事業に係る業務を，外国法人に対し独立して行い，かつ，通常の方法により行う場合におけるその者を除く。

その外国法人と特殊の関係のある者を含む）のために，常習的に，その事業に関し契約を締結するための注文の取得，協議その他の行為のうちの重要な部分をする者

⑽　出国税（Exit Tax）
①　出国税の概要

「出国税」とは，平成27年度税制改正による所得税法の特例（「国外転出をする場合の譲渡所得等の特例」（所法60の２），「贈与等により非居住者に資産が移転した場合の譲渡所得等の特例」（所法60の３））の俗称で，キャピタルゲインが非課税とされる国（シンガポール，香港等）に移住することによる譲渡所得課税の回避を防止するために導入された制度である[52]。

同制度は，平成27年７月１日以後の国外転出，非居住者への贈与・相続・遺贈による資産の移転に対して適用される。

なお，国外転出とは，国内に住所および居所を有しないこととなることをいい，すなわち居住者から非居住者になることを指す[53]（所法60の２①）。

②　適用対象者

出国税は，次の２つの要件を満たす個人が，国外に転出する場合あるいはその個人から非居住者に対象資産を贈与等により移転させる場合に適用される（所法60の２⑤）。

（ⅰ）　株式等の対象資産の時価の合計額が１億円以上である者
（ⅱ）　国外転出の日の前10年以内に５年超居住者であった者

③　対象資産と時価

出国税の適用対象者を判定するにあたり，時価が問題となる資産は，以下の

---

[52] 同様に国外転出時に譲渡所得課税の特例を設けている国としては，アメリカ，ドイツ，フランス，カナダがある。
[53] 所得税法上，「居住者」とは，国内に住所を有し，または現在まで引き続いて１年以上居所を有する個人をいい，「非居住者」とは，居住者以外の個人をいう（所法２③⑤）。

とおりである（所法60の2①②③）。

(ⅰ) 有価証券（株式，出資，公社債，投資信託，新株予約権等）の時価
(ⅱ) 匿名組合契約出資持分の時価
(ⅲ) 未決済信用取引・発行日取引の決済にかかる利益・損失の額
(ⅳ) 未決済デリバティブの決済にかかる利益・損失の額

なお，対象資産には，預貯金，不動産，生命保険に関する権利，貸付金などの金銭債権は含まれないことに留意する。

有価証券の時価については，所得税法上の規定は必ずしも明確ではないが，市場価格のある有価証券は市場価格，市場価格のない有価証券は直近の売買事例を参考にした評価額（売買事例が存在しない場合は，相続税評価額等を参考に評価した額）とすべきものと考えられる[54]。

④ **譲渡所得と税率（株式）**

出国税にかかる譲渡所得の計算方法は，資産の内容により異なるが，株式については，以下の算式により計算する。

譲渡所得＝譲渡収入金額－必要経費（取得費[55]，借入金利子[56]）

譲渡所得にかかる税率は，申告分離課税により15.315％（所得税15％＋復興特別所得税0.315％）となる。

なお，出国税の税額の算出にあたっては，住民税は課されない。これは，国外転出に伴い有価証券の譲渡があったものとみなされたことにより，当該所得に対する住民税の賦課期日である翌年の1月1日には国内に住所を有さないこととなるためである[57]。

---

54 西村美智子・中島礼子『「出国税」のしくみと手続きQ&A』（中央経済社，2015年）90頁。
55 売却代金の5％相当額を取得費とすることも可能（措通37の10-14）。
56 譲渡した株式を取得するために要した借入金の利子で，その年中に支払うべき金額（措法37の10⑥三）。
57 西村美智子・中島礼子『「出国税」のしくみと手続きQ&A』（中央経済社，2015年）32頁。

なお、株式以外の資産については、総合課税となる所得については累進税率が適用され、申告分離課税が適用される所得については特定の税率が適用される。

⑤ **課税の取消し**

国外転出に伴い、出国税を納税した場合であっても、次のいずれかの場合に該当するときは課税の取消しができる（所法60の2⑥）。

(ⅰ) 当該個人が国外転出の日から5年※以内に帰国した場合
(ⅱ) 国外転出の日から5年※以内に、国外転出時に有していた有価証券等を贈与により居住者に移転した場合
(ⅲ) 国外転出の日から5年※以内に、当該個人が死亡したことにより、国外転出時に有していた有価証券等の相続・遺贈による移転があった場合において、同日までに移転を受けた相続人・受遺者のすべてが居住者となった場合

　　※ 納税猶予期間の延長により、10年間の納税猶予を受けている場合には、「5年」を「10年」とする。

上記に該当する場合、該当することとなった日から4か月以内に更正の請求を行うことにより、課税を取り消すことができる（所法153の2）。

⑥ **納税猶予制度**

出国時にはまだキャピタルゲインが実現しておらず、納税資金が十分でないことなどに配慮して納税猶予制度が設けられている（所法137の2）。

国外転出に伴い納税猶予を受けるには、以下の要件を満たす必要がある。

(ⅰ) 国外転出時までに、納税管理人の届出を行うこと。
(ⅱ) 確定申告書の提出期限[58]までに、納税猶予分の所得税額および利子税額に相当する担保を提供すること。
(ⅲ) 確定申告書に納税猶予を受けようとする旨を記載すること。

---

58 その年の1月1日から国外転出の日までの期間に係る確定申告書の提出期限は、納税管理人の届出をしなかった場合は出国の時までとなり、納税管理人の届出をした場合は翌年の3月15日までとなる。

(iv) 毎年，納税地の所轄税務署長[59]に継続適用届出書を提出すること。

なお，出国から5年以内（申請によりさらに5年間の延長が可能）に帰国しない場合や出国期間中に資産を売却した場合，納税猶予は終了し，その時点（資産売却の場合は譲渡の日から4か月以内）で猶予していた所得税（猶予期間中に係る利子税を含む）の納税義務が生じることに留意する。

(11) 非居住者による株式譲渡にかかる課税関係（事業譲渡類似株式の譲渡）

① 非居住者が内国法人株式を譲渡した場合の課税関係

原則として，国内に恒久的施設（PE）を有しない非居住者が，内国法人株式を譲渡した場合，課税は生じない。ただし，以下に該当する株式等の譲渡については課税対象となる国内源泉所得とされ，譲渡所得に対し15.315％（所得税15％＋復興特別所得税0.315％）の課税がなされる[60]（所令291，措法37の12）。

(i) 同一銘柄の内国法人の株式等の買い集めをし，その所有者である地位を利用して，当該株式等をその内国法人もしくはその特殊関係者に対し，またはこれらの者もしくはその依頼する者の斡旋により譲渡をすることによる所得

(ii) 内国法人の特殊関係株主等である非居住者が行うその内国法人の株式等の譲渡による所得（いわゆる「事業譲渡類似株式の譲渡」）

(iii) 不動産関連法人の株式の譲渡による所得（いわゆる「不動産化体株式の譲渡」）

(iv) 税制適格ストックオプションの権利行使により取得した株式の譲渡による所得

---

[59] 非居住者の場合の納税地は，国内不動産の貸付等にかかる所得がある場合はその不動産の所在地を所轄する税務署となり，そうした所得がない場合は国外転出直前の納税地となる。

[60] 非居住者のため住民税は課されない（所法164①四，所令291①三）。

② 事業譲渡類似株式の譲渡

事業譲渡類似株式の譲渡とは、以下の要件を満たす株式の譲渡をいう。

（i）譲渡年終了の日以前3年内のいずれかの時において、内国法人の特殊関係株主等がその内国法人の発行済株式総数の25％以上を所有していること（所有株数要件）

（ii）譲渡年において、内国法人の特殊関係株主等がその内国法人の発行済株式総数の5％以上の株式の譲渡をしたこと（譲渡株数要件）

よって、オーナー家株主の場合、自社株の譲渡は事業譲渡類似株式の譲渡に該当するケースが多いと考えられ、単に海外に移住して非居住者となったのちに自社株を売却するという方法では、日本での課税を免れることはできない。

ただし、租税条約によっては事業譲渡類似株式の譲渡が規定されていないことがあり[61]、その場合は日本での課税は生じない。

3 自社株の国外財産化の手法 （インバージョン・スキーム）

外国法人がグループの最終親会社となり、オーナー家がその外国法人の株式を保有するためのインバージョン・スキームには、大きく分けて、①クロスボーダーMBO、②三角組織再編（三角合併・三角株式交換）の2つの方法が考えられる。以下、それぞれの方法の概要について解説する。

(1) クロスボーダーMBO

① スキームの流れ

クロスボーダーMBOは、【図17-14】をもとに基本的な流れを以下に示す。

---

61 たとえば、日港租税協定13条6項がそれに該当する。

STEP 1　海外HDおよび日本子会社S社設立

　オーナー家が出資して海外に持株会社（以下「海外HD」という）を設立し、さらにその完全子会社として日本に子会社S社を設立する。

　事業承継対策を兼ねる場合、海外HDの所在地国は、シンガポールや香港など、相続税・贈与税のない国が選択されることが多い。ただし、当該所在地国が軽課税国に該当する場合は、タックスヘイブン対策税制やコーポレート・インバージョン対策税制への該当性に留意する必要がある。

STEP 2　S社による日本法人P社株式の取得

　S社が金融機関から資金調達を行い、P社の株主からP社株式を取得する。その際、原則としてS社はP社の全株式を取得する。

　株式取得については、P社が上場企業であれば、公開買付（TOB）を利用して行われるが、P社が非上場企業であれば、相対取引により行われることとなる。いずれにせよ、全株式の取得に応じない株主がいる場合は、基本的にスクイーズアウトが行われる。

　P社株主は、株式譲渡益に対して課税が生じる。当該株主が非居住者の場合は、原則として日本での課税は生じないものの、オーナー家株主の場合は事業譲渡類似株式の譲渡に該当することが多いと考えられ、その場合は日本でも課税が発生することに留意を要する（2(11)参照）。

STEP 3　（必要に応じて）S社とP社の合併

　必要に応じて、S社とP社を合併する。その際、S社を消滅会社、P社を存続会社とすることが一般的であるが、その逆も可能である。ただし、その場合、既存の事業会社であるP社が消滅することとなるため、P社に許認可がある場合は自動的には引き継がれないことに留意する。また、P社が海外子会社を有している場合、その子会社の所在地国によっては、その合併により親会社が変わることにより譲渡益課税が課されるケースもあるので留意を要する。

【図17-14】 クロスボーダーMBO

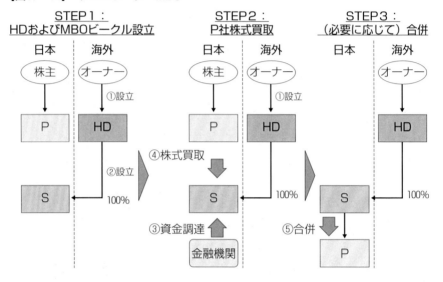

最終的な資本関係

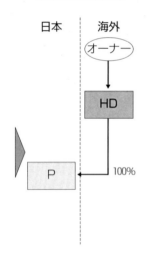

② クロスボーダーMBOスキームのメリット・デメリット

クロスボーダーMBOのメリットとしては、スキームが比較的シンプルでわ

かりやすいことが挙げられる。サンスターやバルスが，非上場化を兼ねてこのスキームを活用したことはよく知られている。

一方，デメリットとしては，日本法人（P社）の株式取得に際して多額の資金を要することが挙げられる。この株式取得資金の返済原資は，基本的には日本法人からの配当となるため，本スキーム実行後も日本法人に安定的なキャッシュフローが見込まれることが前提となる。また，日本法人の株主には，基本的に株式譲渡益課税が生じるが，それも踏まえたうえですべての株主から全株式の売却に応じてもらわねばならないことも，本スキームのハードルを高めているという意味でデメリットといえる。

(2) 三角組織再編（三角合併・三角株式交換）
① スキームの流れ

三角組織再編を活用したクロスボーダー組織再編には，三角合併を用いるケースと，三角株式交換を用いるケースがあるが，ここでは【図17-15】をもとに三角合併を用いた場合のスキーム例を以下に示す[62]。

■STEP 1　海外HDおよび日本子会社S社設立

日本法人P社が海外HDを設立するとともに，日本にP社子会社としてS社を設立する。また，三角合併に際しての親法人株式の取得にかかる課税（2(6)④参照）を避けるため，この時点でP社とS社との間で合併契約を締結する。

海外HDを軽課税国に設立する場合，後段の三角合併において適格性を否認されないようにするためには，P社とS社の間に事業関連性要件をはじめとする特定グループ内組織再編の適用除外要件（2(6)②参照）を満たす必要がある

---

[62] 三角組織再編を活用したインバージョン・スキームについては，大石篤史「コーポレート・インバージョン税制の実務と課題」（金子宏・中里実・J.マーク＝ラムザイヤー編『租税法と市場』（有斐閣，2014年）468頁以下），大石篤史「三角合併を利用した本社の海外移転（上）（下）」旬刊商事法務1943号4頁以下，1944号65頁以下に詳しい。なお，本スキーム例は大石弁護士による許可を得たうえで掲載している。大石弁護士には，実際の案件でも多くの示唆をいただいており，改めて感謝を申し上げる。

が，この要件を満たすことは実務上かなりハードルが高い。そのため，そもそも特定グループ内組織再編に該当しないよう海外HDを軽課税国に該当しない国に設立することも検討に値する[63]。

STEP2　S社による海外HDの増資引受け

後段の三角合併に備えて，S社が海外HDの株式を事前に保有しておく必要がある。そのため，S社が増資を引き受けることで，海外HD株式を取得するステップが必要となる[64]。この場合，合併対価として用いられる海外HD株式は合併の効力発生と同時にP社の時価総額に等しい価値を有することに鑑みると，原則として，合併直前において海外HD株式はP社の時価総額に等しい価値を有するという前提の下で，増資に伴う新株発行を行う必要があると解されている[65]。また，S社による増資が有利発行に該当すると，S社に受贈益課税が発生することから，原則としてこの増資は時価発行増資とする必要があることに留意を要する。

STEP3　S社株式の無償譲渡

P社が保有するS社株式を海外HDへ無償で譲渡する。このステップは，STEP2において海外HD所在地国の会社法において子会社による親会社株式

---

[63] 東南アジアでいえば，優遇税制の有無や立地上の優位性などから，マレーシア（2015年度税率25％，2016年度24％），タイ（2015年12月31日までに開始する会計年度については税率20％）などが候補地となろう。また，シンガポールのように，居住者判定において管理支配基準を採用している国であれば，法人の設立は他の国であっても，本社（ヘッドクォーター）としての業務執行の運営および管理は当該国にて行うというアレンジも検討に値する。

[64] 増資資金は通常はS社による金融機関からの借入で対処することが多いが，借入が困難な場合は海外HDとS社が相互に新株を発行する方法やP社が発行した手形に基づくP社債務を海外HDに対して現物出資する方法も考えられる。詳細は，大石篤史「三角合併を利用した本社の海外移転（上）（下）」旬刊商事法務1943号4頁以下，1944号65頁以下，大石篤史「コーポレート・インバージョン税制の実務と課題」（金子宏・中里実・J.マーク＝ラムザイヤー編『租税法と市場』（有斐閣，2014年）480頁以下参照。

[65] 大石篤史「コーポレート・インバージョン税制の実務と課題」（金子宏・中里実・J.マーク＝ラムザイヤー編『租税法と市場』（有斐閣，2014年）480頁。

の取得禁止の規制を受けないようにするためのものである[66]。STEP 2において海外HDがS社に新株を発行したのち，海外HDがS社株式を取得するという順序であれば，単に子会社（S社）による親会社（海外HD）株式の「保有」という現象が生じるに過ぎず[67]，海外HD所在地国の会社法に抵触しない場合も多いと考えられている[68]。

一方，日本側では，STEP 2の直後に海外HDはS社の子会社となっていることから，海外HDがS社株式を取得することは，親会社による子会社株式の取得に該当してしまう。しかし，S社株式の譲渡を無償で行う場合は，親会社による子会社株式の取得には該当しないため，問題は生じないこととなる（会135②五，会規23四）。

STEP 4　　三角合併[69]

P社を消滅会社，S社を存続会社として，海外HD株式を交付する三角合併を行う。その際，P社が保有していた海外HD株式（図17-15でいう0.1％分）は，合併によりS社が取得すると同時にP社株主に交付される。

前述のとおり，海外HDが軽課税国に所在する場合は，特定グループ内組織再編に該当するため，適格性否認の適用除外要件を満たせるかどうかが重要となる。

66　子会社による親会社株式取得の可否は，親会社の従属法によって規律される（藤田友敬「企業再編対価の柔軟化・子会社の定義」ジュリスト1267号112頁）。なお，米国デラウエア州やケイマン諸島など，子会社による親会社株式の取得が認められている国・地域を利用すれば，この無償譲渡は不要であり，スキームはよりシンプルとなる。
67　なお，日本の会社法では，親会社が株式会社以外の法人（外国会社を含む）であり，子会社が株式会社である場合には，子会社が親会社の持分（外国会社の株式を含む）を取得することは，会社法135条1項によって禁止されていない（相澤哲・葉玉匡美・郡谷大輔編著『論点解説　新・会社法　千問の道標』（商事法務，2006年）170頁）。
68　大石篤史「コーポレート・インバージョン税制の実務と課題」（金子宏・中里実・J.マーク＝ラムザイヤー編『租税法と市場』（有斐閣，2014年）481頁。
69　三角合併の場合，P社が消滅会社となるために許認可の引継問題や海外子会社所在地国における当該子会社株式にかかる譲渡益課税問題，税務上適格性が否認された場合の株主へのみなし配当課税リスクといった問題があるが，三角株式交換を用いる場合，それらの問題を回避できるというメリットがある。

【図17−15】 三角合併

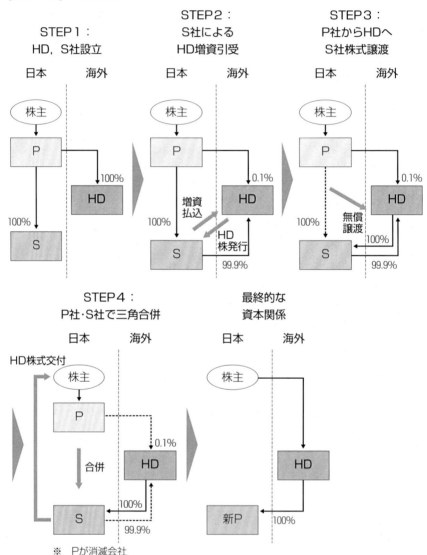

　また，非居住者株主がいる場合，当該株主は，原則として旧株式（P社株式）の譲渡益に対して課税されることに留意を要する（2(6)③参照）。

なお，STEP2の増資により，海外HDは多額のキャッシュを保有することになるが，そのキャッシュをS社に貸し付けて，S社は増資時の借入金を返済することが考えられる。その場合，新P社には海外HDへの利払が発生するが，その金利水準について移転価格税制の制約を受けるほか，新P社の課税所得の計算上，過少資本税制や過大支払利子税制の適用を受ける可能性があることにも留意を要する。

② 三角組織再編スキームのメリット・デメリット

三角組織再編スキームのメリットは，税制適格性を維持できれば，株主や法人において税負担なくインバージョンを実行できる点にある[70]。また，増資に伴う資金移動により親子ローンが組成される場合には，グローバルベースでの節税効果も期待できる。

一方，デメリットとしては，スキームが複雑で，特に軽課税国を利用する場合，税制適格性を満たすのは非常に難易度が高く，慎重なプランニングが求められる点にある。また，スキームの一環で，海外HDに対してP社の時価総額相当の増資が行われることから，P社の純資産価額が高額となる恐れがある。海外HD株式は，基本的に非上場の外国法人株式であるため，相続税法上は純資産価額での評価となることから，相続人が制限納税義務者に該当していない場合（つまり，相続人および被相続人の双方が5年超海外に居住していない場合），自社株に対して高額な相続税が発生するリスクがある点に留意しなければならない。なお，このリスクを回避する方法として，本スキーム実行前に海外に移住し，5年を経過した段階で本スキームを実行した上で，速やかに株式を贈与することが考えられる[71]。

---

70 ただし，海外移住する時点で，個人には出国税が課される点に留意。
71 ただし，本スキーム実行時点で，株主が非居住者となっていることから，スキーム実行に際して課税が発生するという問題が生じる。そのため，租税条約を踏まえ，課税が発生しない移住先を検討することも必要となる。

④ グローバル事業承継スキーム構築における留意点

　グローバル事業承継対策のスキーム構築にあたっては，日本のみならず海外の法律・税制度も含めた多様な視点での検討が必要であり，国内での事業承継スキーム構築と比してその難易度は格段に高くなる。特に，三角組織再編を用いたスキームは，より複雑さが増す。以下に，グローバル事業承継スキームを構築するうえで，主に留意すべきポイントを示す。

(1) 日本法務
① 子会社による親会社株式の取得規制
　子会社による親会社株式の取得禁止に該当しないか（会135）。ただし，三角合併等のための親会社株式取得は可能[72]（会800）。
② 資本払込資金の調達
　増資引受けに際し，払込資金の調達が可能かどうか。為替リスクの観点から通貨，返済期間についても検討が必要。なお，三角組織再編の対価として交付される新株は，消滅会社の株式時価相当でなければ，不公正合併等に該当するおそれがある。また，それに先立つ増資も有利発行となり，引受側に受贈益課税が発生するおそれがある点にも留意を要する。
③ 組織再編実行に伴う株主総会決議
　消滅会社となる日本法人側で，三角組織再編承認のための株主総会の特別決議が必要となるが，株主の賛同が得られるか。なお，組織再編の対価として譲渡制限のある外国法人株式を交付する場合，全株主の承認が必要[73]である（会783④，会規185）。また，反対株主による買取請求リスクにも留意を要する。

　72　江頭憲治郎『株式会社法（第6版）』（有斐閣，2015年）850頁。
　73　江頭憲治郎『株式会社法（第6版）』（有斐閣，2015年）851・869頁以下。

④ 組織再編対価・株式の種類

三角組織再編の対価である株式の種類をどうするか。特に、種類株式を発行している会社の場合、その内容を変える必要があるか。

⑤ 受皿会社の法人格

組織再編の受皿として活用する法人（【図17-15】でいうS社）の法人格をどうするか。スキームによっては、株式会社ではなく合同会社とすることも検討に値する[74]。

(2) 日本税務

① 税制適格要件

組織再編が税制適格要件を満たせるか。特に、特定グループ内再編に該当する場合は慎重な検討が必要となる。また、一連の組織再編行為が行為計算否認を受けないためには、合理的な事業目的が明確であることが望ましい[75]。

② コーポレート・インバージョン対策税制

コーポレート・インバージョン対策税制の適用除外要件を満たせるか。

③ タックスヘイブン対策税制

タックスヘイブン対策税制の適用除外要件を満たせるか。また、資産性所得による合算課税が生じないか。

④ 株主に対する株式譲渡益課税・事業譲渡類似株式譲渡

株主に対して譲渡益に対する課税が繰り延べられるか。特に、外国人株主

---

74 スキームの一環としてDES（デット・エクイティ・スワップ）を活用する場合、合同会社であれば増資に際して資本金への組入規制はないことがメリットとなる。
75 組織再編の行為計算否認の規定（法法132の2）が適用されるかどうかの判断にあたっては、組織再編自体に事業目的があるのか否かにとどまらず、組織再編税制の中の各規定に関係する個々の行為や計算について、それらが不自然でないか、不合理でないか、という観点から検討が行われるとの指摘がある（朝長英樹編『組織再編成をめぐる包括否認と税務訴訟』（清文社、2014年）502頁）。一方、スキームに異常性がない場合は、事業目的の有無にかかわらず否認を認めるべきではないとの見解もある（大石篤史「コーポレート・インバージョン税制の実務と課題」（金子宏・中里実・J.マーク=ラムザイヤー編『租税法と市場』（有斐閣、2014年）489頁）。

（非居住者・外国法人）がいる場合は注意を要する。また，海外移住後に株式譲渡を行う場合，事業譲渡類似株式譲渡に該当しないか。

⑤ 過少資本税制

過少資本税制が適用されるか。スキームの一環で親子ローンを組成する場合に注意。適用される場合，スキームのアレンジによる回避策はあるか。

⑥ 過大支払利子税制

過大支払利子税制が適用されるか。スキームの一環で親子ローンを組成する場合に注意。適用される場合，スキームのアレンジによる回避策はあるか。

⑦ 移転価格税制

海外HDと日本法人間の商品売買，経営指導料，使用料等の取引価格のほか，親子ローンの金利水準，日本法人が有する資産（無形資産を含む）や事業を譲渡する際に，移転価格税制上，問題のない取引価格を設定しているか。

⑧ PE認定課税

海外HDのPEが日本において認定されないか。特に，グループ会社に対する経営管理の実態が日本で行われていると認定されないよう留意する。

⑨ 税務上の株価

インバージョン・スキーム実行後，税務上の株価がいくらになるか。相続人・受贈者が制限納税義務者に該当する場合，国外財産については日本で課税は発生しないものの，制限納税義務者に該当しない場合は，税務上の株価への留意は依然として必要となる。特に，非上場の外国法人株式は基本的に純資産価額方式に準ずる評価となることに留意する。

⑩ 生活の本拠・海外HD設立国等の選定

オーナー家の移住先をどこにするか。また，海外HDの設立国・実質的本社所在国をどこにするか。

非居住者と認定されるためには，客観的に生活の本拠たる実体を具備していることが必要。生計を一にする親族の存否，職業活動，資産の所在等に照らし，実体としての住所地が判定される。また，海外HDの設立国・実質的本社所在国の選定にあたっては，税務上のメリットだけでなく，ビジネス上の優位性の

観点から検討することが重要。
⑪　出国税
　出国税の適用に伴う日本での課税額がいくらになるか。将来の自社株の価値上昇も想定し，出国時期を検討することも必要。

(3)　日本会計
①　企業結合会計
　一連の組織再編により，財務諸表がどのように変化するか。特に，三角組織再編に伴う再編対象会社の純資産額の変動に留意する。
②　のれんの計上
　一連の再編に際し，のれんの計上が必要とならないか。のれんの計上が必要な場合，毎年の償却額に留意する。
③　為替リスクヘッジ
　組織再編の結果として，日本法人が外貨建債権債務を保有することになるか。外貨建債権債務を保有することとなる場合，その為替リスクおよびリスクヘッジ方法を検討する。

(4)　外国法務
①　子会社による親会社株式の取得規制
　三角組織再編に備えて，日本子会社が海外HD株式を事前に取得する必要がある。その際，海外HD所在地国の会社法上，子会社による親会社株式の取得が認められるか。認められない場合，スキーム上の対処が必要。
②　不動産関連規制
　海外HDにて不動産を取得する場合，現地での不動産関連規制に該当しないか。一般に，外国法人による不動産取得には，規制がかけられていることが多い。
③　ビザ関連
　海外移住にあたって長期滞在のためのビザ取得が可能か。また，どのビザを

取得するのか。

④ 国籍変更

相続人・受贈者の国籍を変更するか。制限納税義務者に該当するまでの期間を短縮するために，国籍を変更することを検討するケースもある。

(5) 外国税務

① 租税条約の適用

海外HD所在地国と日本，海外HD所在地国と他のグループ会社所在地国との間で租税条約があるか。組織再編の結果，税コストが増加することにならないか。外国人株主に対する課税にかかる租税条約の適用があるか。

② 優遇税制の活用

海外HD所在地国における優遇税制の活用が可能か。優遇税制活用上のメリットだけでなく，デメリットにも留意する。

③ 非居住者株主への課税

一連の組織再編に伴い，非居住者の居住国において課税が発生しないか。非居住者の居住国の専門家への確認が必要。

④ 印紙税

一連の組織再編に伴い，組織再編の対象会社所在地国において印紙税の負担が発生しないか。三角組織再編においては，特に増資額が多額になる場合，印紙税の負担も大きくなるケースがあるので，留意を要する。

⑤ 海外子会社におけるキャピタルゲイン課税

海外子会社から日本あるいは海外HD所在地国への配当に伴い，海外子会社所在地国にて源泉税の負担が発生するか。株式譲渡や一連の組織再編に伴い，海外子会社所在地国にて譲渡益課税が発生しないか。特に，中国に子会社を有する場合，中国における間接譲渡の規定に該当しないか留意を要する[76]。

---

76 2015年2月3日付で中国税務総局より公布された「非居住者企業による財産の間接譲渡における企業所得税の若干問題に関する公告」（国税総局「第7号公告」）にて，間接譲渡への該当要件がより明確化された。

(6) ビジネス

① 海外本社における機能

海外HDにどのような機能を持たせるか。事業上の必要性やタックスヘイブン対策税制への対応，移転価格税制への考慮も含め，多面的な観点から検討が必要。

【図17－16】 海外統括会社における機能

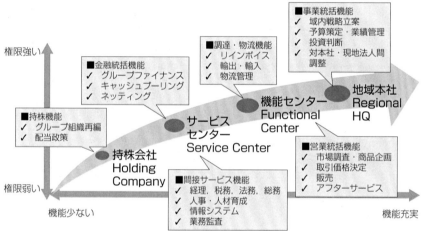

② 許認可

一連の組織再編の中で合併が行われる場合，消滅会社側で許認可を取得していないか。許認可がある場合，合併により自動的に承継されないことが多い。対応策として，事前に承継会社側で許認可を取得するか，株式交換等の別の組織再編スキームの利用を検討することが考えられる。

③ 商流の変更

海外HDへの本社機能の移管に伴い，グループ内の商流に変更が必要か。グローバルな観点での事業の効率性やタックスプランニングの観点からも検討が必要となる。

【図17−17】 グローバル事業承継スキーム構築における主な検討事項

大項目	小項目	大項目	小項目
日本法務	子会社による親会社株式の取得規制	日本会計	企業結合会計
	資本払込資金の調達		のれんの計上
	組織再編実行に伴う株主総会決議		為替リスクヘッジ
	組織再編対価・株式の種類	外国法務	子会社による親会社株式の取得規制
	受皿会社の法人格		不動産関連規制
日本税務	税制適格要件		ビザ関連
	コーポレート・インバージョン関連税制		国籍変更
	タックスヘイブン対策税制	外国税務	租税条約の適用
	株式譲渡益課税・事業譲渡類似株式譲渡		優遇税制の活用
	過少資本税制，過大支払利子税制		非居住者株主への課税
	出国税		印紙税
	移転価格税制		海外子会社での譲渡益課税
	PE認定課税	ビジネス	海外HDにおける機能
	税務上の株価		許認可
	生活の本拠，海外本社所在国選定		商流の変更

参考文献（書籍・雑誌・論文等）

三品和広『戦略不全の因果』（東洋経済新報社，2007年）
竹原均「同族経営企業の収益・リスク特性」（経営財務研究Vol.34，2014年）
尾崎三郎監修『三訂版　詳説自社株評価Q&A』（清文社，2013年）
谷口裕之編『財産評価基本通達逐条解説』（大蔵財務協会，2013年）
税理士法人山田＆パートナーズ・山田ビジネスコンサルティング・山田FAS編著
　『Q&Aで理解するグループ法人税制』（税務研究会出版局，2010年）
稲見誠一・佐藤信祐『実務詳解　組織再編・資本等取引の税務Q&A』（中央経済社，
　2012年）
P・F・ドラッカー『ネクスト・ソサエティ』（ダイヤモンド社，2002年）
相澤哲・葉玉匡美・郡谷大輔編著『論点解説　新・会社法　千問の道標』（商事法務，
　2006年）
齋藤隆行『プロ必携平成26年改正会社法逐条完全解説』（早稲田経営出版，2014年）
大江橋法律事務所編『実務解説平成26年会社法改正』（商事法務，2014年）
金子登志雄『親子兄弟会社の組織再編の実務（第2版）』（中央経済社，2014年）
太田洋監修『新しい持株会設立・運営の実務』（商事法務，2011年）
新谷勝『新しい従業員持株制度』（税務経理協会，2008年）
江頭憲治郎『株式会社法（第6版）』（有斐閣，2015年）
牧口晴一・齋藤孝一『事業承継に活かす従業員持株会の法務・税務（第2版）』（中央
　経済社，2012年）
大森正嘉『新改訂　従業員持株会導入の手引き』（三菱UFJリサーチ＆コンサルティ
　ング，2011年）
鈴木禄弥編『新版注釈民法〈17〉債権8』（有斐閣，1993年）
水野信次・西本強『ゴーイング・プライベート（非公開化）のすべて』（商事法務，
　2010年）
大石篤史・小島義博・小山浩『税務・法務を統合したM&A戦略』（中央経済社，
　2009年）
谷山邦彦『バリュエーションの理論と応用』（中央経済社，2010年）
税理士法人プライスウォーターハウスクーパース編『事業承継・相続対策の法律と税
　務　（四訂版）』（税務研究会出版局，2013年）
山﨑昇「コーポレート・インバージョン（外国親会社の設立）と国際税務」（税大論
　叢54号，2007年）

Ernst & Young「Worldwide Estate and Inheritance Tax Guide 2015」

古橋隆之＋GTAC『究極のグローバル節税』（幻冬舎，2014年）

川田剛『国際課税の基礎知識（九訂版）』（税務経理協会，2015年）

週刊税務通信No.3334（税務研究会，平成26年11月3日）

大石篤史「コーポレート・インバージョン税制の実務と課題」金子宏・中里実・J.マーク・ラムザイヤー編『租税法と市場』（有斐閣，2014年）

税理士法人プライスウォーターハウスクーパース編『国際税務ハンドブック（第3版）』（中央経済社，2015年）

川田剛・徳永匡子『第3版 2014 OECDモデル租税条約コメンタリー逐条解説』（税務研究会出版局，2015年）

西村美智子・中島礼子『「出国税」のしくみと手続きQ&A』（中央経済社，2015年）

藤田友敬「企業再編対価の柔軟化・子会社の定義」ジュリスト1267号（2004年）

大石篤史「三角合併を利用した本社の海外移転（上）（下）」旬刊商事法務1943号（2011年），1944号（2011年）

朝長英樹編著『組織再編成をめぐる包括否認と税務訴訟』（清文社，2014年）

木俣貴光『企業買収の実務プロセス』（中央経済社，2010年）

木俣貴光『幸せな事業承継はM&Aで』（アーク出版，2008年）

木俣貴光『改訂新版M&Aそこが知りたい！』（アーク出版，2011年）

近藤光男・吉原和志・黒沼悦郎『金融商品取引法入門（第4版）』（商事法務，2015年）

松尾拓也・若林義人・西村美智子・中島礼子『スクイーズ・アウトの法務と税務』（中央経済社，2015年）

黒沼悦郎・太田洋編著『論点体系　金融商品取引法1』（第一法規，2014年）

有限責任監査法人トーマツIPO支援室編『株式上場ハンドブック（第5版）』（中央経済社，2014年）

有限責任あずさ監査法人『Q&A株式上場の実務ガイド』（中央経済社，2013年）

酒井ひとみ・税理士法人東京クロスボーダーズ『国際相続の法務と税務』（税務研究会出版局，2014年）

税理士法人トーマツ編『第7版Q&A事業承継をめぐる非上場株式の評価と相続税対策』（清文社，2013年）

足立好幸『詳細ケーススタディ　グループ法人税制Q&A』（清文社，2010年）

牧口晴一・齋藤孝一『非公開株式譲渡の法務・税務（第4版）』（中央経済社，2014年）

鈴木義行編著『事業承継実務ハンドブック（第3版）』（中央経済社，2014年）
本庄資監修・藤井恵『三訂版／これならわかる！租税条約』（清文社，2015年）
渡邉正則『不動産・非上場株式の税務上の時価の考え方と実務への応用（二訂版）』（大蔵財務協会，2014年）
澤田眞史監修・仰星監査法人編著『平成24年2月改訂〈Q&A〉企業組織再編のための合併・分割・株式交換等の実務』（清文社，2012年）
税理士法人プライスウォーターハウスクーパース編『国際資産税ガイド』（大蔵財務協会，2012年）
森井昭仁『非上場会社の事業承継における安定株主活用の法務・税務』（税務経理協会，2015年）

索引

欧文

DA ································ 284
Day 1 ····························· 285
DCF法 ···························· 286
DD ································ 284
DES ······························· 383
EBIT ······························ 288
FA ································· 281
IM ································· 282
LOI ································ 283
PBR ································ 287
PE ································· 367
PEファンド ······················ 277
S1+S2方式 ······················ 118

あ行

相次相続控除 ······················ 60
按分割合 ··························· 56
遺産課税方式 ······················ 51
遺産取得課税方式 ················ 51
遺贈 ································ 41
遺贈者 ····························· 41
1号PE ··························· 368
一人株主 ························ 230
1年通算規定 ··················· 228
1か月通算規定 ················ 230
一般財団法人 ··················· 306
移転価格税制 ··················· 384
遺留分 ····························· 47
印紙税 ··························· 386
姻族 ································ 42
インフォメーション・メモランダム ····· 282
売出し ··························· 227
営業権 ····················· 135, 287

エージェンシー問題 ············· 22
エグジット ······················ 278
オペレーション・モデル ······· 18

か行

開業後3年未満の会社等 ····· 39, 117
開業前または休業中の会社 ····· 117
会計帳簿閲覧権 ················ 145
外国関係会社 ··················· 341
外国子会社合算税制 ··········· 337
外国税額控除 ····················· 61
外国法人 ························ 341
──株式 ····················· 130
会社分割 ························ 178
価格決定申立て ················ 271
拡大従業員持株会 ·············· 215
確定申告 ························ 226
過少資本税制 ··················· 358
過大支払利子税制 ·············· 363
合併類似適格分割型分割 ····· 198
株式移転 ························ 178
株式買取請求 ··················· 182
株式価値 ························ 281
株式継続保有要件 ················ 76
株式交換 ························ 179
株式譲渡損益 ····················· 89
株式等売渡請求制度 ··········· 261
株式併合 ························ 260
株式保有特定会社 ·············· 118
株式無償割当 ····················· 11
株主資本コスト ················ 289
株主代表訴訟 ··················· 144
簡易株式交換 ··················· 181
簡易分割 ························ 196
監査等委員会設置会社 ·········· 20

索引 393

監査役会設置会社	20
間接譲渡	386
完全親会社等	146
完全子会社等	146
完全子法人株式等	87
完全支配関係	81
──継続要件	77
完全無議決権株式	108
管理支配基準	345
関連者純支払利子等	363
関連法人株式等	87
企業価値	281
企業結合会計	385
議決権制限株式	109, 221
議決権の不統一行使	223
帰属主義	367
基礎控除額	55
基本合意	283
吸収分割	192
競業避止義務	285
兄弟姉妹	43
業務執行取締役	20
居住無制限納税義務者	48
拠出金	221
金庫株	238
繰越欠損金	77
繰延税金資産	132
クロージング	285
経営参画要件	76
軽課税国	337
血族	42
血族相続人	43
建設PE	369
限定承認	41
現物出資等受入れ差額	137
現物分配	85, 126
行為計算否認	383
公益財団法人	320
公益増進寄与要件	309
公益目的事業供用要件	313, 316
公開会社	20
高額引受け	102
恒久的施設	367
合同会社	383
コーポレート・インバージョン	331
──対策税制	352
コーポレート・ガバナンス	298
国外財産調書制度	330
国外支配株主等	359
国外所在財産	130
国外転出	370
ゴルフ会員権	132

さ行

債権者価値	281
債権者保護手続き	183
最終完全親会社等	146
最終契約	284
債務	54
──免除益	89
詐害的な会社分割	197
残存債権者	197
時価純資産法	286
事業関連性要件	76
事業基準	343
事業規模要件	76
事業継続要件	76
事業譲渡類似株式	373
事業税	198
事業持株会社	344
事業利益	288
資金提供者等	360
資産性所得	339
市場株価法	286
実体基準	345
指定相続分	47
シナジー効果	276
支払調書	226

死亡退職金	53
資本的関係会社	301
指名委員会等設置会社	20
社外取締役	20
借地権	132
受遺者	41
従業員持株会	214
従業者引継ぎ要件	76
集団投資スキーム持分	228
受贈者	41
出国税	330
主要資産・負債引継ぎ要件	75
種類株式	11
障害者控除	59
承継債権者	196
上場審査	297
譲渡損益調整勘定	134
譲渡損益調整資産	84
承認	41
少人数私売出し	230
少人数私募	228
将来キャッシュフロー	288
奨励金	222
所在地国基準	347
新設分割	192
親族	42
信託	11
――の計算書	226
人的関係会社	301
人的分割	197
スクイーズアウト	260
ストラテジックバイヤー	276
生活の本拠	336
制限納税義務者	49
清算中の会社	116
清算法人	89
税制適格組織再編	74
生前贈与財産	53
生命保険金	53

生命保険契約の権利	53
責任追及等の訴え	145
全部取得条項付種類株式	260
総合主義	367
葬式費用	54
相続時精算課税	49
――制度	152
――適用財産	49
相続取得財産要件	315
相続税額の加算	57
相続人	41
贈与者	41
贈与税額控除（精算課税分）	61
――（暦年課税分）	58
その他の株式等	87

た行

胎児	46
代襲相続人	43
代理人PE	369
多重代表訴訟制度	145
タックスヘイブン	337
――対策税制	337
単元未満株式	109
単純承認	41
中小企業投資育成会社	110
中心的な株主	114
中心的な同族株主	113
調整所得金額	364
直系尊属	43
定時拠出方式	221
ディスカウンテッド・キャッシュフロー法	286
デット・エクイティ・スワップ	383
デューデリジェンス	284
統括会社	343
統括業務	343
同時死亡	46
同族株主	110

索　引　395

同族関係者	82, 111
登録免許税	79, 151
特殊関係株主等	354
特殊関係内国法人	354
特殊関係非居住者	342
特定遺贈	41
特定外国子会社等	342
特定外国法人	354
特定株主等	353
特定関係	354
特定グループ内組織再編	355
特定所得	350
特定責任	145
——追及訴訟制度	145
特定贈与者	71
特定内国法人	353
特定納税義務者	49
特定法人	350
特別支配会社	183
特別支配株主	261
特別養子	45
特別利害関係者等	302
匿名組合	133
土地保有特定会社	118
トリガー税率	342
取締役会設置会社	170
取締役会非設置会社	170
取引先持株会	215

な行

日本標準産業分類	124
抜け殻方式	180
年配当金額	139
納税管理人	372
のれん	287

は行

配偶者	43
——控除	69
——相続人	43
——の税額軽減	58
配当控除	226
配当優先株式	140, 220
半血兄弟姉妹	46
非営業資産	289
非開示会社	231
非課税財産	54
非関連者	348
——基準	348
非居住無制限納税義務者	48
非支配目的株式等	87
比準要素数1の会社	120
被相続人	41
非嫡出子	46
筆頭株主グループ	110
非適格組織再編	74
被統括会社	344
1株当たりの純資産価額	128
1株当たりの配当金額	125
1株当たりの利益金額	127
非不当減少要件	313, 317
評価差額に対する法人税等相当額	137
非流動性ディスカウント	290
フィナンシャル・アドバイザー	281
フィナンシャルバイヤー	276
不公正合併等	382
負債コスト	289
負債利子控除	87
普通養子	45
復興特別所得税	226
物的分割	196
物流統括会社	348
不動産化体株式	373
不動産取得税	79, 151
部分課税対象金額	350
部分適用対象金額	350
プライベート・エクイティ・ファンド	277

プロ私売出し ……………………… 230
プロ私募 …………………………… 228
分割型分割 ……………………… 75, 192
分社型分割 ……………………… 77, 192
ベータ ……………………………… 289
包括遺贈 …………………………… 41
放棄 ………………………………… 41
法人格否認の法理 ………………… 232
法人住民税 ………………………… 159
法定相続人 ………………………… 43
法定相続分 ………………………… 45
募集 ………………………………… 227

ま行

マーケットリスクプレミアム ……… 289
マルチプル法 ……………………… 286
未成年者控除 ……………………… 59
みなし共同事業要件 ……………… 78
みなし譲渡 ………………………… 98
みなし相続財産 …………………… 52
みなし贈与 ………………………… 97
　　——財産 ……………………… 68
みなし直接完全支配関係 ………… 83
みなし配当 ……………………… 74, 102
みなし有価証券 …………………… 222
ミニ公開買付け …………………… 235
無議決権株式 …………………… 11, 141
モニタリング・モデル …………… 18

や行

役員持株会 ………………………… 215
有価証券通知書 …………………… 227
有価証券届出書 …………………… 227
有利子負債 ………………………… 290
　　——類似物 …………………… 290
有利発行 …………………………… 101
養子 ………………………………… 45
余剰現預金 ………………………… 289

ら行

理事会 ……………………………… 225
リスクフリーレート ……………… 289
略式株式交換 ……………………… 181
略式分割 …………………………… 196
臨時拠出方式 ……………………… 221
類似会社比較法 …………………… 286
類似業種の株価 …………………… 125
類似業種の判定 …………………… 124
類似業種比準価額の修正 ………… 128
レバレッジド・リース取引 ……… 133
レピュテーション・リスク ……… 285
労働契約承継法 …………………… 201
6か月通算規定 …………………… 228

わ行

割引率 ……………………………… 289

【編著者】

木俣 貴光（きまた　たかみつ）

三菱UFJリサーチ＆コンサルティング株式会社
コーポレートアドバイザリー室長　プリンシパル

＊

早稲田大学政治経済学部卒業後，出光興産に入社。販売店の経営指導や本社経理部にて管理会計などを担当。その後，プライスウォーターハウスクーパースコンサルタントにて大手企業のグループ組織再編や経営統合に関するコンサルティングに従事。2003年より現職。専門は，M&A，事業承継対策，グループ組織再編，持株会社制，経営戦略策定，コーポレートファイナンス。中小企業診断士。米国公認会計士試験合格。名古屋市立大学大学院経済学研究科修了（経済学修士）。名古屋市立大学大学院非常勤講師（2012年度）。
主な著書に『図解経営キーワード』（日本実業出版社・共著，2006年），『戦略的M&Aと経営統合マネジメント』（(社)企業研究会・共著，2008年），『幸せな事業承継はM&Aで』（アーク出版，2008年），『企業買収の実務プロセス』（中央経済社，2010年），『改訂新版M&Aそこが知りたい！』（アーク出版，2011年），『企業買収』（中央経済社，2012年）などがある。

【税務監修】

松島 一秋（まつしま　かずあき）

松島一秋税理士事務所　所長税理士
国税局，税務署，国税不服審判所で，長年に亘って税務調査・審理審査，税務訴訟・審判，税務相談等に従事し，国税局資産評価官，主任国税訟務官，主任税務相談官，国税不服審判所副審判官，税務署副署長等を歴任した後退官し，2008年税理士登録。

＊

課税庁における資産課税実務の豊富な経験から得たノウハウを生かし，現在，税理士として特に株式や土地の財産評価を中心とする相続税対策や税務調査・税務争訟の対応等に関し，国税出身税理士ならではの視点からの実践的な手法で，多くの実務家や会社オーナー等のアドバイザーとして活躍している。
著書には，税理士等専門家向けの『ケース・スタディ資産税実務の手引き』（新日本法規出版・共著）がある。

【執筆者】

瀧藤 隆範（たきとう　たかのり）
三菱UFJリサーチ＆コンサルティング株式会社
コーポレートアドバイザリー室　チームヘッド　チーフコンサルタント
フューチャーシステムコンサルティング（現フューチャーアーキテクト）を経て2005年より現職。専門は，M&A，グループ組織再編，事業承継対策，持株会社制，グループ経営。大阪大学大学院工学研究科修了（工学修士）。中小企業診断士。

山本 諭史（やまもと　さとし）
三菱UFJリサーチ＆コンサルティング株式会社
コーポレートアドバイザリー室　シニアコンサルタント
新光証券（現みずほ証券），リサ・パートナーズを経て2009年より現職。専門は，M&A，事業再生，事業承継対策，持株会社制，グループ組織再編。日本大学法学部卒。米国公認会計士試験合格。

藤田 正行（ふじた　まさゆき）
三菱UFJリサーチ＆コンサルティング株式会社
コーポレートアドバイザリー室　コンサルタント
第一生命，野村證券を経て2010年より現職。専門は，M&A，グループ組織再編，持株会社制，事業承継対策，医療経営。東京大学農学部卒。

重光 義郎（しげみつ　よしろう）
三菱UFJリサーチ＆コンサルティング株式会社
コーポレートアドバイザリー室　コンサルタント
監査法人トーマツ（2年間の財務省東海財務局への出向含む）を経て2014年より現職。専門は，会計，M&A，グループ組織再編，事業承継対策，経営戦略策定。大分大学経済学部卒。公認会計士。

【会社紹介】

三菱UFJリサーチ＆コンサルティング株式会社
2006年1月，UFJ総合研究所，ダイヤモンドビジネスコンサルティング，東京リサーチインターナショナルの3社の合併により誕生した総合シンクタンク。コンサルティング事業本部は，三菱UFJフィナンシャルグループのコンサルティングファームとして，大企業から中堅・中小企業に至る幅広いお客様に対し，経営戦略・人事戦略・マネジメントシステムを中心とした総合的なコンサルティングサービスを提供している。

持株会社・グループ組織再編・M&A を活用した

事業承継スキーム
——後継者・税務・株式評価から考える

2016年2月15日　第1版第1刷発行
2023年10月15日　第1版第9刷発行

編著者　木　俣　貴　光
税務監修　松　島　一　秋
発行者　山　本　　　継
発行所　㈱中央経済社
発売元　㈱中央経済グループ
　　　　パブリッシング

〒101-0051　東京都千代田区神田神保町1-35
電話　03 (3293) 3371 (編集代表)
　　　03 (3293) 3381 (営業代表)
https://www.chuokeizai.co.jp
印刷／昭和情報プロセス㈱
製本／誠　製　本㈱

Ⓒ 2016
Printed in Japan

＊頁の「欠落」や「順序違い」などがありましたらお取り替えいたしますので発売元までご送付ください。(送料小社負担)
ISBN978-4-502-17021-8　C3032

JCOPY〈出版者著作権管理機構委託出版物〉本書を無断で複写複製 (コピー) することは，著作権法上の例外を除き，禁じられています。本書をコピーされる場合は事前に出版者著作権管理機構 (JCOPY) の許諾を受けてください。
　JCOPY〈https://www.jcopy.or.jp　e メール：info@jcopy.or.jp〉

■おすすめします■

学生・ビジネスパーソンに好評

■最新の会計諸法規を収録■

新版 会計法規集

中央経済社編

会計学の学習・受験や経理実務に役立つことを目的に，最新の会計諸法規と企業会計基準委員会等が公表した会計基準を完全収録した法規集です。

《主要内容》

会計諸基準編＝企業会計原則／外貨建取引等会計基準／連結キャッシュ・フロー計算書等の作成基準／研究開発費等会計基準／税効果会計基準／減損会計基準／IFRSへの当面の方針／自己株式会計基準／１株当たり当期純利益会計基準／役員賞与会計基準／純資産会計基準／株主資本等変動計算書会計基準／事業分離等会計基準／ストック・オプション会計基準／棚卸資産会計基準／金融商品会計基準／関連当事者会計基準／四半期会計基準／リース会計基準／持分法会計基準／セグメント開示会計基準／資産除去債務会計基準／賃貸等不動産会計基準／企業結合会計基準／連結財務諸表会計基準／研究開発費等会計基準の一部改正／会計方針の開示，変更・誤謬の訂正会計基準／包括利益会計基準／退職給付会計基準／法人税等会計基準／税効果会計基準の一部改正／収益認識会計基準／時価算定会計基準／会計上の見積り開示会計基準／原価計算基準／監査基準他

会 社 法 編＝会社法・施行令・施行規則／会社計算規則

金 商 法 規 編＝金融商品取引法・施行令／企業内容等開示府令／財務諸表等規則・ガイドライン／連結財務諸表規則・ガイドライン他

関 連 法 規 編＝税理士法／討議資料・財務会計の概念フレームワーク他

■中央経済社■

●実務・受験に愛用されている読みやすく正確な内容のロングセラー!

定評ある税の法規・通達集シリーズ

所得税法規集
日本税理士会連合会 編
中央経済社

❶所得税法 ❷同施行令・同施行規則・同関係告示 ❸租税特別措置法(抄)・同施行令・同施行規則・同関係告示(抄) ❹震災特例法・同施行令・同施行規則 ❺復興財源確保法(抄) ❻復興特別所得税に関する政令・同省令 ❼災害減免法・同施行令 ❽新型コロナ税特法・同施行令・同施行規則 ❾国外送金等調書提出法・同施行令・同施行規則・同関係告示

所得税取扱通達集
日本税理士会連合会 編
中央経済社

❶所得税取扱通達(基本通達/個別通達) ❷租税特別措置法関係通達 ❸国外送金等調書提出法関係通達 ❹災害減免法関係通達 ❺震災特例法関係通達 ❻新型コロナウイルス感染症関係通達 ❼索引

法人税法規集
日本税理士会連合会 編
中央経済社

❶法人税法 ❷同施行令・同施行規則・法人税申告書一覧表 ❸減価償却耐用年数省令 ❹法人税法関係告示 ❺地方法人税法・同施行令・同施行規則 ❻租税特別措置法(抄)・同施行令・同施行規則・同関係告示 ❼震災特例法・同施行令・同施行規則(抄) ❽復興財源確保法(抄) ❾復興特別法人税に関する政令・同省令 ❿新型コロナ税特法・同施行令 ⓫租特透明化法・同施行令・同施行規則

法人税取扱通達集
日本税理士会連合会 編
中央経済社

❶法人税取扱通達(基本通達/個別通達) ❷租税特別措置法関係通達(法人税編) ❸連結納税基本通達 ❹租税特別措置法関係通達(連結納税編) ❺減価償却耐用年数省令 ❻機械装置の細目と設備年数 ❼耐用年数の適用等に関する取扱通達 ❽震災特例法関係通達 ❾復興特別法人税関係通達 ❿索引

相続税法規通達集
日本税理士会連合会 編
中央経済社

❶相続税法 ❷同施行令・同施行規則・同関係告示 ❸同関係通達 ❹租税特別措置法・同施行令・同施行規則(抄) ❺財産評価基本通達 ❻相続税法関係個別通達 ❼租税特別措置法(相続税法の特例)関係通達 ❽災害減免法・同施行令・同施行規則(抄)・同関係告示 ❾震災特例法関係通達 ❿災害減免法・同施行令・同施行規則・同関係告示 ⓫震災特例法関係通達 ⓬国外送金等調書提出法・同施行令・同施行規則・同関係通達 ⓭民法

国税通則・徴収法規集
日本税理士会連合会 編
中央経済社

❶国税通則法 ❷同施行令・同施行規則・同関係告示 ❸同関係通達 ❹租税特別措置法・同施行令・同施行規則(抄) ❺新型コロナ税特法・令 ❻国税徴収法 ❼同施行令・同施行規則・同告示 ❽滞調法・同施行令・同施行規則 ❾税理士法・同施行令・同施行規則・同関係告示 ❿電子帳簿保存法・同施行令・同施行規則・同関係告示 ⓫行政手続オンライン化法・同国税関係法令に関する省令・同関係告示 ⓬行政手続法 ⓭行政不服審査法 ⓮行政事件訴訟法(抄) ⓯組織的犯罪処罰法(抄) ⓰没収保全と滞納処分との調整令 ⓱犯罪収益規則(抄) ⓲麻薬特例法

消費税法規通達集
日本税理士会連合会 編
中央経済社

❶消費税法 ❷同別表第三等に関する法令 ❸同施行令・同施行規則・同関係告示 ❹消費税法基本通達 ❺消費税申告書様式等 ❻消費税法関係取扱通達等 ❼租税特別措置法・同施行令・同施行規則(抄)・同関係告示 ❽消費税転嫁対策法・同ガイドライン ❾震災特例法・同施行令・同施行規則・同関係告示 ❿新型コロナ税特法・同施行令・同施行規則・同関係告示 ⓫震災特例法関係通達 ⓬税制改革法等 ⓭地方税法(抄) ⓮同施行令・同施行規則(抄) ⓯所得税・法人税政省令(抄) ⓰輸徴法令 ⓱関税法令(抄) ⓲関税定率法令(抄)

登録免許税・印紙税法規集
日本税理士会連合会 編
中央経済社

❶登録免許税法 ❷同施行令・同施行規則 ❸租税特別措置法・同施行令・同施行規則(抄) ❹震災特例法・同施行令・同施行規則(抄) ❺印紙税法 ❻同施行令・同施行規則 ❼印紙税法基本通達 ❽租税特別措置法・同施行令・同施行規則(抄) ❾印紙税額一覧表 ❿震災特例法・同施行令・同施行規則(抄) ⓫震災特例法関係通達等

中央経済社

令和3年3月施行の改正会社法・法務省令がわかる！

「会社法」法令集〈第十三版〉

中央経済社 編　ISBN：978-4-502-38661-9
A5判・748頁　定価 3,520円（税込）

◆ 重要条文ミニ解説
◆ 会社法―省令対応表　｜　付き
◆ 改正箇所表示

令和元年法律第70号による5年ぶりの大きな会社法改正をはじめ，令和2年法務省令第52号による会社法施行規則および会社計算規則の改正を収録した，令和3年3月1日現在の最新内容。改正による条文の変更箇所に色づけをしており，どの条文がどう変わったか，追加や削除された条文は何かなど，一目でわかります！
好評の「ミニ解説」も，法令改正を踏まえ加筆・見直しを行いました。

本書の特徴

◆ **会社法関連法規を完全収録**
　平成17年7月に公布された「会社法」から同18年2月に公布された3本の法務省令等，会社法に関連するすべての重要な法令を完全収録したものです。

◆ **好評の「ミニ解説」さらに充実！**
　重要条文のポイントを簡潔にまとめたミニ解説を大幅に加筆。改正内容を端的に理解することができます！

◆ **改正箇所が一目瞭然！**
　令和3年3月1日施行の改正箇所とそれ以降に施行される改正箇所で表記方法に変化をつけ，どの条文が，いつ，どう変わった（変わる）のかわかります！

◆ **引用条文の見出しを表示**
　会社法条文中，引用されている条文番号の下に，その条文の見出し（ない場合は適宜工夫）を色刷りで明記しました。条文の相互関係がすぐわかり，理解を助けます。

◆ **政省令探しは簡単！　条文中に番号を明記**
　法律条文の該当箇所に，政省令（略称＝目次参照）の条文番号を色刷りで表示しました。意外に手間取る政省令探しも素早く行えます。

中央経済社